研究性教学改革与实践

——扬州大学文学院研究性教学案例选

陈学广　主编

东南大学出版社
SOUTHEAST UNIVERSITY PRESS
·南京·

内容提要

本书是扬州大学文学院在近三年来整体推进研究性教学改革实践的基础上，为不断深化研究性教学的教改实践所提炼的成果。文学院是扬州大学首个研究性教学的"教改特区"，研究性教学在全校具有引领和示范作用。该书所选课程教学案例为文学院主干和核心课程，是国内高校文学院第一个正式出版的研究性教学案例选编。

图书在版编目(CIP)数据

研究性教学改革与实践：扬州大学文学院研究性教学案例选 / 陈学广主编.—南京：东南大学出版社，2015.6

ISBN 978-7-5641-5829-3

Ⅰ.①研… Ⅱ.①陈… Ⅲ.①高等教育—教学研究②高等教育—教学改革 Ⅳ.①G642.0

中国版本图书馆 CIP 数据核字(2015)第 127920 号

研究性教学改革与实践——扬州大学文学院研究性教学案例选

主　　编 陈学广　　**电子邮箱** chenyue58@sohu.com
责任编辑 陈　跃　　**电　　话** 025-83795627(办公室)

出版发行 东南大学出版社　　**出 版 人** 江建中
社　　址 南京市四牌楼 2 号　　**邮　　编** 210096
销售电话 (025)83795801(营销部)/83362442(传真)
网　　址 http://www.seupress.com　　**电子邮箱** press@seupress.com

经　　销 全国各地新华书店　　**印　　刷** 南京玉河印刷厂
开　　本 700 mm×1000 mm　1/16　　**印　　张** 16.25
字　　数 336 千字
版 印 次 2015 年 6 月第 1 版　2015 年 6 月第 1 次印刷
书　　号 ISBN 978-7-5641-5829-3
定　　价 49.00 元

本社图书若有印装质量问题，请直接与营销部联系。电话：025-83791830。

教学亦学术

（代序）

推行研究性教学，从观念层面来看，首先需要解决的问题是教学与学术的关系问题，即如何看待教学，如何看待学术，教学是不是一门学术？这一问题已引起国内高教界一些学者的反思。

高校是一个推崇学术的场所。对于国内高校来说，长期以来，人们一谈起学术，首先想到的就是科研，衡量一个教师的学术水平往往也只是看他做了多少项科研成果、获得了多少科研项目和科研奖项，乃至于在大家的心目中已经牢固地形成了学术即科研、科研即学术的观念。教学与学术基本上不沾边，一个教师的教学水平如何与一个教师的学术水平如何，在评价体系上从来都是分离的，从来都不会等量齐观。一个教师在教学上投入再多，学生对其教学评价再高，也仅仅体现了教学水平而不是学术水平，对于高校教师来说，教学是必须履行的、不得不完成的基本任务，真正能体现其价值的是学术成就和学术地位，而学术就是科研，这才是一个教师安身立命的根本所在。在这样的评价体系下，教学与科研孰轻孰重也就不言自明了。

要有效地改变这一现状，必须彻底改变教学非学术的狭隘观念及其评价体系。在这方面，西方高等教育及其学术理念能够带给我们一些有益的启示。美国当代著名教育家、卡内基教学促进基金会前主席欧内斯特·L·博耶于1990年发表了一篇《学术的反思：教授工作的重点领域》的报告，在该报告中，博耶从改善高校教师的评价体系和激励机制入手，提出了影响深远的“多维学术观”①，有力地推动了美国的高等教育改革，在欧美产生了广泛的影响。

博耶在关于美国教育改革的演讲中多次重申他的“多维学术观”：“我们当然应该意识到，学术意味着通过研究来发现新的知识。但是，我们也应该意识到学术还意味着通过课程的发展来综合知识。我们还应该意识到，有一种应用知识的学术，即发现一定的方法去把知识和当代的问题联系起来。此外，还有一种通过咨询或教学来传授知识的学术。”在他看来，高水平、富有创造性的教学，课程的设计和安排，教学方法的选择和应用，对学生如何学习的探究等教学问题使教学充满了学术意味。而在教学与学术的关系上，他认为：“教学支撑着学术。没有教学的支撑，学术的发展将难以为继。”②“学术工作包括相互联系的四个方面。探究的学术是开端，研究工作应该继续成为知识分子生活的中心，不仅如此，研究工作还要加强，因为我们需要解决的问题越来越多，越来越难。但是，为了避免学究式的迂腐，我们还应当重视整合知识的学术。为了避免理论与实践的脱节，我们还应当支持应用知识的学术。最后，我们还要给教学的学术以新的尊严和新的地位，以保学术之火不断燃烧。今日之大学能不能建立一种激励机制以便各种形式的学术都有其地位并得到适当的报偿呢？”③

博耶的“多维学术观”拓展和加深了人们对于“学术”内涵与外延的认识，其中对于教学学术的界定，已得到越来越多国内学者的认同和重视。如武汉理工大学副校长张安富等指出：“教学不仅是传授知识，而且是教学相长、创造和扩展知识的过程，教师的教学既在培养学生，又在造就学者。在大学教师的职业生涯中，这四方面的学术工作

---

① Boyer E.L. *Scholarship Reconsidered: Priorities of the Professoriate*. Princeton, NJ: The Carnegie Foundation for the Advancement of Teaching, 1990:16

② 欧内斯特·L·博耶.关于美国教育改革的演讲.涂艳国，等，译.北京：教育科学出版社，2002:65

③ 欧内斯特·L·博耶.关于美国教育改革的演讲.涂艳国，等，译.北京：教育科学出版社，2002:78

不是彼此孤立、互相排斥的，而是相互交叠、相互依存、相互促进的，处于同等重要的位置。创新的、探究的和整合的科研是学术，推动知识的传播和应用也是学术，学术不是仅仅停留于发现，如果没有传递与应用，学术的生命价值就难以实现。教学就是传授知识的学问，传授知识与探究知识、整合知识、应用知识一样都是大学对高深知识的操作方式，需要教师在教学活动中表现出独有的创新性，需要教师通过分析、综合以及把固有的知识以自己的理解和有效的方式呈现出来。”①山东农业大学校长温孚江呼吁大学要树立全面的学术观，实现对学术的分类评价，他强调：“重视教学学术，扭转重科研轻教学的学术评价倾向。随着高等教育的快速发展，大学的使命越来越多样化，但是作为支撑大学发展的学术的评价制度却变得越来越窄，过分看重科研论文与成果，忽视了教师的教学水平和投入，这种教学上亟须教师提高水平和增加投入、评价上忽视教师的教学水平和投入的局面，使教师从事教学学术成为一种冒险行为。教师以育人为天职，教学工作的好坏应是衡量教师学术水平的重要标准，也是考量教师工作和教师职务聘任的关键条件。面对新形势，如何引导教师积极投入教学，提高人才培养的质量，是大学不容回避的现实问题。在新学术观的要求下，评价学术的指标不能固守传统，必须根据学术的新内涵进一步调整，将反映教学学术水平的教学效果、教学成果、教学奖励、教材等纳入学术评价体系，引导教师在人才培养模式改革、教学内容与方法改革、学生学业评价改革等方面投入更多精力。”②

从美国近二十年来高等教育的改革实践中可以看出，“多维学术观”有力地改善了美国高等教育中长期存在的教学与科研的紧张关系，教学的学术得到重视后，促进了美国大学本科教育的改革，使人们意识到研究性教学的重要性。1998 年，美国博耶委员会出台了《重建

① 张安富.崇尚教学学术：提高高校教学质量的现实选择.中国大学教学，2010，11：20

② 温孚江.大学必须牢固树立学术至上的学术理念.中国高等教育，2011，13/14：15

本科教育——美国研究型大学蓝图》的报告(以下简称“蓝图报告”),报告提出:“‘研究型大学应对其课程和主流教学形式进行重大反思,建立以研究为基础的教学模式。’根据研究型大学本科教育应对‘蓝图报告’所建议的情况,2001 年 5 月,该委员会发表了《重建本科教育——博耶报告三年回顾》报告(以下简称‘回顾报告’),对研究性教学的开展进行了重新审视……为此,博耶委员会总结了美国研究型大学本科教学的经验教训,提出教学应与研究相结合,学生的学习应基于研究,建立以研究为基础的教学模式……‘蓝图报告’引发了美国研究型大学本科教学的改革,以至于‘本科生研究’已成为一种时髦话语渗透在各大学对外宣传当中。”①

对于美国高等教育来说,重视教学的学术不仅改善了教学与科研的紧张关系,推进了本科教育和研究性教学,而且推进了教学评价体系、激励机制方面的改革,从而在制度层面上为本科教学提供了保障:“长期以来,教授指导研究生科研一直受到大学重视,而本科生则处于不利地位。但是随着本科研究性教学的提出,教师奖励机制在悄然地发生变化。博耶委员会一直主张建立一套促进优质本科教育的教师奖励机制,这种机制包括在教师职称提升和聘用终身教授时考虑教学因素,以及以其他方式激励教师努力开展优质本科教学。回顾报告调查发现,几乎所有研究型大学都已实现了上述主张……为了鼓励教师指导本科生科研,不少研究型大学对于指导本科生科研的教师在经费、工作评定上予以倾斜。例如加州大学伯克利分校,在‘本科生科研学徒计划’中,教师指导一名本科生,学校将给予 500 美元项目研究经费;又如麻省理工学院为了实现 100%的本科生在学习期间有机会参加研究的目标,在教师聘任和提升过程中把参加大学生研究计划和新生研究指导等项目看作教学任务的一部分,要求各系鼓励教师积极参

---

① 扬州大学教务处,教育科学学院编.高校研究性教学的思想渊源、理论和现实基础、基本理念及实践探索.扬州大学研究性教学参考资料,2009,4:1-2

与这些活动。”①

尽管我们不能将美国高等教育改革及其实践成果仅仅看成是“多维学术观”所导致的，但它无疑推进了美国本科教育改革的步伐，推进了研究性教学，这一学术理念给美国大学本科教学所带来的积极影响是不可低估的。在我看来，当前我国高等教育改革必须借鉴西方先进的学术理念，提高本科教学质量、推进研究性教学的当务之急是视教学为学术，“给教学的学术以新的尊严和新的地位”。当这一观念深入人心并通过评价体系、激励机制和制度保障加以体现时，教学的学术才会获得应有的尊严和地位，提高本科教学质量才不会成为空谈，推进研究性教学才会落到实处，本科教学也才会摆脱当下的困境。

研究性教学是一项复杂的系统工程，其目的是提高本科教学质量，培养创新型人才，它涉及高校办学的方方面面。我们有理由相信，随着我国高等教育事业的不断改革和发展，研究性教学的不断推进和深化，本科教学将会越来越得到重视，人才培养的质量也会不断得到提高，本科教学质量将会跃上新的台阶。

陈学广

2015 年 6 月

① 扬州大学教务处，教育科学学院编.高校研究性教学的思想渊源、理论和现实基础、基本理念及实践探索.扬州大学研究性教学参考资料，2009，4：17

目录 CONTENTS

“文学概论”研究性教学案例

授课教师 苏保华

课程名称 文学概论

授课单元 文学的社会功能

实施专业 文秘 2013 级

课程设计理念

本单元“研究性教学”采用的基本方法为“分组合作研讨法”，即将学生分成若干学习小组，在主讲教师的指导、辅助、督促下按照先期设定的研究课题，充分熟悉教材章节内容，吸收既有研究成果，使学生主动设疑、深入辨析和多元求解，既能掌握大纲规定的知识要点，也能在一定程度上提高逻辑思辨能力和理论探讨水准。

教学目标

1. 围绕文学的四种社会功能广泛搜集资料，拓展熟悉理论资源的途径，使学生逐渐形成思考与求知相统一的习惯。

2. 从中西、内外等不同视角对文学社会功能加以审视，既不拔高也不矮化文学的社会功能，促进学生秉持客观分析的理性态度。

3. 以具有代表性的文学现象及经典文本为抓手，突出理论探究与文学批评相结合，培养学生思辨与感悟相结合的综合素养。

教学内容 文学的社会功能。

教学课时 2课时

教学方法

布置学生预习教材内容，梳理和把握教材相关章节的基本逻辑脉络；按照教学大纲要求将所授章节内容分为六个单元，提出若干关键问题，让学生分为六个学习小组加以准备；指导学生熟悉查阅和筛选资料的基本方法，分别制作相关内容的教学幻灯片；教师审阅教学幻灯片，并提出修改建议；课上通过"研究汇报""相互质疑""提问解答"以及"补充总结"的学习方式，充分理解关键问题的基本内涵、理论资源、认识误区和发展现状，以求全面准确地把握文学社会功能的多样性、基本功能的复杂性、不同功能之间关系的辩证性。

教师的工作重点：一是指导学生如何选择和取舍研究资料，就学生在准备过程中出现的问题做出针对性的答疑解惑；二是要对6大问题内在的逻辑关系、容易出现的认识误区加以阐释解答；三是设想课程的全部环节，就教学的相关内容和教学各个单元之间的勾连穿插加以深入推敲，提前做好应对准备。

教学设计的关键点

1. 通盘考虑，合理分工，难易适中，先期设计，注意学生研究的可行性。

学生在基础理论课的研究学习中，最易出现的问题是难以确定研究的边界，从而导致漫无目的、主次不分、理解含混等弊端。因而，确定明确研究对象及基本范围有助于学生提高效率和增加兴趣。鉴于此，有必要预先做好如下工作：其一，对各小组"汇报者""发言者""表演者""朗诵者""质疑者""点评者"等不同身份人的课堂活动在内容、形式、时间、禁忌等方面加以总体构想和充分沟通，既要突出重点，也需相互照应；其二，本节六个单元各有其核心问题，难易程度相似，内在逻辑关系却又各不相同，要求各小组负责人组织小组成员，明确分工任务，讨论汇报内容，查阅相关资料，梳理主要观点，准备8分钟的发言以及配合发言的幻灯片；其三，认真研究其他小组所要汇报的问题，准备具有一定理论深度和现实指向的问题；其四，要求全体参与者教态端正，态度谦虚，求真务实。

2. 教师先期充分备课，对章节内容涉及的理论难点、疑点、盲点做到了然于胸，对学术界相关研究成果有全面把握，能够紧扣问题的关节点，使得课堂教学张弛有度，学生活动灵活自如。

在理论课的研究性教学之中，学生汇报研究成果容易出现在重要问题上常常蜻蜓点水，而在一般细节上却娓娓道来，很难做到不枝不蔓；这样就会使得小组外的同学对汇报的内容不知所云、似懂非懂，因而教师的引导、指点、引申、补充作用是必不可少的。要真正达到教学效果的优化，教师必须对学生的研究成果成竹在胸，对学生在研究中存在的问题有所针砭，在课堂上能够起到画龙点睛、锦上添花的“导演”作用。

3. 在教学实施过程中充分发挥学生的主体功能，尽力使学生在理论探讨中保持活跃的思维和浓厚的兴趣。

首先要对学生前期努力和汇报中的亮点加以肯定，适当阐释其隐含的思想火花；其次，要保持课堂教学的有机统一性，在小组汇报及同学活动之间要穿插恰如其分的过渡，既可以是概括，也可以是引导，还可以是延伸；再次，针对特定的文学现象进行理论阐释时，应鼓励不同观点之间的碰撞，求同存异，鼓励学生的学术创新精神，赞许学生的课堂应变能力，推崇学生的知难而进意识。

课堂实录

一、任务分配

将学生分成6个学习小组，提前一个月划定选题范围，让学生自由选择；每个学习小组需要完成的任务包括四个环节：一是资料的搜集整理及观点提炼；二是讨论理论命题、范畴的多重内涵，确定汇报人和其他活动的参与者；三是对汇报人的教学幻灯片以及各类活动的具体内容和形式进行“预演”，发现其中的不足；四是斟酌对其他小组的研究所提出的质疑，并能够从自己的理论立场加以必要的发挥。

本节教学分组及相应研究汇报任务分配选择如下：

1. 张玲小组：文学功能的多样性。
2. 徐珮瑶小组：文学的认识功能。
3. 曹紫琰小组：文学的教育功能。
4. 杨美琪小组：文学的审美功能。
5. 邱帆小组：文学的娱乐功能(吴雅敏负责表演队)。
6. 覃健婷小组：文学功能的辩证关系。

二、课堂讨论述要

1. 主讲教师：

(1) 以莫言的文学“无用”论引出关于文学社会功能的争议。

莫言：“文学和科学相比较，的确是没有什么用处，但是文学的最大用处，也

许就是它没有用处。”(诺贝尔奖晚宴致辞)

“80后”作家张一一：莫言的演讲“严重贬低了文学的精神价值，极大降低了作家的社会评价”。

网友：“莫言领诺奖坦陈文学无用，我觉得莫言这句话说得好虚伪。文学无用？最直接的莫过于现在它带给你的荣誉和财富。”

网友创造的“无用体”：爱情和面包相比较，的确是没有什么用处，但是爱情的最大的用处，也许就是它没有用处！

北师大教授张清华：“之所以说文学无用，是因为它润物无声。事实上，文学看起来是无用的但又是滋育灵魂的。”

(2) 从中外著名作家弃医从文经历可以看出文学可以塑造人的灵魂(幻灯片打出作家照片)。

资料搜集：**鲁迅**：1906年从仙台医专退学。**郭沫若**：于1923年毕业于福冈九州帝国大学，获医学学士。**冰心**：医科预备班的学生。**毕淑敏**：部队卫生员、医生，1980年转业，曾从事医学工作20年。**余华**：曾做过牙医。**冯唐**：在北京协和医科大学学医8年，临床医学博士。**柯南·道尔**：毕业于爱丁堡医科大学，行医10余年。**济慈**：16岁开始做药剂师，后考入伦敦一所医学院，一年后退学。**契诃夫**：1884年毕业于莫斯科大学医学系，行医多年。**欧·亨利**：曾经是药剂师，创作出《警察与赞美诗》《麦琪的礼物》《最后一片叶子》等不朽的短篇小说。**毛姆**：伦敦圣托马斯医学院学医，有为期5年的习医生涯。**渡边淳一**：毕业于札幌医科大学，随后任母校骨科讲师，当过10年的骨科医生。

文学可以塑造人的灵魂，意即文学作为精神产品，总是通过影响人的意识来达到对于社会的作用。无论中西方，对于文学社会功能认识都有一个漫长的过程，并且出现过很多有价值的观点。

2. 张玲小组：文学功能的多样性。

研究汇报：

(1) 文学有助于认识大千世界，有助于认识作家的思想和艺术风格，有助于认识复杂的人心。第一组材料分析：孔子所讲的“观”即“多识于鸟兽草木之名”；恩格斯认为《人间喜剧》是历史，是百科全书；列宁认为托尔斯泰是“俄国革命的镜子”；《红楼梦》里则包含了建筑、服饰、餐饮、医药等多方面知识。第二组材料分析：关于“文如其人”观点的深入探讨，毛泽东评价鲁迅：“三个伟大”“六个最”，而钱钟书曾讲：“巨奸作忧国语，热心人为冰雪文。”第三组材料分析：哈斯宝对薛宝钗形象的赏析及王国维对宝黛爱情悲剧的看法。

(2) 对于文学审美功能的重视：孔子讲“不学诗，无以言”；席勒则提出了三个层次的“人”：自然的人—审美的人—道德的人；闻一多提出诗歌的“三美”：音乐美、绘画美、建筑美。说明了文艺审美功能的复杂性和丰富性。联系现实：文学性的扩张，无边的文学性(广告，演讲)。

教师评点答疑：

(1) 评点：概言之，中国文论探讨文学社会功能，其根基脱不开中国文化。莫言讲文学的无用之用，是借用道家观点；孔子的兴观群怨着眼点还是儒家人伦教化，梁启超则借用了佛学诸观点来讨论文学的社会功能。

(2) 答疑(车尔尼雪夫斯基“美是生活”的看法是否颠倒了文艺与生活的关系?)：应当辩证地看待车尔尼雪夫斯基的观点，一方面，他认为“生活比任何科学家和诗人的作品都更完全、更真实，甚至更艺术。不过生活并不想对我们说明它的现象，也不关心如何求得原理的结论：这是科学和艺术作品的事。”(《论亚里士多德的〈诗学〉》)这种看法有片面性；另一方面，也要考虑到时代性，俄国十二月党人起义失败后，贵族开始成为所谓的“多余人”，当时的俄国呼唤着具有行动力的知识分子。

3. 徐珮瑶小组：文学的认识功能。

研究汇报：

(1) 文学作品体现最基本的善恶观和道德世界，而作品中的道德模式指向生活世界。作品对于读者都提供着有关一定社会生活类型和方式的认识。换一种表述，审美认识的深化必定是从抽象单一的道德模式层面向生动丰富的社会生活世界层面发展。在作品的第二层次世界中当然包含着第一层次的内容，既有扬善惩恶又有特定的道德方式。但其更深刻的部分则是对社会生活的展示。

(2) 通过文学作品我们可以了解古代的社会风俗，可以认识不同时期的政治制度、生产力水平，可以认识丰富复杂的人类精神世界和心理活动。例析：历代文学作品对于上元节的描写；意识流小说揭示了人内在世界的丰富和易于变化。

(3) 文学认识功能与科学的认识功能：其一，别林斯基认为：“哲学家用三段论法，诗人则用形象和图画说话，然而他们说的都是同一件事……一个是证明，另一个是显示，可是他们都是说服，所不同的只是一个用逻辑结论，另一个用图画而已。”如何理解：科学通过对自然、社会诸现象的分析、综合、判断和推理，以概念、公式、定理或理论的形式表现——直接提供关于自然界和人类社会的规律性认识；文学通过对现实生活或自然景物生动直观的描绘，构成具体可感的生活图景，以形象的形式表现，是文艺家对现实的感受、情绪、评价与理想的全面表现。

质疑：按照别林斯基的论述，文学在认知前已存在一个被科学完成了的认知结果。换句话说，文学并没有独自的认知对象和独到的认识结论。文学只是给科学认识的现成结论加上一个使人赏心悦目的、易于接受的漂亮外包装。在这里,文学的作用不是文学本身对客体的认识,而是帮助读者认识,即把先前设定的认识成果通过审美的形式传达给读者。它作用的对象不是认识的客体,而是认识的主体。它的地位不是直接面对认识对象,而是处于认识主体与客体之间,成为一种过渡性的媒介。“这就等于说,艺术没有自己的定性,也没有自己的目的,只作为手段而服务于另一种东西,而它的概念也就要在这另一种东西里去找”。在这一过程中,文学的认识功能实际上已名存实亡,结果只能导致文学图解现成的结论。

4. 曹紫琰小组:文学的教育功能。

研究汇报:

(1) 内涵理解:“文学总是饱含着一定的哲学、道德、宗教、政治等价值观念和价值评判的内容,而作家也总是希望通过作品中的艺术形象将这种价值观念和价值评判的内容传达给读者,用这种价值体系去影响读者,以期待读者在价值观念上达到与自己的认同,这就使得文学总是具有一定的教育功能。”

(2) 文学教育功能三个层面:“文学的教育功能根据性质、强度和形式的差别而区分出不同的层面,在文学功能的谱系中排成一个序列,这就是宣传功能、启迪功能和陶冶功能。”

提问:如何看待“一切文学都是宣传的,但并非一切宣传都是文学”?

回答:文学的宣传功能必须在充分尊重文学自身审美特点的前提下实现。

提问:那么“文革”中的文学作品是否真正体现了文学的宣传功能?

回答:文革中政治指导文学思想的宣传就是错误的,是反文学的。相比之下,还是文学的陶冶功能更能体现文学的审美教育特征。

请同学朗诵王维的《山居秋暝》。

说明:陶冶功能侧重感染、熏陶、潜移默化,旨在让读者的情感、趣味和情操不期然而然地得到优化和提高。讲究“润物细无声”,在心理层面上,其感化力量并不逊色。

(3) 文学教育功能的作用。

文学教育有一定的功利性,文学教育最重要的作用是对于人们精神的影响。教育人们反抗丑恶,追寻善与美;有助于呼唤人的真情;培养我们对美的追求与认识,促进人的自我完善。

请同学举例分析:斯托夫人的《汤姆叔叔的小屋》揭露了农奴的悲惨处境,思想上为黑奴得到解放做了铺垫;苏东坡《江城子》是对亡妻的深情呼唤与悼念,是人真心情的流露。

5. 杨美琪小组:文学的审美功能。

研究汇报：

(1) 提问：如何理解马克思所讲“艺术对象创造出懂得艺术和能够欣赏美的大众”？

讨论：第一种观点，认为其根本原因就在于它是作家按一定的审美理想和美的规律对来自现实生活中的素材加工改造的结果，是人的本质力量对象化的产物；第二种观点，文学作品在内容上具有“较大的思想深度和意识到的历史内容”，在艺术形式上又是“情的生动性和丰富性的完美融合”（恩格斯语），所以具有独特的审美价值；第三种观点认为，大量欣赏文艺作品本身就是提高人们的审美趣味和能力的重要途径。

总结：三种观点在逻辑上密不可分，只是理论视角有所差异，说明了文学的审美功能既涉及文学本质，也涉及作品本体，还涉及读者全身心的投入。

(2) 文学的主导功能就是审美。文学的审美功能与文学的认识功能、教育功能、娱乐功能及其他功能，并不是纯然相互并列的关系，而是居于主导性的地位。如何理解：一方面，审美功能实际上是文学实现其他功能的中介，因为无论是认识、教育功能，还是娱乐、益智等功能，在文学中都是通过阅读接受者不同程度的审美体验后才能够实现的，审美是各种功能得以发挥的根基和依托。另一方面，文学的审美功能是个整体性的宽泛概念，它是文学各功能有机统一的前提性条件。

(3) 现实反思：若以审美功能论的视角来审视20世纪中国文学的发展，可以清楚看到文学的健康发展一方面需要坚持文学的审美特性，另一方面又不能完全摒弃文学功能意义。极端功利论和极端审美论均对文学的发展无益。

6. 邱帆小组：文学的娱乐功能。

(1) 主题讨论：其一，解释娱乐功能的含义：所谓文学的娱乐功能，也就是文学活动使人们获得快乐的效用。其二，娱乐功能在不同文体的表现：我国的文学传统历来强调“文以载道”，对文学娱乐功能的认识较多局限于小说、戏曲等非正宗样式的领域里。现代文学的发展中，则长时期强调文艺的政治功利性，忽视、排斥乃至绝对否定文学艺术的娱乐功能。近年来，随着社会生活的发展，文艺的娱乐功能才逐步受到正视和重视，昔日文学死板的面孔也变得和蔼可亲起来了。其三，文学的娱乐功能产生的原因：娱乐是人类在基本的生存和生产活动之外获取快乐的非功利性活动，它包括生理上获得快感，更主要是指心理上得到愉悦。

(2) 关于文学娱乐功能的深入思考。

提问：当前人们对文学娱乐功能有哪些认识误区？

回答：当下社会不少人把高级的、复杂的审美过程解释成为简单的、粗鄙的感官刺激和反应。文学上对娱乐功能的种种片面认识,适应了文化享乐主义的需要,妨碍先进文化的建设和发展,这不能不引起我们的注意和重视。

提问:娱乐是不是只局限于生理层面的快感?

回答:我们不排除人类的某些娱乐方式或某些人的娱乐活动只局限于生理快感的层面,但也不应该由此得出结论认为所有的文学作品的娱乐功能都只能或应该停留在这个层面上,更不能因此认同庸俗、丑陋甚至伤风败俗、扭曲人性的娱乐方式和趣味,而放弃提倡健康、高雅、完善人性的娱乐方式和趣味。

质疑:上述观点多少都带有否定文学娱乐的意味,那么怎么看待真正的文学娱乐?

汇报人答疑:文学的乐趣主要在于通过审美得到自由享受与审美快感。正如韦勒克所说:"文学给人的快感,并非从一系列可能使人快意的事物中随意选择出来的一种,是从一种高级活动、即无所希求的冥思默想中取得的快感。"

(3) 表演:《红楼梦》场景(吴雅敏负责):说明文艺娱乐可以是一种自由享受和审美快感。

7. 覃健婷小组:文学功能的辩证关系。

研究汇报:

(1) 基本观点阐释:其一,融理于诗;其二,寓教于乐;其三,"为艺术而艺术"辨。

(2) 观点延伸讨论:王国维把概念与形象相游离的情况称为"隔",也从一个角度说明了文学的认识功能和审美功能应当相融相济。

(3) 教师评点:娱乐是一种不干涉实际生活方式的释放情感的方法。在大众传媒时代,文艺的娱乐性愈加凸显。消遣、休闲甚至刺激,都会受到特定受众的青睐。客观上讲,娱乐在快节奏的现代生活中具有宣泄和调整的正效应。文艺的娱乐性和严肃性应该保持合理的张力。

课堂总结

1. 本节内容的内在逻辑是以对于文学社会功能认识过程的回顾为出发点,引出对文学社会功能的基本分类,继而讨论不同文学功能的基本内涵、表现特征及实现途径,进而探究诸种文学功能之间的辩证关系。

2. 在总体框架下进行细分,会关联到一些延伸性的问题:在探讨文学的认识功能时,需要比较文学与科学在认识功能上有何区别;在讨论文学的教育功能时,根据性质、强度和形式的差别而区分出不同的层面,在文学社会功能的谱系中排成一个序列,即宣传功能、启迪功能和陶冶功能,分别与实践领域、认识领域、心理领域交界,说明了从作者的主动性到作者与读者双重主动,再到降低目的，形成自动性。即所谓欲速则不达，无心插柳柳成荫；在辨析诸种功能关系时，引入的是三个非常著名的理论命题，即“融理于诗”“寓教于乐”以及“为艺术而艺术”。

3. 理论学习不仅需要对文学作品的感悟和赏析，更需要对于概念命题的精准把握和深入理解，视野开阔、思维灵活、富有质疑精神是六个小组汇报研究成果的共同长处，但思想淹没于材料之中的缺憾也比较明显，在今后的理论学习和研究过程中，应当突出“诗”与“思”的有机统一。

教学效果评估

本单元研究性教学活动结束之后，与任课班级同学及参加听课教师进行了广泛交流，就教学效果加以客观评估。

1. 通过查阅资料和小组先期活动，有助于提高学生自主学习理论课的兴趣，也在一定程度上督促学生预习了教材相关内容。

2. 小组的研究成果总体上达到了预期目的，但不同小组投入精力有差异，对文学功能多样性以及文学功能的辩证关系研究略显单薄，存在着逻辑性不严谨的缺憾。

3. 学生由被动接受到主动讲授，再到彼此质疑辨析，身份的转换和视角的变化，增加了理论课教学的趣味性，活跃了课堂气氛，拓展了理论视野。

改革提高的设想

1. 由于理论课本身的特殊性，受学养所限，学生在占有既有学术成果来充实教学内容过程中，或多或少存在着理解模糊、拿捏不准的缺点，因而在课本与参考文献观点整合上需要教师提前介入，要由指导学生掌握教材转向帮助同学领会和辨析观点。

2. 文本分析应该有所限定，在理论应用能力的培养上，需要突出经典文本的针对性和高效性，同时也有助于引导学生在基础理论课学习中灵活运用在各门文学史课程中所学知识，从而达到触类旁通、事半功倍的效果。

附：阅读参考文献

一、论著

格非.文学的邀约.北京：清华大学出版社，2010

王炳钧.文学与认识.北京：外语教学与研究出版社，1997

哈罗德·布鲁姆.影响的焦虑.徐文博，译.南京：译林出版社，2006

皮埃尔·马舍雷.文学在思考什么.张璐，译.南京：译林出版社，2011

莱斯利·费德勒.文学是什么？高雅文化与大众社会.陆扬，译.南京：译林出版社，2011

二、论文

王元骧.艺术的认识性与审美性.文艺理论研究，1990，03

杨瑞洪，唐平.艺术审美本性与艺术认识本性——试论人对艺术的需要.艺术研究，2002，04

孟祥中.鲁迅论文学的社会功能.山东医科大学学报(社会科学版)，1993，04

孙海芳.浅析文学社会功能的实现.黄淮学刊(哲学社会科学版)，1997，03

罗志田.文学革命的社会功能与社会反响.社会科学研，1996，05

“文学概论”研究性教学案例

授课教师 童 伟

课程名称 文学概论

授课单元 文学的社会功能

实施专业 对外汉语 2010 级

课程设计理念

文学理论研究性教学的关键是培养学生的问题意识，尤其是对基本的概念和命题，产生困惑或者发现问题，然后通过阅读和思考，对前人的观点进行批判性评价，形成自己的观点和立场，初步养成反思性学习行为。基于此，在“文学风格论”的教学环节，采取反思性研究学习的设计思路，选择“风格即人”的命题，对这一命题是否成立不置可否，并把它分别放置于中西方文论语境中，从正向肯定的角度和反向否定的角度引导学生思考，根据学生的兴趣和观点把学生分组，学生通过进行研究探讨，辨析这一命题或肯定或否定的合理限度和范围阈限，并结合分组阅读、撰写小论文、小组讨论、总结归纳等教学步骤，对文学风格概念的内涵外延有更多的思考，激发学生养成反思性、批判性学习行为。

教学目标

1. 掌握文学风格的含义、特点。在中西方文论比较的背景下，了解“风格即人”“文如其人”的中西方理论源流和内涵。

2. 理解文学风格的主客观成因。对文学风格概念的认识既要结合文学作品本身的个性特点,也要结合作者(人)的因素对文学风格形成的重要作用,并且要看到主客观因素相互作用过程中的复杂性。

3.初步养成反思性学习行为。在面对"风格即人""文如其人"等命题时,通过梳理源流了解基本理论背景、借助大量阅读激发疑问、在知己知彼基础上进行质疑,由分组合作拓宽知识面,通过交流增强对问题的自主判断能力。

教学内容 《文学理论》第六章第一节"文学风格论"。

教学方法

1.任务型学习法。围绕"风格即人"这一有争议的论题,教师开列书单,对阅读中的疑难点答疑解惑,理清思路,阐明观点。

2.分组讨论学习法。从参考文论的来源分为中国文论、西方文论两大组,每组则根据观点的分歧分为正方、反方两组,一共分为四组。讨论中观点的碰撞有助于增进对这一命题的广泛理解,从中西方文论的差异、正方反方观点的差异中更深入地把握文学风格这一概念。

教学步骤和时间安排

学生自主探究问题的前提是清晰地知晓任务目标的始末,才能保持学习的主动性,而措手不及地介入到一个问题往往容易陷于被动。那么,教师要有预先告知学生具体化到每一教学阶段的研究性学习任务的鲜明意识,给学生留足预备阶段,"凡事预则立"这句古语从发挥学生主体性角度来看,有别样的意义。研究性教学的学习任务早在开学之初就跟学生预告,从预告学习任务到正式进入研究性小组合作,有一个持续两到三周的准备阶段,在准备阶段学生根据自己的兴趣,结合老师开列的书单,从中国古代文论和西方文论中选择其一作为阅读方向,阅读相关文论资料。教师则提示学生结合论者的时代背景、思想学术特点加以理解,在阅读中国古代文论资料时帮助学生疏通文义。

阅读阶段是蛹化为蝶之前最为艰难、漫长和痛苦的阶段,谈论起研究性教学,人们印象最为深刻的是学生在小组陈述时侃侃而谈的风采,往往淡忘了学生在阅读阶段的各种痛苦困惑,而在学生整个自主探究学习过程中,这一阶段对于提高学习能力至关重要。阅读是唤醒问题意识的必要铺垫,教师的任务是督促检查阅读任务完成情况,同时教师必须坚持先哲的一条教育原则:"不愤不启,不悱不发。"学生通过大量阅读,众多的思想观点一下涌入大脑,很少能碰撞出思想的火花,反倒常常感到困惑苦恼、无所适从,遂向老师提问或求助,这是教师对学生启发引导的黄金时机,因人而异地引导学生对阅读材料进行总结、归纳、比较和评价,发现解决问题的途径,或者由教师开列新的书单,引导学生进一步扩大阅读面,探索解决问题的新路。

分组讨论阶段是研究性教学的主体阶段,在研究性教学中使用频率极高,具体运用细节则因教学内容、教学对象而异。受文学理论基础课的性质特点制约,以及反思性教学思路的考虑,学生分组讨论的基本框架是事先预设好的,这种四分的小组框架人员分布比较均衡、结构上显得比较整一。这一阶段前后历时4周。

第1周:提交个人的小论文,教师写批阅意见,反馈给学生修改。按照学生所持的观点立场、个人兴趣进行分组,小组内部成员进行讨论、选择、提炼、加工,完成小组PPT。

全班42人,分为四组。

第一组:肯定“风格即人”,西方文论评述以及小组观点论证。

第二组:反对“风格即人”,西方文论评述以及小组观点论证。

第三组:肯定“文如其人”,中国文论评述以及小组观点论证。

第四组:反对“文如其人”,中国文论评述以及小组观点论证。

第2—3周:各小组之间进行相互交流,比如西方文论的两个小组,正方和反方进行交流沟通,研究对方的立论基础和论证方法,在此基础上修改和完善各小组的PPT,最终定稿。中方文论小组亦如是。

第4周:组织课堂研讨环节,约4课时。由各小组选派的代表进行PPT展示和观点陈述,观点陈述结束后,进行自由提问和回答。

教学设计的关键点

反思性学习行为的关键是激发出学生的疑惑,在众说纷纭、各有各理的背景下,了解各种观点的来由,让不同的观点在课堂上碰撞,要让学生养成包容的心态,能够理解和接受各种不同的观点和见解,课堂探讨的目的不是得出一个标准答案,而是尝试理解各种不同的观点,发现各种对立的观点中对自己有启发的地方,在教学设计上着力使各小组形成互补性学习模式,在差异中求发展,因此在小组讨论结束,教师也无须按照惯常的做法给出一个正确答案,也就是说讨论是开放式的。譬如在查阅资料时,中国古代文论中持“文如其人”观点的相关论述极多,而否定性观点就少多了。因此,针对不同组别查阅资料的状况,采取不同的研究探讨策略,对中国古代文论正方小组,重点花在阅读原典、疏通文意、厘清线索上;对古代文论反方小组,重点花在思维的拓展训练上,寻找反驳的突破口,使得正方与反方小组之间形成互补式学习模式,对彼此都能有所启发,这是教学设计的关键。

中、西、正、反这种比较整一的小组划分，在学生陈述辩难的侧重点上各有区分，在思维方式训练和能力训练上彰显差异，否则简单重复，学生容易疲怠。从正方反方的对立来看，正方小组的主要任务是“立”。要立于不败之地，必然需要旁征博引各种经典论述，厘清线索，援引作家与风格的例证，支撑观点。反方小组的主要任务是“破”，从重新解读经典篇章和代表作家生平与创作历史、梳理概念范畴入手，破解对方的重要人证物证，扬汤止沸与釜底抽薪双管齐下。从中西方文论的互补来看，西方小组强调形式与内容、主体与客体的二分思维方法训练，采用明晰的概念、判断、推理导向结论，中方小组则偏重对人和作品的才华、禀赋、气质、风骨的整体思维方法训练，概念内涵包容性伸缩性比较大。

课堂实录

第一组西方文论正方：论风格即人

成员有陶雯（组长）、王子旭、冯燕华、刘彦、金晔、吴林蔓、张中影、胡洁琼、毛静、刘小燕。这一组的陈述包括三方面内容：

一、重要论述的列举与阐释

引用的主要文论有：布封 1753 年演说《论文笔》（后人称之为《论文章风格的演说》），威克纳特《诗学修辞学风格论》，（收录于《文学风格论》，上海译文出版社 1982 年版），黑格尔《美学》第一卷，（商务印书馆 1979 年版），重点分析了风格的主客观方面的关系，好比肢体和衣服，艺术风格受到作家情感和灵魂的灌注才富有生气，从文学风格可以洞见人格的某些特点。

二、核心问题是对风格的理解。

要准确把握这一命题，必须厘清风格的含义。引用的主要文论包括：亚里士多德《诗学》里面的风格一词，是指文辞修饰的特点，好的风格应该清楚明白，不流于平淡。上海译文出版社的《文学风格论》一书中收录了多篇论文，比如歌德《自然的单纯模仿·作风·风格》和柯勒律治《关于风格》，歌德文中的风格一词体现了人的主观性在作品独特性上的体现。因此作品的个性，是作者个性的体现。柯勒律治笔下的风格则是将要表达的意旨与语言字汇协力合作的结晶。小组成员还援引了施莱尔马赫、爱德华·吉本的观点，这些观点出自 M.H.艾布拉姆斯《镜与灯——浪漫主义文论及批评传统》，从这些论述中可以得出结论：风格是人格的映像。

三、举例论证

以法国启蒙思想家卢梭、英国浪漫主义诗人雪莱、拜伦为例，分析伟大的作家作品的风格与人格是统一的。得出结论：文学风格即人。

教师的旁白：西方文论逻辑严谨，概念明晰，语言虽是现代白话文，但是学生并不容易理解，说明严谨的逻辑思维与语言表达需要通过阅读让学生来适应。这一组的立论可谓中规中矩，逻辑性比较强。

第二组西方文论反方：风格即人吗？

成员有徐丹（组长）、徐晓烨、张瑛喆、刘丹丹、吴柯霖、徐炎霜、严玲琳、朱瑾辉、曹梦远、吴清平。

反方的驳论基础是分析这一命题的提出背景和本意，由于被后人曲解，使得在对布封的观点的把握上就产生了偏离，进而分析应该如何更好地把握风格即人的内涵，文学风格是创作个性的体现，但是人们常常把创作个性等同于日常个性。最后针对正方小组举的例子进行辩驳。

一、对布封的观点的曲解

“风格即人”的命题是18世纪法国学者布封在一篇名为《论风格》的演说中提出的。把风格即人，理解成风格即人的个性风格，这其实离布封的本意相去甚远。布封是从人类精神的领域来讨论风格的，他认为优秀的作品一定有优越的思想，但是布封的“风格”概念偏重于非个性的理性内容，而现在的“风格”概念多是指个性化的东西。所以布封的“风格就是人本身”并不是中国式的“文如其人”。

二、创作个性与日常个性的异同

如何理解布封的“风格即是人”中的“人”，显然是一个难点。这里的“人”比较接近作家的“创作个性”，创作个性与作家的人格或曰日常个性不能简单等同。所谓创作个性，就是指作家的兴趣爱好、禀性天赋、气质性格、艺术修养、审美趣味等个性心理特征融进作家的创作，并在作品中作为一种鲜明的特色呈现出来，是一个作家区别于其他作家的个体性的东西。歌德称之为“内心生活的标志”。

一般说来，日常个性是作家在世俗生活中表现出来的习性，是他在实存世界中的存在方式，而世俗生活总是为实用功利的目的所困扰；创作个性是作家在精神活动中体现出来的习性，往往具有审美的超功利性。作家的创作个性与日常个性兼而有之，且存在着密切的关系，但二者也不完全是一回事。有的作家可能存在较多的一致性，而另一些作家则可能存在较多的反差。

三、举例论证

重新审视卢梭、海明威、托尔斯泰。指出他们的文学风格与日常个性的极大落差。得出的结论是：文学风格的形成，有着多方面的原因，除了日常个性对创作个性的影响，还有文学创作自身的规律和社会生活的制约，不能简单地说“风格即人”。对于文学风格的影响主要有社会的和个人的两方面原因，在实际起作用的时候，这两个方面总是相互交织在一起，不分彼此的，我们不能把任一方面单独提取出来，独立成一个脱离的因素。

教师的旁白：驳论的层次和条理非常清楚，与立论针锋相对，其中重新解读布封《论风格》是难点，难在思维与语言的精确和恰当把握上，这正是日后西方文论学习的重难点。

第三组中国古代文论正方：论文如其人

成员有丁向飞（组长）、陈龙、季明星、刘波、田笑天、王智、赵文亚、陶琪、钱焱、陈雨晴、东林花。

一、引言

纵观中国古代文论，虽然没有使用“风格”一词，但有很多与“风格”密切相关的理论术语，如“气”“体”“品”“面目”等，文论思想极其丰富，并且思想成熟也较早。

二、“文如其人”思想渊源与发展

中国古代文论里“风格”一词最早出现在晋代葛洪的《抱朴子》中，但是这里的风格指的是人的风度品格，而并非文学艺术中所指的艺术特色。汉代《诗大序》称：“诗者，志之所之也，在心为志，发言为诗。”西汉杨雄《法言·问神》中也提到：“言，心声也。书，心画也。”可以看出，语言文字是作家思想和情感的外在体现。在东汉王充的《论衡·超奇》中，以比喻论证的方式说明了作家的个人内在因素决定作品的形式风貌。“文如其人”的提法最早出自苏轼的《答张文潜书》，苏轼用“其文如其为人”称赞他的弟弟苏辙，其弟文章的格调与他低调淡泊的处世之道相一致，清人刘熙载在《艺概·诗概》中云：“诗品出于人品”，强调文学作品的风格与其创作者本身的人格修养、道德品质有着密切的联系。

古代文论中习见对不同禀赋气质的作者进行为文或为人的比较，某种个性气质往往有与之相对应的文辞格调，不同的作者，在为文及为人的差异上十分鲜明。如东汉王逸《楚辞章句序》中区分“智弥盛者”与“才益多者”在文辞上鲜明的个性差异，三国魏曹丕在《典论·论文》及《与吴质书》中以“清”或“浊”两大系列来品评文气及才性，王充《书解》也有类似论述，所以文学创作所表现出来的风格、格调与作者的才思学识等有着密不可分的关系。

总体来看，文如其人一说能够成立。近人钱钟书在《谈艺录》中所言：“然所言之物，可以饰伪：巨奸为忧国语，热中人作冰雪文，是也。其言之格调，则往往流露本相；狷急人之作风，不能变为澄淡，豪迈人之笔性，不能尽变为谨严。文如其人，在此不在彼也。”指出文与人之间虽然不是简单直接的对应关系，但从个性与创作风格相联系的角度肯定了“文如其人”，说明了文学作品的风格不仅仅与作家的性格相关,还与作家的道德品格、思想感情以及学识修养等因素存在间接的、隐曲的联系,而这些因素正是作家个性的全面体现。

三、重点解读《文心雕龙·体性》

在阅读中发现刘勰《文心雕龙·体性》的相关论述极为精当和丰赡,所以作为重点来研读。

刘勰在《文心雕龙·体性》开篇指出:“夫情动而言形,理发而文见;盖沿隐以至显,因内而符外者也。”说明作品风格与作家个性之间是有密切联系的。在这里,刘勰认为人的个性是由“才”“气”“学”“习”四个方面的因素构成,认为正是由于作家自身所具备的这四种个性具有差异性,才造成了创作领域内的千差万别。关于作品风格与作家个性之间的联系,刘勰认为,两者不仅是相一致的,而且作家个性对于作品风格的形成甚至起着决定性的影响。“各师成心,其异如面”,他认为,正是由于个人按照自己的本性来写作,所以作品的风格就像人的面貌一样彼此互异。从三个方面来看:一是“情”和“理”之中的文学创作,“夫情动而言行,理发而文见”。把隐藏在心中的情和理发抒为外显的语言文字,有其内在的一致性,尤其是在发愤之作中。二是内在气质影响下的文学创作,“气以实志,志以定言;吐纳英华,莫非情性”。培养气质以充实人的情志,情志确定文章的语言;文章能否写得精美,无不来自人的情性。三是注重创作个性的培养,“摹体以定习,因性以练才”,也就是说作者的才华虽有一定的天赋,但学习则一开始就要慎重;好比制木器或染丝绸,要在开始时就决定功效;若等到器具制成,颜色染定,那就不易再改变了。要学习正确的风格来培养自己的习惯,根据自己的性格来培养写作的才华。

四、“文如其人”的例证

从两个方面来看。其一文学作品的风格是由作家的个性决定的,即文学作品的风格植根于作家个人的道德品格、思想感情、性格修养以及才思学识等。以田园山水诗派为例,田园山水诗派的代表人物孟浩然和王维,孟诗风格平淡,意境悠远,王诗风格幽素空静,多禅气。这与他们热爱田园,向往自然的思想情感密不可分,又与他们各自的精神品格相关,即孟浩然的隐士追求和王维的一心向佛。同时他们又都有平和的性格,也是产生这种风格的重要因素。

其二,文学作品的风格能够反映作家的个性,即文学作品能够反映作家本人的思想、人格、胸襟、学识、才情等方面的特点。如宋初的晏殊在其《珠玉词》中的作品多是理智深蕴,闲婉圆润,这正反映了他神童的才思与当朝重臣的修养气度;宋人魏庆之《诗人玉屑》卷十四:“李白诗类其为人,俊发豪放,华而不实……”清代孔尚任《答卓子任》:“石涛上人,道味孤高,诗、画皆如其人。”都体现了文学作品能反映作家的性格特点。

结论：通过上述的理论及事实的论证，可以充分了解到文学作品的风格与作家的个性有密切的联系，文学作品的风格决定于并能显现作家的个性。所以“文如其人”这一观点是成立的。

教师的旁白：这组查阅引用的文献之众多在四组中居首位，其中对《文心雕龙》篇章的重点解读非常详实，在小组竞赛时被大家公认为第一名。这说明众多的参考文献对于立论起到了强大支撑作用。

第四组中国古代文论反方：文未必如其人

成员有：蔡慧君(组长)、陈玉、陆婉菁、邹文燕、周静、叶瑶、吴茜、张雪芬、顾怡梅、李亚蒙、成瑞。

从“风格”与“人”两个不同的侧重点反思“文如其人”的观点。从“风格”看，风格有自发与因循之区分，因循之风未能形成固定的“格”；从“人”出发，人有习惯与例外，而又引发不同的风格，因此小组的观点是“文未必如其人”。

首先，文学风格属于文学创作领域，人的品格属于社会道德领域。道德品质好的人，未必是个好作家；反之亦然。我们不能因为一个作家具有很高的文学艺术成就就断定这个作家具有崇高的道德修养。同样，我们也不能断言一个曾经有过道德行为偏差的人不能创作出优秀的文学作品。例如：在魏晋时期，一些文人虽然在文学上有较高的艺术成就，然而他们的人品却很卑下。《晋书·潘岳传》说：“岳性轻躁，趋世利，与石崇等谄事贾谧，每候其出，与崇辄望尘而拜。”但是潘岳在《秋兴赋》、《闲居赋》以及石崇在《思归引》里却显示了一种远离尘俗的高洁姿态。

其次，作家的风格和他的个性总的来看是统一的，但是具体到某一部分或者某一篇作品来看，这种关系不能说完全一致。因为一个作家的作品往往有多样化的风格，某一部分作品会发生和作家个性不统一甚至相反的现象，因此不能一概而论。例如邹祗谟《远志斋词衷》云：“稼轩雄深雅健，自是本色，俱从南华、冲虚得来。然作词之多，亦无如稼轩者。中调、短令亦间作妩媚语。观其得意处，真有压倒古人之意。”是说辛弃疾的词，既有“雄深雅健”的一面，又有“作妩媚语”的一面。就具体作品而言，《破阵子》显然偏“雄深雅健”，《祝英台近·晚春》则明显是“作妩媚语”，写得婉转柔情。

再次，一个作家的文学风格会随着他的经历、处境、思想面貌的变化而发生变化。因此，用一部作品或一类作品的风格来概括一个作家的风格往往是不全面的。例如南唐后主李煜的词以其被俘为界，分为前后两期。王国维在《人间词话》中说：“词至李后主而眼界始大，感慨遂深，遂变伶工之词而为士大夫之词。”可见，由于生活经历、思想面貌的变化，李煜后期的词较前期的词感慨更为深沉，他的前期多写宫中享乐生活，清便婉转，明快艳丽，风格近花间。后期词多抒发故国之思，亡国之恨，形成深沉凄婉的风格。所以风格是时代氛围的产物，而不仅仅与个人有关。

最后，如何评价人格与风格的统一。

从三个维度来考察这个问题。第一维度是人格与风格统一，第二维度是人格与风格分离，第三维度是人格与风格对立统一。（参考钱钟书：《谈艺录》中论“文如其人”）

作家的人品潜在于作家的内心，它要与创作实践过程相结合，表现在物态化成果——文学作品中，在一系列作品中体现出鲜明的文学风格。影响作家风格的客观因素有很多，其中文化浸润、文学熏陶、语言修养和主观因素的个性特征关系最密。客观因素对作家自己个性修养的影响，影响了作家本身为文的风格。因而文即其人或者风格即人并不完全符合实际，主观因素不能够完全把握为文学风格。

引用《谈艺录》所论“诗分唐宋”的论断，说明风格与人格之间既统一又分离的双重性。“唐诗、宋诗，亦非仅朝代之别，乃体格性分之殊。天下有两种人，斯分两种诗。唐诗多以丰神情韵擅长，宋诗多以筋骨思理见胜。”“夫人禀性，各有偏至。发为声诗，高明者近唐，沉潜者近宋，有不期而然者。”“一集之内，一生之中，少年才气发扬，遂为唐体，晚节思虑深沉，乃染宋调。”

总之，文学风格的形成有着多方面的原因，除了作家个人的主观原因（人格）之外，还有社会的客观原因。作家的创作个性往往要服从于他所处的时代环境，即一定的时代条件、生活环境、社会风尚和艺术传统。因此，作家在作品中展现的个性是受其制约并有所选择的，而不是将个性一览无余的展现于作品中。

教师的旁白：面对立论方强大的文献优势，展开绝地反击。把命题放在与之普遍联系的范畴网络中，不是就事论事，而是放眼全局，发现它的局限性和有限性，这关乎思维能力的训练。

学习效果的评价与分析

学习效果评价的目的在于提高研究性学习过程的主动性和参与性。重视学生对文学理论基本概念、范畴和原理的识记和掌握，把重点放在培养学生的学习兴趣、学习能力和综合运用所学理论知识解决实际问题的能力，重视过程评价在学生学习效果评价中的重要性。

学习效果评价的构成包括以下四个方面：

1. 课堂上的出勤、发言以及专注程度。（20%）

2. 撰写小论文和修改小论文。运用所学文学理论的基本概念、范畴和原理，分析解决实际问题，对于学生来说，是一个从陌生到熟悉的过程，小论文提交后，教师打分写评语，把课堂讲评和个别点评指导相结合，让学生在原稿上进行修改。修改是对原有知识结构、思维方式、语言表述和学术规范的反思与纠正，促使学生审视自己的小论文，从中发现问题、分析问题、解决问题，通过论文的修改，可以较为有效地评价学生运用所学理论知识解决问题的能力是否得到了提升。(40%)

3. 分组讨论，制作 PPT，由小组代表主讲，汇报本组的观点和理论依据。由学生投票和教师打分相结合，评出小组 PPT 制作和主讲环节的排名，算出得分。(20%)

4. 个人发言。在有争议的理论问题上，学生阐明自己的观点和立场，并展开论辩，从论辩的参与度、持续度和深入度上，可以考评学生对课程的学习兴趣和学习能力。(20%)

从以上四个方面的考量来看，学生在这一课题上投入了大量的时间和精力，最明显的收获是文学理论阅读量显著提高，学生出于写论文和小组讨论的需要，不仅阅读了书单中开列的参考书籍，而且查阅了许多相关书籍和论文。在阅读时，教师并不要求学生把一本书全部读下来，只要阅读相关章节、相关论述即可。围绕一个课题进行的大量阅读，让学生切实体验到了思想观念的驳杂和面对众说纷纭时的彷徨，也让学生在困惑中不得不寻求解决问题的思路。正所谓“学而不思则罔，思而不学则殆”，无论是写小论文还是小组研讨，“学”和“思”都是紧密结合的，要促使学生进行思考，必须建立在大量阅读的基础上，有了大量阅读，才会产生困惑，才会逼人思考，阅读得越多，思考得就越深入。

改革与提高的设想

从学生的反馈来看，学生普遍感到进行研究性学习课业负担较重，由于所在班级是大二学生，他们的课程安排本来就比较满，组织一次研究性教学活动，学生要紧张地忙碌一个多月，几乎占用了他们全部的业余时间。研究性教学的目的是让学生发现研究探讨的乐趣，激发他们的研究兴趣，而不能让学生感觉是让他们找罪受、寻苦吃。人们对吃苦会本能地寻求逃避，但是乐趣则会让人流连忘返，并且真正的学问无一不是建立在强烈的兴趣基础上的。如果给学生留足更多的自主学习的时间，实施研究性教学的乐趣想必能更有效地发挥出来。

从教师的观察来看，清楚有效地进行思考，作出书面表达，进行口头陈述和辩论，对很多中文系学生来说，不是一件容易的事。严格地讲，只有少数学生能够清晰、流畅、有条理地表述自己的观点，大多数学生或者羞于启齿，或者人云亦云，或者模糊思维……如果能提早进行口头和书面表达能力的训练，让学生养成清晰地、明确地、自如地表达自己观点的习惯和能力，将有助于研究性教学的深入全面开展。

附：阅读参考文献

伍蠡甫主编.西方文艺理论名著选编.北京：北京大学出版社，1985（注：选读文学风格论的节选）

[德] 歌德.自然的单纯模仿·作风·风格.[德] 威克纳格.诗学·修辞学·风格论.[英] 柯勒律治.关于风格.[英] 德·昆西.风格随笔.王元化，译.文学风格论.上海：上海译文出版社，1982

[英] 保罗·约翰逊.知识分子.南京：江苏人民出版社，2000

胡经之.中国古典文艺学丛编.（三）.北京：北京大学出版社，2002

刘勰.文心雕龙.阅读体性篇、风骨篇、定势篇.参见：周振甫.文心雕龙今译.北京：中华书局，1986

曹丕.典论·论文.参见郭绍虞主编.中国历代文论选.（一卷本）.上海：上海古籍出版社，1979

钱钟书.谈艺录.北京：三联书店，2001:161-165

詹锳.文心雕龙的风格学.北京：人民文学出版社，1982:18-21

王元化.王元化文论选.上海：上海文艺出版社，2009:82

曹顺庆.中西比较诗学.（修订版）.北京：中国人民大学出版社，2010

严迪昌.文学风格漫说.南京：江苏人民出版社，1983

何西来.文格与人格——艺术风格论.西安：陕西师范大学出版社，1999

“文学概论”研究性教学案例

授课教师 黄石明

课程名称 文学概论

授课单元 文学语言的审美特征

实施专业 汉语言文学2012级

课程设计思路

本单元“研究性教学”采用的方法是“研究小组合作讨论学习法”，即将学生分成若干研究性学习小组，在教师的引导下，通过对问题的研讨，达到掌握知识、学会方法、提高能力的目的。

教学目标

1. 采用研究性学习方式开展课题研究，培养学生自主发现问题、解决问题的能力；

2. 掌握文学语言的广狭含义；理解文学语言与日常语言、科学语言的关系；

3. 熟练掌握文学语言的审美特征：形象美、情感美、含蓄美、节奏美、色彩美、造型美。

教学课时 2课时

教学方法

1. 本课题提前一个月布置学生预习教材《文学理论》第八章第四节“文学语言的审美特征”内容，以及相关教材涉及的“文学语言的审美特征”内容，将“文学语言的审美特征”的学习内容分解成8个问题，让学生分组准备，课上通过“研究汇报”和“提问解答”的学习方式，来把握文学语言的审美特征。

2. 教师的工作重点，一是在学生准备过程中答疑解惑、指点迷津；二是对文学语言的审美特征问题作全面的梳理，并设想教学过程的全部环节，提前做好应对的准备。

3. PPT演示法、对话交流法、互动讨论法。

教学设计的关键点

研究性学习注重发挥学生的能动作用，把发展学生探索能力、实践能力、创新能力放在首位；研究性学习以“培养学生永不满足、追求卓越的态度，培养学生发现问题、解决问题的能力，自主探索提出问题和解决问题的科学研究方法”为基本目标；在教师指导下，以学生自主采用研究性学习方式开展课题研究或论文写作为基本的教学形式；以学生形成研究性学习方式为最终目标。基于以上考虑，特作出如下教学安排：

一、布置任务，着眼文献资料的收集整理能力培养

对学生研究性学习的指导，计划的周全性非常重要，因为它直接关系到学习效果的好坏与学生学习积极性的高低。首先，要求每位小组成员认真阅读、查找与文学语言的审美特征相关的论著资料，从中梳理、概括观点，准备5—8分钟的发言；其次，认真设计“提问”的内容，准备高质量的问题，最好是系列问题；接受同学“质疑”时，回答的同学应实事求是，态度诚恳，不强加辩说。再次，每位小组成员之间要分工明确、协同作战，并明确“汇报人”“提问人”，以及做好PPT演示文稿。

二、积极引导，着眼研究性学习能力培养

研究性学习是指学生在教师的指导下，主动探索、积极思考，吸收知识、应用知识，发现问题、解决问题以获取新颖的经验和表现具有个性特征的行为，从而提高学生的各方面素质，培养学生创造能力和创新精神的一种实践活动。本课程将部分课时交给学生主讲，并不意味着教师可以置身事外，而是在课外花费数倍的工作时间准备教与学的内容，以及在课堂上进行集中点评。教师要根据

学生的发言，纠错补遗，既要保护好学生的学习积极性，又要调动学生的主观能动性，从而轻松驾驭课堂。同时注意培养学生的批判性思维能力、口头表达能力、同学之间的协作能力、应变能力等等。

教学过程

一、任务分配

将学生分成8个研究性学习小组，提前一个月公布选题，让学生自由选择；每个小组需要完成的任务包括两个：一是自己小组的“研究任务”，二是对其他小组的研究要“提问质疑”。当然，全班同学都需要对教材内容仔细研读，并准备问题参加研讨。

本单元的学习任务及分组情况如下：

第一组：阅读1949年以来相关《文学理论》教材的“文学语言论”内容，分析并概括文学语言的特征（陈梦琳小组）。

第二组：阅读1949年以来相关《文学理论》教材的“文学语言论”内容，分析并概括文学语言的审美特征（张梦晨小组）。

第三组：阅读1949年以来相关《文学理论》教材的“文学语言论”内容，分析并概括文学语言的形象美（董文文小组）。

第四组：阅读1949年以来相关《文学理论》教材的“文学语言论”内容，分析并概括文学语言的情感美（丁艳红小组）。

第五组：阅读1949年以来相关《文学理论》教材的“文学语言论”内容，分析并概括文学语言的含蓄美（高雅小组）。

第六组：阅读1949年以来相关《文学理论》教材的“文学语言论”内容，分析并概括文学语言的节奏美（马佳雯小组）。

第七组：阅读1949年以来相关《文学理论》教材的“文学语言论”内容，分析并概括文学语言的色彩美（刘怡小组）。

第八组：阅读1949年以来相关《文学理论》教材的“文学语言论”内容，分析并概括文学语言的造型美（白玉小组）。

二、课堂讨论概要

（一）第一小组：关于文学语言的特征

1. 研究汇报

（1）文学语言的含义：广义的文学语言：是指在民族共同语基础上经过加工的一切书面语言以及口头创作中的语言，它既包括文学作品的语言，也包括其他书面语言。

狭义的文学语言：是指各类文学作品中的语言和口头创作中的语言。文学语言面对的是一个虚构的世界，注重主体的生命意蕴、审美情感鲜活地呈现。

(2) 文学语言的特征

① 文学语言的表层特征

a. 形象性；b. 情感性；c. 音乐性。

② 文学语言的深层特征

a. 情境性；b. 变异性；c. 暗示性；d. 独创性。

2. 互动提问

日常语言、科学语言与文学语言的区别在哪里？

3. 问题解答

日常语言是人们日常交流中运用的语言，面对的是真实的世界，强调语言的实践性和实效性，它既不像科学语言那么严密，也不像文学语言那么蕴含丰富，它是一种外指性的自然形态语言。科学语言是人们在科学实践中运用的语言，面对的是真理的世界，强调语言的客观性和概括性，它要求准确严谨，采用规范的、合乎语法和逻辑的语言形式，其能指与所指的关系简单明晰。

文学语言来源于日常语言，与日常语言保持着密切的关系，是对日常语言的积极超越与审美升华。日常语言一旦进入文学作品，就被涂上了浓重的情感色彩，并被作品的语境所框定，使它不再是单纯的传递信息的载体，而具有了日常语言所缺乏的特殊涵义，成为文学语言。

文学语言不同于日常语言，文学语言是对日常语言的加工提炼。日常语言注重实用性，文学语言侧重审美性、创新性。日常语言强调通俗易懂，文学语言追求含蓄、变异。文学作品表现的是一个虚构出来的、渗透作者审美情感的世界。文学语言注重含蓄，反对直露，讲究言有尽而意无穷。文学语言的含蓄性，就是用不言或少言的方式在文学作品中营造出一片朦朦胧胧的空白，给读者留下想象与回味的空间。如《江南》：“江南可采莲，莲叶何田田！鱼戏莲叶间。鱼戏莲叶东，鱼戏莲叶西，鱼戏莲叶南，鱼戏莲叶北。”

（二）第二小组：关于文学语言的审美特征

1. 研究汇报：

文学语言具有以下六种审美特征：

(1) 文学语言的形象美；(2) 文学语言的情感美；(3) 文学语言的含蓄美；(4) 文学语言的节奏美；(5) 文学语言的色彩美；(6) 文学语言的造型美。

2. 互动提问：审美的含义是什么？

3. 问题解答：“审美”概念最早是1750年德国哲学家鲍姆加通提出的，他用

“Aesthetica”来命名他所创立的新学科。所谓“审美”，就是人类基于完整、圆满的经验而表现出的一种身心洽适、灵肉协调、情理交融、知行合一的自由和谐的心理活动、行为方式和生存状态。姚文放教授认为，在中西美学史上，“审美”概念都以审美经验为中心。在西方美学中，审美经验经历了从自律性向他律性的转化，“审美”概念的内涵也从非功利、无目的变为功利的、实用的。中国美学对于“审美”概念的理解始终叠加着国外美学理论的交光互影，但也不乏对于中国本土传统美学观念的传承，在总体上更具开放性、普适性和兼容性。从中西美学史的嬗变可见，“审美”概念的内涵十分宽泛，这与它所依托的审美经验的包容性和弹性有关。（参见姚文放“‘审美’概念的分析”，载《求是学刊》2008 年第 1 期。）

（三）第三小组：关于文学语言的形象美

1. 研究汇报：

文学语言的形象美：指文学语言的形象性与指物性带给人们的怡情悦性的审美感受。如戴望舒的《雨巷》：“撑着油纸伞，独自彷徨在悠长、悠长又寂寥的雨巷，我希望逢着‘一个丁香一样的’结着愁怨的姑娘。她是有‘丁香一样的颜色，丁香一样的芬芳，丁香一样的忧愁’，在雨中哀怨，哀怨又彷徨……”戴望舒的《雨巷》明显地接受了法国象征派的影响，他强调运用象征形象表现自我的感觉，喜欢追求形象的朦胧，注意挖掘诗歌形象暗示隐喻的能力，在象征性的形象和意境中抒情。《雨巷》里的形象都凄婉迷茫、充满象征意味：那撑着油纸伞的诗人，那寂寥悠长的雨巷，那位梦一般地飘过有着丁香一般忧愁的姑娘，并非现实生活本身的具体写照，而是充满象征意味的抒情形象。那狭窄而悠长的“雨巷”是当时黑暗而沉闷的社会现实的象征，“丁香一样的”姑娘，是美好理想的象征。这些形象给读者留下了驰骋想象的广阔天地，让人感受到诗的余香和回味。

2. 互动提问：文学语言的形象美是如何表现的？

3. 问题解答：首先，运用修辞手法比如夸张、拟人等来表现形象美。如“白发三千丈，缘愁似个长”（李白《秋浦歌・十五》），“红杏枝头春意闹”（宋祁《玉楼春》）；其次，创设具体情境来表现形象美。如“试问闲愁都几许？一川烟草，满城风絮，梅子黄时雨”（贺铸《青玉案》），把抽象的、不具形的“愁”这样一种心理状态描绘得形象可感、多姿多态。再次，巧妙地运用叠词使描写的声、色、状、态更加形象可感。如“小草偷偷地从土里钻出来，嫩嫩的，绿绿的”（朱自清《春》）。“偷偷地，钻”采用了拟人化的手法，使小草的形象更加生动、具体，同时也使文章更加充满趣味，让读者读起来印象深刻。而“嫩嫩的，绿绿的”放在后面可以更好地强调小草的色彩，比之在前面会更加有趣味，也使文章更加生动起来。

（四）第四小组：关于文学语言的情感美

1. 研究汇报：

什么是文学语言的情感美：指文学语言的情感性带给人们的怡情悦性的审美感受。文学作品是作家情感的物态化与符号化。巴尔扎克说他的小说是“以热情为元素”，宣称他的《人间喜剧》是一部“描写人类情感的历史”，说自己笔下的人物“是从他们的时代的五脏六腑孕育出来的，全部人类感情都在他们的皮囊下颤动着”。如李清照《一剪梅》：“红藕香残玉簟秋，轻解罗裳，独上兰舟。云中谁寄锦书来？雁字回时，月满西楼。花自飘零水自流，一种相思，两处闲愁。此情无计可消除，才下眉头，却上心头。”这是一首倾诉相思之情、别愁之苦的词。这是李清照写给新婚未久即离家外出的丈夫赵明诚的，她诉说了自己独居生活的孤独寂寞，急切思念丈夫早日归来的心情。作者在词中以女性特有的敏感捕捉稍纵即逝的真切感受，将抽象而不易捉摸的思想感情，以素淡的语言表现出具体可感、为人理解、耐人寻味的情感意蕴。

2. 互动提问：什么是情感美？

3. 问题解答：情感美是指人的情感的纯洁、真挚等审美属性，是指一个人具有纯洁高尚的情操。情感美是一种健康高尚的肯定性情感。情感是人们对于客观事物能否满足主观需要所产生的一种肯定性或否定性情绪体验，是人的心理特征的重要组成部分，具有普遍的社会属性，情感美是人类在快感与实用感的基础上升华而形成的，并摆脱了各种狭隘的生理需要和实用需要的一种高级的情感形态。如韩瀚《重量》：“她把带血的头颅，放在生命的天平上，让所有的苟活者，都失去了重量。”

（五）第五小组：关于文学语言的含蓄美

1. 研究汇报：

什么是文学语言的含蓄美：含蓄是艺术美的一种理想形态，是文学创作追求的审美目标，是中国诗学的审美传统，具有丰富的审美意蕴。含蓄美是在主客观相结合过程中的艺术创造，往往指意在言外、言近旨远，如司空图在《诗品》中论“含蓄”说：“不着一字，尽得风流。”指文学语言可以从有限中体味无限、带给人们言近旨远的审美感受。如叶绍翁《游园不值》：“春色满园关不住，一枝红杏出墙来。”

2. 互动提问：你如何理解文学语言的含蓄美？

3. 问题解答：文学语言的含蓄美是把似乎无限的意味隐含或蕴蓄在有限的语言中，真实的意义被字面意义有所掩隐，使读者从有限中体味无限，并且从中获得审美感受。如王维《杂诗》：“君自故乡来，应知故乡事。来日绮窗前，寒梅着花未？”这首诗中，作者借对故乡的梅花的询问来表达自己的思乡之情，用意象来委婉、含蓄地表达自己真实的情感，可以说表达了一种含蓄美。

（六）第六小组：关于文学语言的节奏美

1. 研究汇报：

什么是文学语言的节奏美：节奏是汉语语音在一定时间里呈现的长短、高低和轻重等有规律的起伏状况。作家可以利用节奏这个表现手段来抒发自己的情感，使欣赏者产生情感共鸣。文学语言的节奏美就是作家利用语音的有规律的变化带给人们的怡情悦性的审美感受，如整齐、复沓、回环等。

2. 互动提问：你如何理解文学语言的节奏美？

3. 问题解答：王一川在《美学与美育》中说："节奏同构于人的内在情感，节奏的内涵是情感的变化。"也就是说，艺术家可以利用节奏这个表现手段来抒发自己的情感，使欣赏者产生情感共鸣。如徐志摩《再别康桥》中的一段："轻轻的我走了，正如我轻轻的来；我轻轻的招手，作别西天的云彩。那河畔的金柳，是夕阳中的新娘；波光里的艳影，在我的心头荡漾。"诗中前两句反复出现"轻轻的"，使诗歌内部形成一种节奏，同时押"ai"韵。而后两句又换了韵，不但在句式上具有相同的形式，而押"ang"韵，两个韵的韵头"a"是相同的，内含着一定的联系。这样反复出现，造成诗歌韵律和谐，节奏鲜明，富有节奏美。

总之，优秀的文学作品的语言是富有节奏感的，一定的节奏是文学语言的特点之一。有了节奏，往往使文学语言音调和谐，抑扬顿挫，富有节奏美，从而激发读者的审美情感，引发读者的审美想象。

（七）第七小组：关于文学语言的色彩美

1. 研究汇报：

什么是文学语言的色彩美：马克思说过："色彩的感觉是一般美感中最大众化的形式。"冯骥才说："绘画是把瞬间变为永恒，文学是用文字的绘画，所有的文字都是色彩。"文学作品是用语言描绘的色彩世界。文学作品虽然不能像绘画那样直接地以色彩描绘客观事物，但却可以用表示或者暗示色彩的语言符号组成画面，来引发读者对色彩的审美联想。因而文学语言通过色彩的表现和运用，即通过不同色彩的对照、色调和光线的变化，达到烘染主题所规定的独特环境，以此表达作家的特定情绪和感受，从而具有一种色彩美。如艾青《绿》："刮的风是绿的，下的雨是绿的，流的水是绿的，阳光也是绿的。"闻一多《色彩》："绿给了我发展，红给了我热情，黄教我以忠义，蓝教我以高洁，粉红赐我以希望……"

2. 互动提问：你如何理解文学语言的色彩美？

3. 问题解答：俄国著名艺术家列宾说："色彩，在我们不过是一种工具，它应该用来表现我们的思想。"又说："色彩，就是思想。"色彩词作为文学语言中的调色板，作家往往通过通感、象征和借代等修辞手法着色于文、融情于色，赋予色彩以生命，增强了文章的意境美，取得了富有感染力的效果。如王维《使至塞上》：“大漠孤烟直，长河落日圆。”不用直接表示色彩的词语，而是利用各种景物巧妙组合，形成一种色调之美：广阔无垠的大漠黄沙漫漫，橘红色的夕阳辉映着波光粼粼的白水，一缕白色的烽烟直上苍穹。雄浑寥廓的边塞风光如在眼前。色彩美包括以下三种形式：① 单一色调深浅浓淡的变化之美；② 运用多种色彩的组合之美；③ 鲜明色彩的对比之美。

（八）第八小组：关于文学语言的造型美

1. 研究汇报：

什么是文学语言的造型美：文学语言的造型美在于将文学形象的美感特征转化为“视觉信息”，并将这些信息及时而又清楚地传递给视觉器官，使读者将抽象的语言文字迅速转化为视觉形象，在文学鉴赏中产生联想，从中获得新鲜而陌生的审美感受。文学语言的这种外在造型美有助于呈现作品内在的美与力，而作品内在的美与力则使得用文字方砖营造起来的文学建筑更富有迷人的审美魅力。

2. 互动提问：你如何理解文学语言的造型美？

3. 问题解答：闻一多在《诗的格律》中提出诗的“三美”主张。他说：“诗的实力不独包括音乐美，绘画美，并且还有建筑美。”这里的“建筑美”就是指诗歌语言的造型美。文学作品是作家运用语言文字媒介、通过想象创造出来的审美意识形态，因而文学作品的造型美离不开语言文字，并且这种造型美是通过语言的外在形式来实现的。文学语言的造型美主要表现为整齐美和参差美。其一，整齐美，是指以“整齐一律”的美感来表现人物、事件、情感和意境，由于语言文字排列起来非常整齐，具有一种独特的建筑美。如白居易《诗》就按照宝塔形状排列：

白居易《诗》

诗。
绮美，瑰奇。
明月夜，落花时。
能助欢笑，亦伤别离。
调清金石怨，吟苦鬼神悲。
天下只应我爱，世间惟有君知。
自从都尉别苏句，便到司空送白辞。

其二，参差美。艾青认为：“艺术的规律是在变化里取得统一，是在参差里取得和谐，是在运动里取得均衡，是在繁杂里取得单纯、自由而自己成了约束。”艾青对诗歌形式美的追求，概括出文学语言的另一种美，即参差错落之美。参差美是较为丰富的一种形式，给人以视觉上的空间感。如《给谢尔盖·叶》这首诗：

海阔天空……
　　您飞吧，
　　　　冲进星群里。

总之，文学语言的形象美、情感美、含蓄美等属于内容美层面，文学语言的节奏美、色彩美、造型美等属于形式美层面，文学语言这些审美特征让文学作品“有声有色”，更生动地描绘事物，更鲜明地表达情感，更深刻地揭示主题。但文学语言的美并不是作家在创作中追求的唯一目标，它只是作家借以更加完美、更加深刻地反映他们的创作主题的一种手段。

课堂总结

研究性教学作为师生共同去寻找、发现、解决问题的教学，乃是一种师生合作的教学。师生之间彼此信任、互相激励、互相启发，把各自的思想、情感都真诚地投入到问题情景的创设、解答、再创设的教学过程之中，使教学成为师生共同参与的充满着“问题意识”的“研究性”的教学。如果没有师生的真诚合作，就只有单向的传输，就只会有教师的表演，只是表演水平的高低不同而已。所以，这种师生之间的“合作”应该是真诚的，发自师生内心的、自觉的、互相吸引的、实在的、深入的，而不是基于教师权威的、应付的、被动的、盲从的、表浅的。这样的“合作”如果不是基于师生对问题倾心投入的对话性的合作，而是师生相互配合中的简单表演或“作秀”，那就不是真正意义上的研究性教学。

本单元的学习结束后，举行了两个层面的教学效果研讨：一是师生间的讨论。大家比较一致的看法是，课程引进研究性教学方法，使学生真正感觉到自己是课堂的主人，是学习的主人。因此绝大多数学生都能做到课前精心准备、课上认真参与、课后及时总结。不仅对所学知识，而且对学习过程中的每一个细节都有一定程度的反思。从参考资料的选定、PPT演示文稿的制作、问题设计的科学性、语言表达的生动性与准确性、同学之间的默契配合等，都有不同程度的自我认知与提高。

另一个层面是听课教师的点评。参与听课的教师都提出了自己的看法，意见主要集中于以下几个方面：研究性教学方法确实能够调动学生自主学习的积极性，但教师的指导必须更加细致、更加全面，从而带来了师生课外工作量的增加，能否一以贯之、持之以恒？课堂气氛活跃，但应该兼顾课堂效率；在指定的任务完成之外，还可以用更加开放的形式调动学生的参与，以及问题展开的深度如何把握等。

改革与提高的设想

1. 在学生今后的研究性学习中，进一步强调对《文学语言的审美特征》问题作深入地思考，而非仅仅是到此为止。主要通过引导学生关注前人的研究成果，以学习借鉴来推进自身的思考。这一抽象思维能力的养成，将有利于学生思维能力的训练，有利于今后学生科研能力的提高。

2. 在研究性教学手段上可以更加丰富。研究性教学不是某种确定的教学模式，它本身就是开放性的、多样性的。我们可以采取不同的形式如讲座、辩论、对话交流等进行研究性教学的尝试。让师生在更广阔的视野中去寻找、发现、把握问题，研究问题，正是广阔的思想空间的创造，“研究性”才有可能。

附：课外拓展阅读训练

一、论著

李荣启.文学语言学.北京：人民出版社，2005

［荷兰］佛克马・易布思；林书武，等，译.二十世纪文学理论.北京：三联书店，1988

王臻中，王长俊.文学语言.南京：江苏人民出版社，1983

赵志军.文学文本理论.北京：中国社会科学出版社，2001

二、论文

向新阳.略论文学语言的审美特性.武汉大学学报(社会科学版)，1987，3

曹家治.文学语言的审美特性片谈.当代文坛，1990，1

李建军.文学语言的特性及审美效果.安康师专学报(社会科学版)，2002，4

王汶成.论文学语言的审美特性.求是学刊，2002，3

张丽丽.论文学语言的音乐美.牡丹江师范学院学报(社会科学版)，2002，2

李荣启.文学语言的造型美.美与时代，2005，3

王先荣.文学语言的特征与表现形态.石河子大学学报(哲学社会科学版)，2006，3

雒海宁.文学语言的色彩美.甘肃社会科学，2006，1

赵永刚.文学语言的特征及其认知分析.湖北经济学院学报(人文社会科学版)，2009，5

“美学概论”研究性教学案例

授课教师 陈学广

课程名称 美学概论

授课单元 美的形态

实施专业 汉语言文学2012级

教学内容 社会美。

教学课时 3课时

教学设计思路

本教学单元属于“美的形态”一章，从哲学认识论角度可将审美对象分为现实美与艺术美两大类，现实美包括社会美与自然美。无论是从审美范围还是从审美实践的实际情况来看，现实美是审美的基本领域，也是人们接触得最多的审美对象。社会美是在人类的社会实践过程中所形成的社会生活之美，与自然美相比，包含着极其丰富的内容，人作为社会实践的主体以及人的社会本性，使社会美成为重要的审美对象，对于社会美的探讨，是进一步深入理解美的本质与特性不可或缺的一条途径。

在社会美中，人既是社会实践与审美实践的主体，同时又是审美对象，人是“世界的美”，是社会美的核心，可以说，人的美是社会美的最高体现，如何认识人的美是分析社会美的重中之重。

教学目标

1. 在掌握了美的本质与特性的相关理论与分析的基础上，要求学生能够在理解教材相关内容的同时，结合自己的审美经验和课外阅读，自主研讨社会美的本质、特征以及人的美所涉及的问题，通过研讨使学生能够澄清一些模糊的认识，树立正确、健康的审美观，从而达到美化人生、美化社会的目的。

2. 通过学生对社会美、人的美的自主学习与研讨，锻炼学生自主学习的能力、思维能力、表达能力、交流合作能力以及动手制作PPT的能力等。

3. 引导学生关注当下社会中发生的与社会美有关的新情况和新问题，寻找典型案例进行分析，这样既能锻炼学生搜集、消化资料的能力，又能落实理论联系实际的研究方法，培养学生发现问题、分析问题的能力，使学生在对案例的分析中检验理论的可行性与合理性。

教学方法

教学方法采用自主—合作—探究的模式，教师提前一个月布置研讨的话题，提供相关的阅读参考文献，学生自主学习并分组研讨。由于施教班级人数过多，将全班同学分为五个大组，组内再细分3—4个小组，操作步骤如下：

1. 针对大组研讨的话题，几个小组分别负责相关论文、著作资料的搜集整理，图片资料、案例的搜集与遴选等。

2. 组内进行讨论。

3. 在讨论的基础上，达成初步统一的意见，并制作成PPT课件。

4. 推选大组代表到课堂上讲解、演示，课堂交流、讨论。

5. 教师课堂总结。

6. 组长根据参与度、贡献度给组内成员打分，作为教师记录学生平时成绩的一项依据。

教学设计的关键点

1. 设计话题，确定目标

教师对于学生讨论的话题，要有明确的教学目标，为了能达到既定的教学目标，讨论的话题既要符合学生的学情，又要紧扣教学内容，这样才能通过研讨使学生的知识和能力得到切实的提高。本次研讨，从上述考虑出发，设计了五个话题：(1) 社会美的界定、范围及特征；(2) 人的美(外在美)；(3) 人的美(内在美)；(4) 外在美与内在美的关系；(5) 如何看待"看脸的世界"。

2. 分工具体，要求明确

确立了研讨话题后，将全班分为五个大组，每组负责准备一个话题，组内再细分为几个小组，有较为具体的分工，各负其责，以调动每个同学的积极性。为了保证研讨能够有效进行，教师给学生提供相关的阅读参考文献，要求学生在阅读教材的基础上，要能跳出教材，尽可能扩大视野，结合自身的感受思考问题，在研讨中要做到理论联系实际，课件制作要结合丰富的感性材料，做到图文并茂，而不能空对空地从概念到概念，食而不化。

3. 注重过程，加强指导

研究性教学应该注重学生的学习过程，学生的自主学习需要教师的引导和指导，它要求教师和学生都要打通课内与课外，利用课外时间进行学习与辅导。从布置研讨话题开始，教师就要密切关注学生的准备情况、讨论情况和课件制作的情况。在这过程中，教师要参与学生的各项准备，解答学生讨论中随时出现的问题，把握学生课件制作的质量并给出具体的指导，对于学生所付出的努力及取得的成效要及时给予肯定。

任务分配

在各个大组准备、讨论的基础上，将研讨的内容做成 PPT 的形式，在课堂上讲解、展示，进行全班交流。分组如下：

1. 社会美的界定、范围及特征（詹红霞组）。
2. 人的美（外在美）（尹安婷组）。
3. 人的美（内在美）（栾婷组）。
4. 外在美与内在美的关系（温馨、朱毓瑶组）。
5. 如何看待"看脸的世界"（李冬玫组）。

课堂实录述要

一、社会美的界定、范围及特征（詹红霞讲解）

（一）社会美的界定

1. "社会美"这个概念最先没有在西方产生而是在中国出现

在西方美学界，历来注重艺术美，直到马克思主义语境下的美学家，开始关注以人为核心的社会关系总和时，"社会美"的萌芽才算正式产生。

而在中国美学界，社会美一般都是作为与自然美、艺术美并列的一个独立的范畴被提出。社会美常在不同流派中都占有相对重要的位置，而占据主导地位的儒家思想所倡导的社会和谐恰巧成为了社会美滋养的土壤。

“社会美”作为正式的美学范畴进入美学学科的话语体系，肇兴于20世纪40年代蔡仪在其“美的种类论”(《新美学》第四章)中对“自然美、社会美与艺术美”的讨论。

2. 不同美学家对“社会美”的不同界定

蔡仪认为：“社会美主要就是社会关系中人的美。”社会美的一个首要因素就是和谐，离了和谐，社会美就是扭曲、变形的。他所强调的社会美包括行为美、性格美和环境美，强调的是以人为中心。

李泽厚认为社会美以善为形式，真为内容。与自然美“善为内容，真为形式”相比较，强调人类活动的实践性。李泽厚的“实践论美学”强调美的本质客观性和社会性的同一，这里的“社会性”也就是突出了审美主体在审美活动中的作用，体现出了人本质力量对象化的一系列过程。

叶朗的观点与前两者的显著区别在于，他认为“科学美”与“技术美”不属于“社会美”。

3. 较为普遍接受的观点

社会美是存在于社会生产和生活领域中的美，是指符合社会发展规律、推动社会和谐发展和进步，体现人们的理想愿望，给人以精神愉悦的社会事物，也包括人。丰富多彩的社会美具体体现在以下三个方面：第一，实践活动的美；第二，实践成果的美；第三，实践主体的美。

（二）社会美的范围

1. 生产劳动美：劳动生产是人类最基本的实践活动，也是人类生活和发展的基础，是人们获得审美愉悦的基本领域。包括劳动产品、劳动动作、劳动环境、劳动工具。当然，生产劳动的美，就其某一方面来说，也具有相当丰富的内容，如劳动产品的美，就包括功能美、形式美、材料美、技艺美。

2. 阶级斗争美：在阶级社会中，阶级斗争是推进历史前进的重要动力之一，劳动人民为实现自己美好理想而进行的阶级斗争生活本身是美的。

3. 科学文教活动：科学文教活动是人类认识世界改造世界的重要方面，也是进行社会物质文明和精神文明建设的基础。

4. 日常生活以家庭为主，衣食住行是其主要内容，这样就有服饰美学，饮食美学，家庭装潢美学，还有爱情美，友谊美等等。这其中每一方面也都包含了丰富的内容。

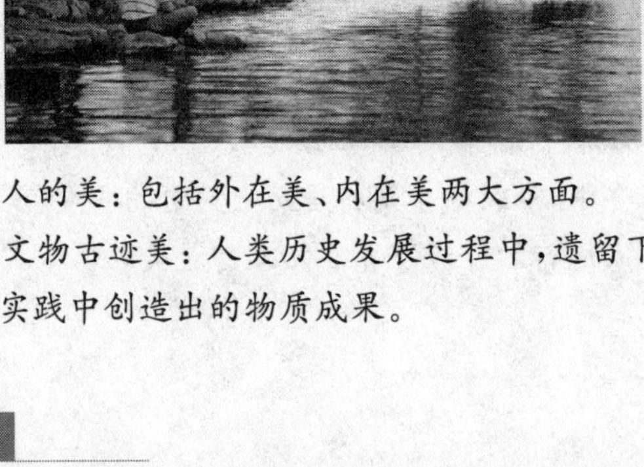

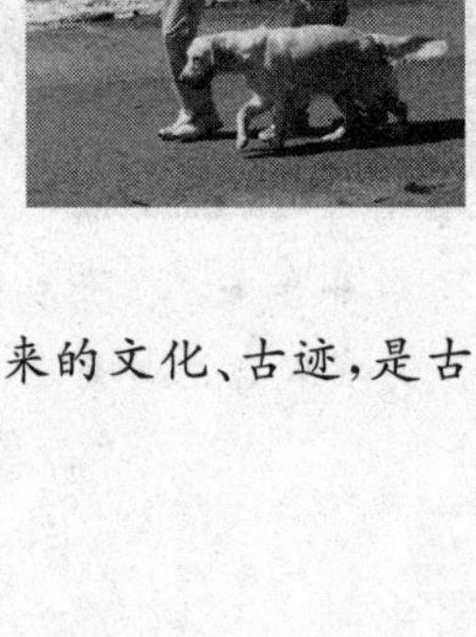

5. 人的美：包括外在美、内在美两大方面。

6. 文物古迹美：人类历史发展过程中，遗留下来的文化、古迹，是古代人民在社会实践中创造出的物质成果。

（三）社会美的特征

1. 与社会实践密切联系（实践性）

马克思说:“全部社会生活在本质上是实践的。”注意：美来源于社会实践，与人类社会实践活动有着密切的联系。但是,各种形态的美,与社会实践的关系并不都是一样的,它们存在着直接与间接、明显与隐蔽的差别。比如,自然美与社会实践的关系比较间接。

2. 与社会功利性密切联系(功利性)

汉字的“美”：羊大为美。普列汉诺夫说:“那些原始民族用来做装饰性的东西,最初被认为是有用的,或者是一种表明这些装饰品的所有者拥有一种对于部落有益的标记,只是后来才开始美的。”伍举说:“夫美也者,上下、内外、大小、远近皆无害焉,故曰美。”(《国语·楚语上》)亚里士多德说:“美是一种善。”

3. 与社会历史条件密切联系(时代性)

社会美还同特定时代的社会生活紧密相连,受当时社会政治、经济、文化各方面的强烈制约,因此也必然表现出自己独特的时代性、民族性、阶级性。

4. 直接体现了人的自由创造(自由性)

社会美总是包含了人对客观规律的认识,揭示并运用它来改造客观世界的自由。值得注意的是,体现自由自觉的积极力量的社会活动、社会事物和社会现象才能称得上社会美。必须指出的是,这里的"自由自觉"常常是一种理想状态。那么,异化劳动能不能创造美呢?答案是肯定的。当然,异化的劳动要创造美也是有条件的,首先,要符合美的规律;其次,服务于伟大的头脑。

二、人的美(外在美)(孙婷玮讲解)

(一) 形体美

1. 健康美

人的形体美是指身材相貌的美。美的身材相貌,必须是健康的。加里宁指出:“没有结实健康的身体,就不可能有人体之美。”可以说,健康是形体美的基础。人体是一个结构非常严密、功能十分复杂的有机整体,各个器官、系统的协调活动,是生命活动的基础,是健康的前提。美与健康是不可须臾分离的。

“态生两靥之愁,娇袭一身之病”的林黛玉,倘若不谈情感因素,能说形体美吗?鲁迅说得好:“看一位不死不活的天女或林妹妹。我想大多数倒不如看一个漂亮的村姑的,她和我们相近。”因此,正如西塞罗所说:“优雅与美不可能与健康分开。”只有健康,形体各部分之间才能匀称、协调、和谐,才能拥有饱满而有弹性的肌肉,红润而有光泽的皮肤,精神焕发,体力充沛。动作敏捷,给人一种健而美的感受。

健康美主要表现:

(1) 骨骼发育健全。骨骼是形体的构架,骨骼发育、生长成比例,身体各部分匀称、协调,头颅、躯干和脚的纵轴在同一垂直线上,头、躯干、四肢比例适度,胸廓宽厚,双肩对称(男宽女圆),无耸肩或溜肩,肩胛骨无隆起状。

(2) 体貌光润。人的容貌直接诉诸人的感官,是引起审美快感的先决条件。许多作家和诗人都极尽笔墨描绘人物容貌之美。荷马描绘英雄俄底修斯,强调他的肩和头美丽而富有光彩,如黄金般悦目。赞美其妻子潘奈修佩皮肤细腻,像象牙一样光润洁白。所有维纳斯的形象,都具有窈窕的身材、明澈入神的眼睛、娇媚秀丽的面貌和丰满的形体。

我国《诗经·卫风·硕人》中描写庄姜:“手如柔荑,肤如凝脂,领如蝤蛴,齿如瓠犀,巧笑倩兮,美目盼兮。”他们都强调容貌的优美、端庄,线条的清晰明快,肤色的光洁润滑,肌肉的丰腴柔软。其中特别突出体貌的光润。可见,体貌的光滑使形体美顿生光辉、光彩照人、充满生命的活力。

2. 匀称美

形体美要求身体横向对称，纵向合乎比例，五官端正等。男女的体型还各有不同的要求，世界上不同人种、民族，因生活条件和遗传因素的不同，各有自己人体美的标准。一般来说，人的身体各个部分、器官的大小、形状、位置、颜色等等，都以本民族本地区同性的平均值为最美。有的人盲目搬用外民族美男美女的标准来为自己美容，结果就会适得其反。

（二）姿态美

姿态动作的美，是身体各部分的配合而呈现出来的外部形态的美，是人体美的动态表现，当一个人具备了形体美的标准或基本上符合了形体美的标准时，动作姿态的美不可忽视。

首先，姿态美是造型性的美，是自由敏捷的。车尔尼雪夫斯基说过："动作的敏捷和优美是人体端正和匀称发展的标志，它们无论在什么地方都是令人喜爱的。"

其次，姿态美还包括体式的协调。这主要得力于后天的教育与修养，呈现人的气质美、心灵美，折射出人的深层心理活动，乃至潜意识和下意识，在某种程度上还可反映出特定的审美情趣和审美理想，具有很高的审美价值。

古人云："坐如钟，站如松，行如风。"这就是说，坐要端庄、稳重，站要挺拔稳健，行要轻巧灵活。坐、站、行既要体现出一定的力度和速度，又要讲究造型的优美、配合的协调，使其动作敏捷、优美、高雅，把体形的匀称、体貌的光润通过动态形式充分显示出来。

最后，姿态美还是长期实践过程中形成的相对稳定的节律成为的特有的风采、气度，即风度。姿态美是内在与外在美的综合表现，主要指一个人在行为、动作中所体现出的格调和气质的美。在现实生活中，大多数的人更多的是注意了静态美，而动态的美，显示精神风采的美，更为人所动，两者兼得才是最美的。所谓"回眸一笑百媚生，六宫粉黛无颜色"就显露出风采的魅力。例如，实践中的行为美，如下图所示。

日常生活中的行为美：

1. 正确的站姿要求：(1) 头正。(2) 肩平。(3) 臂垂。(4) 躯挺。(5) 腿并。(6) 身体重心主要支撑于脚掌、脚弓上。(7) 从侧面看，头部肩部、上体与下肢应在一条垂直线上。

2. 正确的坐姿要求：(1) 入座时要轻稳。(2) 入座后上体自然挺直，挺胸，双膝自然并拢，双腿自然弯曲，双肩平整放松，双臂自然弯曲，双手自然放在双腿上或椅子、沙发扶手上，掌心向下。(3) 头正、嘴角微闭，下颌微收，双目平视，面容平和自然。(4) 坐在椅子上，应座满椅子的 2/3，脊背轻靠椅背。(5) 离座时，要自然稳当。

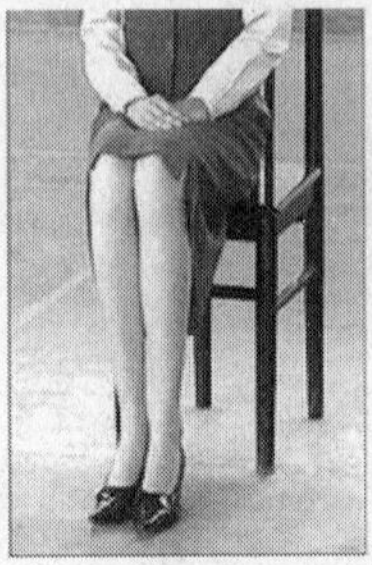
标准式

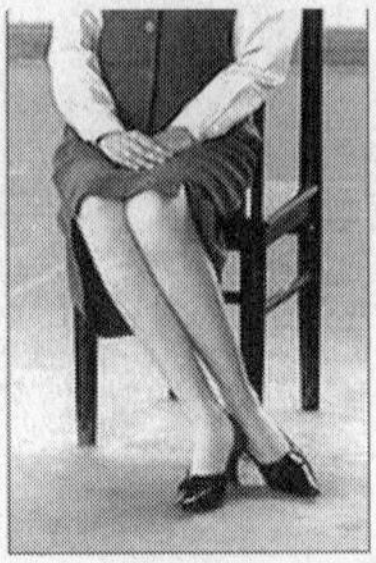
侧腿式

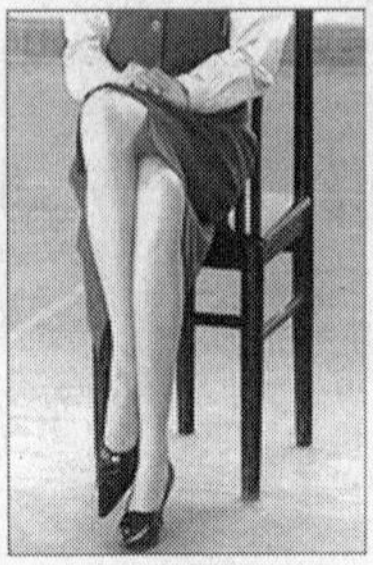
重叠式

前交叉式

3. 正确的走姿要求：(1) 头正。(2) 肩平。(3) 躯挺。(4) 步位直。(5) 步幅适度。(6) 步速平稳。

（三）装饰美

1. 服饰美

郭沫若说过："衣裳是文化的象征，衣裳是思想的形象。"服饰作为个人性格志趣爱好的外在形态之一，可以鲜明地反映出主体的审美取向、性格特点乃至意志品格。服饰有御寒、标明职业、突出人的形体美三大功能。

服饰与人结合最核心的内容在于作为审美主体的人同时是服装表现的对象。人的服饰美在一定程度上取决于人的文化观念和人体形式。它体现了和合规律性与合目的性的统一。这就是说，服饰要以特定的感性形式体现人和社会发展、前进的社会内容，既要符合人的自然生长规律，有利于人本身的成长，又要有利于表现个人各个方面的特点。

例如，同样的服饰带来不同的感受，如下图所示。

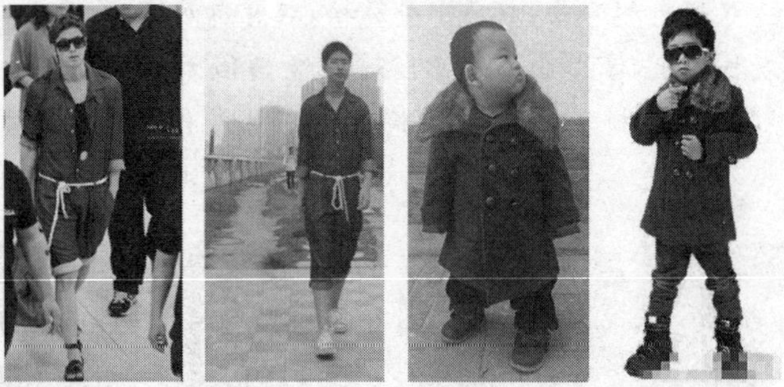

2. 发型美

发型美是人的形体美的重要修饰因素之一。发型能调整人的全身比例，特别是对人的面貌影响极大。

3. 挂件及化妆美

除了服装与发型外，选择合适的挂件与化妆品，也能在一定程度上增添人的形体美。

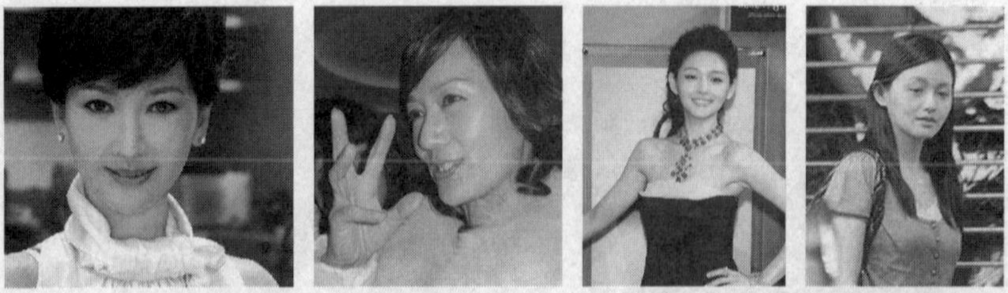

装饰归根到底是为了显示人体之美。恰当的装饰可以对形体扬美遮丑，而不得体的装饰却可能弄巧成拙。意大利画家达·芬奇说：“你们不见美貌的青年穿戴过分反而折损了他们的美么？你不见山村妇女穿着质朴无华的衣服反而比盛装的妇女美得多么？”可见装饰是否美，不在于装饰物是否华贵、时髦，而在于和人的年龄、体型、身份、气质、性格以及所处的环境是否合适、协调。

三、人的美(内在美)(聂顺智讲解)

人的美除了外在美之外还包括内在美。人的内在美是指人内在精神、内心世界的美。内在美是人的美的“灵魂”，与人的外在美相比，人的内在美更根本、更稳定，对人的发展来说更重要。

歌德说：“外貌只能取悦于一时，内心美才能经久不衰。”培根也认为：“美犹如盛夏的水果，是容易腐烂而难保持的！”只有把美的形貌与美的德行结合起来，美才会放射出真正的光辉。这就是说，形体之美要服从自然规律，容颜易于消逝，所以任何个体的形体美无法持久，但人的内在美相对而言，却可以超越形体美而更长久地存在。内在美主要表现在以下几个方面：

(一) 个性与人格的独立方面

蒋孔阳先生在《美学新论》中指出，人“不仅是一个两脚动物，具有个别的存在，而且自觉地意识到自己的存在，意识到自己是一个人，能够掌握自己命运的人。他不是工具，不是墙上的芦苇，可以任意地被人摆来摆去。他是自在的，又是自为的；他不仅存在着，而且有目的有意识的存在着；他不仅有目的有意识的存在着，而且能够明辨是非、坚持自己的目的”，“只有有了这种独立自主的个性，才谈得上美感欣赏的个体特征”。中国古话所说的“士可杀而不可辱”或者孟子所言“富贵不能淫，贫贱不能移，威武不能屈。”这些都是独立的人格与个性的体现。

又如陶渊明不为五斗米而折腰，甘于过躬耕隐逸的生活而远离繁污的世俗。后来如苏轼，对他诗文的推崇其根源于对陶渊明的人格推崇，具体来说推崇所指向的不是其隐逸的行为而是在此行为背后表现出的人格的独立，这种具有独立性的人格与个性显然已成为内在美的一种象征。

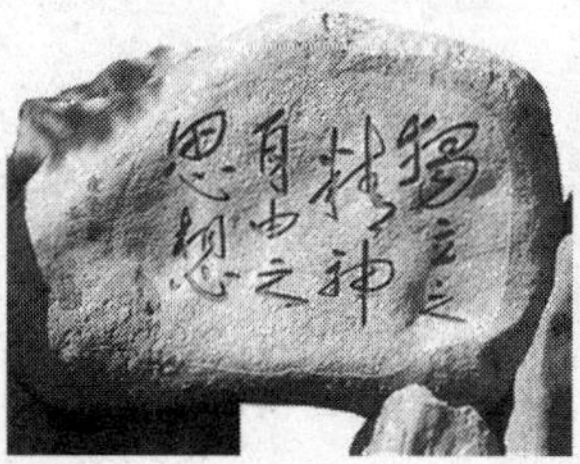

缺乏个性与人格的独立，人就无法真正的自主、自由，掌握自己的命运，则人的内在美便难以真正存在，因而无从表现。因此，人格的独立可以说是内在美能真正得以表现的前提。

（二）品德情操方面

品德是人的自觉的道德意识、道德行为；情操是由思想、感情、意志等构成的、相对稳定的心理状态。它们都受人生观的指导和制约，都通过人们的言、行表现出来。品德优秀、情操高尚，必定具有美的心灵。如屈原，就将有高尚情操和品德的人喻为“美人”，而其所披戴香草其实正是他内在人格的外化象征物，香草是美物，因而他认为其内在人格亦其如此具有美的特征。“纷吾既有此内美兮，又重之以修能”。中国传统的儒家思想就认为人的内在美是仁、义、礼、智、信的统一，即表现在情操与品德方面。

如今在品德情操方面最基本且迫切的要求则是社会责任感。拥有强烈的社会责任感，则能充分意识到自己作为社会群体成员所应承担的责任，以及自身发展与他人、社会之间的关系。对人的社会本性有清醒的认识，从而为自己人格的发展确定正确的方向。若是只拥有独立的人格与个性而毫无社会责任感，则其品德算不得高尚,没有什么内在美可言。

另外爱国主义精神、国际主义精神、革命斗争精神、追求真理的精神等等,都是高尚的品质和情操的表现,因而也是人内在美的体现。

(三)人生观与价值观方面

各个时代、各个阶级有着各种各样的人生观和人生理想。衡量其美与不美,是有客观的社会标准的,也就是看是否有利于人的创造能力的发挥和人的全面发展,是否有利于人类物质文明和精神文明的进步,是否符合大多数人民的利益和要求。古今中外都是赞美先人后己、为天下谋幸福的人生理想,因为它超越了"趋利避害"的生物本性,而表现了人的自由、自觉的创造本质,虽然这种人生理想在各个时代、各个阶级有着各自的具体内容,但都起着推动人类社会进步的作用,因而都是美的。例如雷锋、焦裕禄等。

他们体现出的为着社会而奋斗、奉献的价值观,毋庸置疑体现着人的内在美,同样只要是积极进取、敢于奋斗与创造的人生观或是价值观都能体现出人的内在美来,因此,积极的人生观与价值观可以说是内在美的核心。

(四)学识修养方面

丰富的学识和修养是人的内在美所不可缺少的。特别是在科学技术迅猛发展的今天,博学多闻、聪慧能干、富有修养的人,为人们尊敬、仰慕。那些不畏崎岖、险途,勇攀科学高峰,用自己的知识为人类的文明建设做出贡献的专家、学者,其内心世界是美的。现代人要不断丰富自己的学识、修养,使内在美更加充实完善。

在他们奉献精神的背后，有着科学素养和学识的支撑，而他们人格的魅力同样源于此。因此学识修养是内在美的一个重要体现。

（五）人际关系方面

罗杰斯指出："我从自身的经验中发现，如果我能设法造成一种真诚、尊重和理解的气氛的话，就会出现一些鼓舞人心的情形。"曾子曰："吾日三省吾身：为人谋而不忠乎？与朋友交而不信乎？传不习乎？"（《论语·学而》）子曰："巧言、令色、足恭，左丘明耻之，丘亦耻之。匿怨而友其人，左丘明耻之，丘亦耻之。"（《论语·公冶长》）

在人际交往中贯彻"真诚、尊重、理解"这些处理人际关系的原则，也能显示人的内在美。比如胡适，如下图所示。

胡适先生是一个非常善于处理人际关系的人，有"我的朋友胡适之"的美谈，究其原因，便是其待人接物无比真诚，能够尊重他人理解他人，在好多政治或学术的论争中，他都能够首先尊重他人的观点而不是进行无端和偏执的攻击。在对待后进上，胡适先生又非常热心提携后辈，能把金针度与人，这些可以说都是胡适先生拥有良好人际关系的原因。

四、外在美与内在美的关系（温馨、朱毓瑶讲解）

人的外在美和内在美，在每一具体人物身上常常表现出极为复杂的情形，我们以雨果的《巴黎圣母院》中的人物形象为例加以说明：

1. 外在美内在美：艾丝美拉达。

2. 外在美内在丑：弗比斯。

3. 外在丑内在美：卡西莫多。

4. 外在丑内在丑：德纳第夫妇。

总观点：外在美和内在美二者相互联系，相互区别，辩证统一。

分论点一：在外在美与内在美之间，内在美始终起决定性作用，外在美受内在美制约。

就人体必然打上的人的思想性格烙印来说，人的美是一种社会美，具有功利性。也就是说，人的美是以“善”为前提的。人的本质力量、人的自由创造能力在内在美中得到最充分、最直接的体现。人的美不仅限于长相漂亮，更是和人的内在品质相联系的。美学意义上所说的“美”，其意义比形体“漂亮”要深刻得多、丰富得多，外貌漂亮虽然可以使我们从形式上获得美感，却不能使我们精神高尚。

外在美往往是人的内在美的显现形式。任何美都有它的感性形式。没有了感性表现，美也就不存在了。我们分析人物外在形象的美，也必须研究在社会实践中人的内在品质是如何体现在外在形象上的（主要是通过人物的表情、动作、语言等来表现）。

荀子曾说：“形不胜心，心不胜术。术正而心顺之，则形相虽恶而心术善，无害为君子也；形相虽善而心术恶，无害为小人也。”这就是说人的形体的美丑不决定人的内心的美丑，形体丑而心灵美的人仍是君子；反之，形体美而心灵歹毒的人仍是小人。可见人们衡量美丑的标准主要不是着眼于人的外形，而在于人的心灵的美丑。

分论点二：外在美有一定的相对独立性。

较之于内在美，外在美更为显性、直观。内在不美、外在很美，短时期内能一定程度上使人在感官上有美的享受。从长远来看，内在美往往使人的外在美表现得更为突出。

内在不美、外在很美能在短时期内造成一定程度上的感官享受，如妲己、柯震东，如下图所示。

人的外在美往往使内在美表现得更为突出，如嵇康、周恩来，如下图所示。

分论点三：外在美呈现较大的变易性，而内在美一旦形成则相对稳定，并且随时间流逝愈发显出其魅力所在。例如，奥黛丽·赫本，如下图所示。

分论点四：人是社会实践的主体，外在美和内在美都是在人的实践活动中呈现出来的，具有社会性。内在美是典型的社会美，外在美还包含自然美和艺术美的因素。

外在美受社会性因素的影响，首先表现在社会实践对于人类进化的历史过程中。从类人猿到现代文明人，在形体、器官、大脑等各方面的变化都是惊人的。此外，还特别地表现在具体的人身上。个人的生理成长、心理变化都深受社会因素的影响。因此，外在美具有典型的社会性。马克思说，人的"五官感觉的形成是以往全部世界历史的产物"。内在美不能脱离人的社会实践，它通过社会实践转化为具体的感性存在，被人类所感知。人们通过实践活动中的言论和行动，透露出内心世界的状态，表现着人的心灵的美和丑。没有社会活动，人只是一具空荡荡的生命个体，没有人知道你的思想和内在。因此，同外在美一样，内在美也具有典型的社会性。

然而，外在美除了社会美之外还兼具自然美和艺术美的因素。外在美主要是通过人的外貌特征的自然性因素表现出来的。人是一种有生命力的能动的自然存在物。人体的自然因素是人的外在美的基础，是以自然属性因素为基础构成的形体美，取决于生物学上的先天遗传因素。艺术美是艺术家对现实生活进行审美反映和审美创造的产物。生活中存在着各种艺术美的因素，让人对外在美的审美需求得到满足。比如说，当代人对形体美的人工修饰，服饰、发型以及化妆等，是以人为中心进行艺术加工的审美创造的活动。

五、如何看待“看脸的世界”(韩华东、倪诗行讲解)

很多人都说当下是一个“看脸的世界”，同学们是否深有同感呢？我们应该如何看待这一现象？先来看一下网上报道的两个新闻。

实例回放一：司机殴打过马路女子 长得丑还挡路

据大洋网2014年8月19日报道，哈尔滨市道里区尚志大街与西十二道街交口处，3名男子与3名女子发生口角并厮打起来，起因是3名男子驾车经过时3名女子挡住车辆行驶，道里区巡逻辅警大队一中队两名辅警及时劝阻，避免了冲突升级。

据调查，事发时3名男子驾驶一辆丰田车准备通过尚志大街与西十二道街的信号灯，3名女子过街经过斑马线阻挡了丰田车通过。3名男子称：“觉得这3名女子长相实在是难看，过街还慢慢悠悠地晃，如果长得漂亮就算了，长得这么难看还挡着车，我们就想骂她们。”于是3名男子与3名女子先是口角，后演变成了厮打。目前，参与厮打的6人已移交尚志派出所进一步处理，3名女子对6名辅警的帮助表示十分感谢。事件正在进一步调查中。

实例回放二：女司机太漂亮 撞车后对方帮忙瞒酒驾

2013年4月25日凌晨1点，义乌人黄某开车路过义乌稠城街道城中酒店附近的路口时，岔道上突然冲出一辆奔驰轿车，和他的车撞上了。黄某气不打一处来，可当他看见奔驰里走出一位漂亮姑娘时，火气就灭了大半。他下车一闻，对方身上有一股很重的酒气，还和颜悦色地提醒：“你喝酒了吗？酒驾可是要被拘留的。”女司机姓包，这时候酒已经醒了大半，一边道歉一边打电话给朋友余某求助。黄某的车是租来的，于是，他也赶紧联系了租车公司的朋友沈某前来帮忙。

沈某赶到后，黄某忍不住为包某求情："对方车主是个年轻姑娘，酒后驾车，年纪轻轻如果真被拘留了，也怪可怜的。"沈某一想，黄某说的也有道理，于是叫来包某的朋友余某一商量，决定帮包某向交警和保险公司隐瞒其酒后驾车的事实。也就是说，包某承担所有的维修费用，但余某要在交警和保险公司认定事故时冒充奔驰车驾驶员。

一切进行得很顺利，交警认定双方车辆同等责任，两车从保险公司各骗到3万元赔付款。虽然整个计划看起来天衣无缝，但四个人还是被抓了。原来，包某的前男友李某因为涉嫌职务侵占被抓时，在狱中举报了包某伙同他人实施保险诈骗。

义乌市人民检察院以涉嫌保险诈骗罪对四人提起公诉。经法院公开开庭审理，判处包某、余某有期徒刑一年，缓刑两年；判处黄某有期徒刑一年（因黄某有犯罪前科，不适用缓刑）；判处沈某有期徒刑十个月（因有自首情节），缓刑一年。

（一）人的美包括外在美和内在美

看脸就是以貌取人，只看重外在美。外在美（形体美）主要通过人体外貌特征（高矮胖瘦、皮肤色泽、五官位置等）的自然性因素表现出来。形体美，首先指身材相貌的美，特点是健康匀称；其次是动作姿态的美，包括人的风度；除此之外还包括修饰美。外在美主要取决于先天条件。内在美（人格美），指一个人内心世界的美。内在美，表现在品德情操等素质方面；人际关系也是显示内在美的重要方面。进步积极的人生观，是内在美的核心。

不可否认，看脸也是人的爱美之心的一种体现。

（二）人类追求美的原因

1. 本质原因：美是人的本质力量的感性显现，追求美是人的本质需求。追求美是人类的天性，也是人类文明发展的需要。美是自由的象征，追求美也是对自由的追求。

2. 社会原因：马克思说过："社会的进步就是人类对美的追求的结晶。"随着社会的发展，经济文化水平的提高，人类有能力追求美，也对美的要求更高。

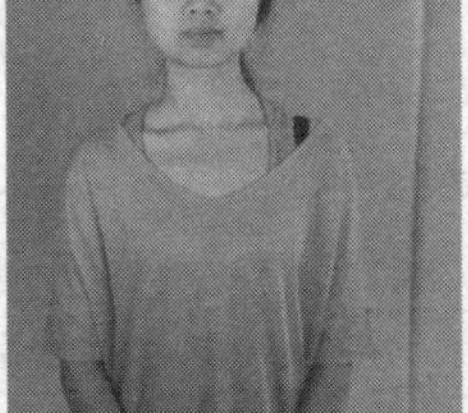

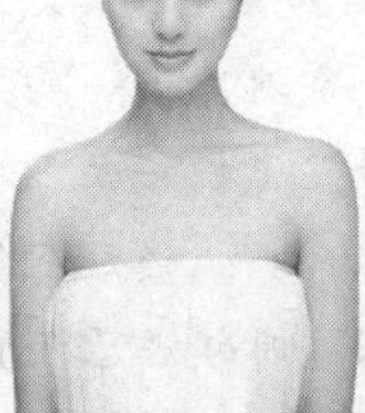

(上页图为成都女子刘奕歌,26岁,是一名舞蹈老师。图左为其整容前半身照,图右为整容后半身照。此前她嫌弃自己眯眯眼、塌鼻子、大饼脸、暗黄肌肤、窄额头;在某机构进行了纯韩翘睫大眼术、达拉斯生态美鼻、纯韩V-LINE小脸术、注射瘦脸、丰太阳穴、丰额头、丰苹果肌、彩光嫩肤。)

3. 审美原因:审美文化具有追求感官乐趣的倾向性。

4. 历史原因:古今中外的文艺作品从来不乏对人体美及其重要性的认识与描绘。对人体美的大量赞美与描绘说明了人类对于自身美的探索与好奇,欣赏与重视是根深蒂固、永无止境的。例如,我国先秦诗歌总集《诗经·卫风·硕人》中描绘庄姜的形象:“手如柔荑,肤如凝脂,领如蝤蛴,齿如瓠犀。螓首蛾眉,巧笑倩兮,美目盼兮。”这段话被后世的文人骚客一再引用来形容女性的容貌之美。印度史诗《摩诃婆罗多》形容般遮罗国黑公主之美:“她肤色黝黑,目若莲瓣,靛青色的头发弯弯曲曲。”正法王坚战:“一双大眼宛若莲花,身躯魁伟,步如雄狮,高鼻秀美。”凡此种种,不一而足。

(三) 以貌取人具有合理性

1. 以貌取人是天生的

哈佛大学心理学科学家 Emily Cogsdill 领导的一项研究表明,儿童从3岁起就已经倾向于通过一个人的相貌来判断对方的性格特征,比如诚信度和个人能力,并且在判断上表现出了惊人的一致性。以貌取人的倾向是随着年龄不断发展的。年龄越大的儿童做出的评价就和成年人越相似。

从该项研究来看,这里的貌并不只是由遗传基因决定的长相,还包括表情、眼神、气质等,这些是后天形成的。格拉斯哥大学心理学罗布·詹金斯博士认为,性格能通过外貌表现出来是基因使然。

2. 基因鼓励以貌取人

苏格兰斯特林大学一个研究小组发表于 PLOS ONE 的一项研究称,强烈的性别特征和对称的轮廓彰显着优质的基因。伦敦心理学家 Satoshi Kanazawa

也表示，对称的脸往往更好看。发育和遗传都好的人脸蛋和身材都更为对称，因此更加吸引人。

从生物学角度解释，我们择偶时之所以倾向于“以貌取人”，是因为我们希望把他们的优良基因传给下一代。

在《来自星星的你》热播之际，有人发出“这是一个看脸时代”的感慨，试想一下，如果都教授是葛大叔扮演，女主角千颂伊是路人甲，追这部剧的人还有这么多么？“都教授”发福之后被广告商退单，不少网友称惨不忍睹。

（四）以貌取人的不合理性

例如，汪精卫相貌堂堂，一表人才，却是民国第一大汉奸。又如钟离春，又名钟无艳、钟无盐，齐宣王之妻，中国古代四大丑女兼才女。传为战国时齐国无盐邑之女。貌极丑，四十岁不得出嫁，自请见齐宣王，陈述齐国危难四点，为宣王采纳，立为王后。于是拆渐台、罢女乐、退谄谀、进直言、选兵马、实府库、齐国大安。

(五) 怎样对待人的美

1. 不能忽视外在美

外在美是一种综合的整体美,它既包含了人体外表形状、轮廓的美,又包含了人体在各种活动中表现出来的体态美。虽然外貌是天生的,我们不能改变,但要做到外貌的整洁干净,通过各方面的修养提高自己的气质风度,适当修饰自己。例如,周恩来一生十分注意仪表,早在天津南开学校读书时,他就要求自己做到“面必净、发必理、衣必整、钮必结、头容正、肩容平、胸容宽、背容直,气象勿傲勿怠,颜色宜和宜静宜庄”。

2. 要认识到内在美的可贵

内在美是人美的基础和核心,是人的美的更高层次、更高境界的美,是人最本质的美。即使是重视人的容貌声色之美,也往往与自我价值的发现、个性情感的张扬、生命意义的重建等内在心灵的因素息息相关。内在美是人的生命的意义和价值的发现。例如,“感动中国 2013 年度人物”刘盛兰老人,他 1922 年出生,是山东省烟台市招远市蚕庄镇柳杭村一位普通的孤寡老人,属于当地分散供养的“五保”老人。1996 年就开始拾荒助学。18 年来,他总计捐资助学 10 万多元,资助了 100 多个学生。由于最近腿疼得走不动,不得不暂停拾荒卖钱,但他捐资助学的脚步依然没有停下,用自己的亲身践行诠释了高贵的内在美。

人的外表美丽固然给人愉悦的感官享受，但是，人作为一种有意识的理性存在物，道德的完善、心智的聪慧、意志的坚强不仅能提升自我的发展，更能促进人与人之间的和谐和社会进步，所以，内在美要远比外在美更为深刻、更有意义。

3. 理想状态：外在美与内在美达到统一

柏拉图在《理想国》中谈到人的美时认为，最美的境界是心灵的优美与身体的优美和谐一致，融成一个整体，而人所创造的美都来源于心灵的聪慧与善良。

外在美与内在美的统一，这是一种最理想的状态。但人的美属于社会美，社会美侧重于内容方面。一个人要打造自己的外在美，首先塑造自己的心灵人格，通过自身不断的修炼，养成不凡的气质和风度。外在美不常驻，而内在美却经久不衰。崇高的人格可以使人散发出光辉的魅力。

教学效果与讨论

1. 教师点评

本次研讨课同学们都十分投入，各个大组研讨成果的汇报展示都有可圈可点之处，达到了研究性教学预期的目的，取得了较为令人满意的效果。五组同学针对本组的研讨话题进行了明确的分工，任务到人，通力合作，在广泛搜集、消化文献、图片材料以及典型案例的基础上进行了组内的讨论，最终达成较为一致的看法，做成精美的PPT到课堂上汇报展示；课堂交流尽管互动不多，但气氛还比较活跃。令人欣喜的是各组研讨所运用的材料及其观点没有局限于教材，都能运用鲜活的案例谈出自己的认识及感受，第一组、第四组和第五组的研讨部分观点有所创新，值得肯定；PPT都能做到图文并茂；课堂展示结束后，各个大组及时反思、总结研讨课的得失，为今后进一步开展研究性教学提供了可资借鉴的经验。

当然，由于同学们平时在这方面得到锻炼的机会有限，每组课堂上的汇报展示环节也存在着这样那样的问题或不足，概而言之：第一组学生课堂展示语速过快，未能顾及接受者的反应和讲解环节；第二组学生课堂展示材料丰富，讲解从容不迫，但图片材料过多，讲解时难以兼顾到每张图片；第三组学生课堂展示情绪不够饱满，课件上存在引文错误，未能将课件上的内容讲开、讲透；第四组两位同学的课堂展示激情洋溢，富有感染力，但分论点二中的“人的外在美往往使内在美表现得更为突出”仍有可推敲之处；第五组两位同学的课堂展示讲解时略显紧张。

2. 学生自评

第一组：

本次研讨课的收获有以下几点：增强团队协作意识，促进人与人之间的交流；有利于培养自主学习的能力和计算机操作能力；能够结合实际事例，贴近实际生活，从而对生活有所感悟；能够充分发挥主观能动性，而非一味照抄书本，印象更为深刻。不足之处是：人数庞大，不易于调度和安排任务，其中存在滥竽充数的现象；想象能力、联想能力有局限之处，没有施展开来等。

第二组：

在本次研究性学习过程中，我组在人的外在美这一大题下从形体美、姿态美、装饰美三个方面进行研讨，在不断搜集文献和论文的基础上，在与教学内容紧密结合的情况下，积极进行讨论研究，将所有内容进一步有条理地整合。考虑到我们是一个大组，合作学习的难度有点大，所以就在大组的前提下将成员分为不同的小组。每个小组各司其职，按部就班，使研究性学习能够有条不紊的开展起来。在制作 PPT 过程中，我们根据课题需要，搜集符合要求的图片，使整组 PPT 图文并茂。从可行性上来讲，研究性学习适合成员不多的小班，但我们这个拥有 100 人的庞大班级，在老师和各组组长的合理安排下，成功制作出精良的课件，取得了不错的课堂效果，这都是我们班每个人共同努力的成果。

在整个研究性学习的过程中，每个小组团结协作、尽心尽力地完成各自的任务，争取将最完美的成果展示给每个人，营造了一个共同学习，共同合作的学习氛围。我们在这样的氛围下更好地学习了课程内容，培养和提高了每个学生的创新精神和实践能力。大部分小组成员在讲解 PPT 时都能够侃侃而谈，落落大方，运用风趣的语言调动整个课堂气氛，新奇的图片吸引同学的眼球，让大家在欢笑中获取知识。这是一个区别于传统教学的学习方式，我们在自主学习、合作学习和主动探究中获取新的体验，并且每个人都很珍惜这次展现风采的机会。

虽然取得了不错的课堂效果，但是还是有些美中不足。下面我们将对各个组存在的问题提出中肯的看法：首先，第一组讲述的是社会美的定义和分类，发言人语速太快，PPT 的内容我们还没有看完她已经读完了，显得有些仓促，也不利于同学们对这部分知识的理解和吸收。虽然很熟练，却缺少与台下同学的沟通和交流，同时在举例论证的时候太过粗糙，仅仅放了两张图片，应该予以更加生动具体的讲解。其次，第二组是轮到我组，主要讲的是人的外在美，与台下进行了很多的互动,也没有照本宣科。只是外在美作为最能引起大家共鸣的一种美很容易让人觉得肤浅,我组似乎犯了这个错误。应该进行拓展和深入挖掘,这点如果有机会我们会加以改进。第三组讲解的是人的内在美,讲解的内容较为全面但缺少与我们生活贴切的相关例证和图片资料,没有给同学们眼前一亮的感觉,而且演示者语速平缓没有情感起伏,不能够感染听众,也不能够很好的调动听众的学习兴趣。与此同时,PPT 中也出现了一些硬伤,比如说出现错别字,这些问题是值得反思和改进的。第四组的两名女生口才很好,但是所讲解的内容过细,没有做到详略得当,几乎每个句子都要结合自身经历或者是名人事例谈一谈,这就造成了时间过长的问题。过长时间的演示可能会让一开始听的兴致勃勃的同学失去了耐性。第五小组上台演示的是两名男生,主要存在的问题是:第一名男生稍有紧张,解说词不是非常流利,相关解说语运用的不是十分恰当与自如,另外,课件制作生动有趣,但是与课本的联系不够紧密,理论性不强。

最后谈谈我组的不足。首先,在材料收集方面,由于我们是分工合作,小组成员各司其职,因此材料找得比较零散,没有系统性。同时,由于大家的时间不统一,我们只能借助网络聊天工具进行交流,各成员之间缺乏深入的交流沟通,最终导致了在课堂交流环节,没有受到小组成员的互动反馈以及其他同学的质疑提问,这是我组可能也是别的组最大的问题。其次,我们制作的 PPT 虽然图文并茂,但是还存在一个缺点:有几页字数太多,尤其是结论部分,看起来略显拥挤,也没有分条阐述。因此,以后在制作 PPT 时,应注意段落分明,条理清晰。

当然,纵观整个研究性学习过程,整体效果还是让大家十分满意的。最后,我们对这次的研究性学习总结了以下三小点:① 大部分同学没有给出自己的见解,从课堂整体状况看,研究性学习缺少了思想的交流碰撞便显得不完整了。没有质疑,也就没有进步和完善。② 有些组的课件出现了一些文字上的错误,希望以后再次进行研究性学习的时候,同学们能够以严谨的态度对待每一条观点、每一处论据。③ 把课堂完全交给学生是有风险的,但收获亦是可观的。我们会珍惜每一次自主学习、展现风采的机会。

第三组:

对于这次自主研究性学习,由于同学们之前缺乏类似的经验,因此对这次的学习活动既期待又紧张。期待的是同学间有这么一次相互交流学习、展示自我风采的机会;紧张的是平时习惯"一言堂"课堂模式的我们能否完成好这次任务。好在同学们齐心协力,虽然存在不足,但也是同学们一起努力的结果,每个人或多或少都有自己的收获。以下是我们对这次研究性学习的得失所做的总结。

首先,团队合作需要进行合理的分组。我组由 21 个人组成,队伍庞大是一个硬伤,合理的分组可使我们的工作进行得顺利而有效率。我组共分成了 5 个小组：资料下载组、图书馆查询组、图片收集组、资料整合组以及PPT制作和讲解组，并且每个小组都分配了小组长，小组长再将其小组的任务细化分配给组内的每一位同学。正是合理的分组使几乎每一位同学都分配到了任务，都能够参与到这次的研究性学习中，从而实现了这次研究性学习的意义。但毕竟小组人数太多，成员以宿舍为单位进行的小范围内的交流较多，但宿舍与宿舍之间的交流欠缺。虽然大家各司其职，但搜集的资料进行汇总的时候存在问题，有些资料重复，也有些资料存在相互矛盾的地方。

其次，集思广益在团队工作中起着不容忽视的作用。研究性学习顾名思义就是在教师指导下，由学生自主采用研究性学习方式开展研究的教学形式。在这个过程中需要学生充分发挥自己的思考能力，结合搜集的资料以及所学的知识对课题进行深入的探索。在资料收集完毕之后，组长并没有让资料整合组立即进行资料整合，而是将资料发给所有成员、再将所有成员集合起来进行讨论，让所有成员都提出自己的见解，再让资料收集组的成员记录下有用的观点，再结合已有的资料进行整合。老师对我组的课件提出修改意见时，组员不够积极，没能及时和老师沟通，听听他专业的想法。毕竟我们没有太多的经验，思想还比较稚嫩，单靠成员的力量是难以达到较高的层次的。

再次，团队合作需要每一个成员的积极参与。PPT是我组成果的最终展示，从制作到讲解，都是我们工作的体现。首先是PPT的制作，在PPT的制作过程中其他成员没有参与讨论发表意见，只是将各自搜集的资料交给制作人进行汇总。资料内容多且存在良莠不齐的情况，负责制作的成员筛选工作量大，难免有些疏漏。再加上制作完成PPT后，只有组长对PPT大致进行修改，其他成员参与的讨论较少，也导致这份PPT制作不严谨。

最后是PPT的讲解，PPT制作和讲解小组的其中一位成员在小组分配之前就主动请缨，要求上台展示和讲解我组的研究成果。但是在这个过程中其他成员没有提出意见与建议，也没有监督讲解的成员自我练习，全靠讲解者个人发挥。由于之前缺少和讲解者的交流，他没能做到对课件内容的充分熟悉，再加上上台比较紧张的缘故，台风不够自然大方，对我组课题内容的表达有一定的影响，这也是全组成员考虑不够周全而导致的。尽管他讲解的效果并不尽如人意，但他的勇气是值得我们学习和嘉奖的。

改进措施：① 组员间多加交流，可以利用网络的力量，建立一个讨论组，大家都应该积极提出自己的意见，不要怕发言怕说错。② 成员不能抱着一种为了完成任务的心态，干完自己的事情就开始放松，一定要和其他组员一起坚持做完最后的检查改进工作，否则容易前功尽弃。③ 组员间要团结一致，互相帮助，对别人的错误和不足之处要及时指出，切忌让个别成员单独作战，防止他们不能发现自己的不足并改进。④ 组员要选好上台讲解的代表，及时和老师交流沟通。在听取老师的修改意见后，及时地反馈给团队，这样往往比自己闭门造车有用得多。

总之，自主研究性学习需要我们克服胆怯、加强交流、积极主动参与其中。我们应以这次的不足为教训，不断总结经验，争取一次比一次做得更好，学到更多有益于我们的知识，提升搜集整合知识的能力和团队合作的能力。

第四组：

本次研究性学习我们组在前期准备过程中能根据老师提供的参考书目，进行分工阅读整理，一半的人阅读书目，另一半人查看相关论文，同时在网络上搜集大量的资料和图片。在这一阶段，成员态度认真严谨，参与度高，分工明确，各司其职，真正贯彻了研究性教学的理念；举办讨论会，大家通过商议确定了时间坐在一起面对面讨论，对于这次合作学习都很重视，有了团结精神，这是成功的基础；大家积极参与到讨论当中，成员们相互交换意见，出现分歧时也能据理力争，最终达成统一；对于缺乏权威理论论证的新观点我们并没有因为不是书上内容去舍弃，而是经过自己的思考举例论证新观点，或许这就是初生牛犊不怕虎的精神在起作用吧。在实践中做到了不唯书，不唯师，主动自觉地去探究，去发现，去学习，树立自信。缺点一是由于小组人数多，沟通不方便，个别组员积极性不高，不主动参与；二是在课题研究讨论上，同学们的专业知识不完善，对某些知识理解不到位。制作 PPT 时，每个宿舍负责一个观点的整理综合并且制作 PPT，然后大家一起汇总到一个宿舍，最后由那个宿舍进行全部的整理和 PPT 的整体构图配置和修改。每个宿舍都很用心去做，尤其是汇总整理的宿舍非常辛苦，做到条理清晰，图文并茂，论证有力，既紧扣书本，又具有发散性思维。删繁就简，完成了一份既丰富又精简的作品。PPT 发给老师审核后，老师提出了很多很好的意见和建议，我们根据老师建议又进行了修改，修改完成后发给老师进行再次审核。

在课堂展示环节上，两位同学充满自信，有理有据，做到脱离 PPT 与讲稿；讲解得十分细致到位，有的甚至联系了自己身边的实际情况；遇到前组举过的例子，我们就能临场发挥补充新例子引起听众的兴趣；演示时语言表达流利通顺，吐字清晰，声音洪亮。存在的缺点是：演示时间过长，举例子有些过多，有些例子不是特别恰当，没有做到很好地与同学互动，严密度和逻辑性有待进一步完善。

我们有以下几点心得体会：① 很好地锻炼了学生多渠道查找资料以及交流合作的能力。② 因为这次参与的人数很多，增进了同学之间的感情，增强了组员凝聚。③ 平时我们缺少这样的研究性学习机会，这次难得的机会激发了同学们的学习兴趣。④ 课堂氛围较之从前，更加活跃轻松。在这样的气氛中，我们学习到了很多知识。⑤ 在观看其他组演示中，我们认为有些地方是存在问题的，但是这些问题是可以加以改善的。比方说，第三组的演示，最大问题就是照本宣科，缺乏演示的激情，不能引起听者的共鸣与交流。另外，第五组的演示中，演说者有些紧张，与 PPT 稍微脱节，甚至偶尔讲话自相矛盾，没有将一份本来很优秀的 PPT 展现出来。第二组同学的演示很值得我们学习，演示者自然流畅娴熟，演示内容有详有略，重点突出，例证典型准确，PPT 制作简洁优美。

第五组：

在老师提供选题与资料的前提下，全班进行了关于“社会美”的研究性学习。五个小组都遵从自主—合作—探究原则，顺利完成了学习任务。研究性学习，是一种通过研究某些课题来学习某些知识，生成某方面能力，提高某方面素质的一种教学活动。它由教师给定一个范围，由学生自选课题，面对该课题中存在的各种问题，通过收集信息，并运用知识对信息进行分析处理，得以解决问题。总体来说，这次课很成功，取得了很好的效果，调动了学生的学习积极性，在以下几个方面获得了锻炼：

1. 学习基本知识，增长见识。通过对课本知识的精读和相关的课外文献的阅读和思考，我们对自己小组研究的话题有了深刻的探讨和认识，并且形成了自己的一些观点。对社会美、人的美的知识不仅是从理论方面有所了解，也从各组对现象、原因、本质的深层次剖析中有了更深的理解。同时每个小组都列举了大量的经典例子，拓宽了视野。通过对课题的研究拓展了知识面，锻炼自己的发散性思维。最主要的是，在自主学习过程中容易发现自己的不足，有哪些方面的能力亟须提高。当然，也可以在自主学习过程中找到适合自己学习这门课程的方法，并且可以以之与其他学科共通。

2. 能力得到培养，提高了我们的研究性学习能力。此次公开课，每个小组选一两个同学上台讲述，但是这背后有小组的共同努力，大家独自去查找资料，提炼出最有用的信息，然后整合加工，整个过程有条不紊，由原有的被动学习转变为主动学习，发挥了主动性，让我们主动去学习，去探究，去课堂以外寻找问题的答案。发现问题，探究问题，解决问题这一过程逐渐培养了大家以“问题为中心”展开学习活动的能力。这样的学习方式也在一定程度上增加了课堂的趣味性，改变了以往老师教授，学生接受的状态，而是由我们自己讲课，引起大家的注意，激发了热情，同时也锻炼我们的师范生技能，提供给我们充分的机会准备课件，站上讲台。

3. 分工合作精神得到体现。每个组的成员都很多，要完成好任务需要调节好分工，大家分工明确，各司其职，配合默契，才能较好地完成各自的任务。小组内部的思想需要活跃一点，总的观点也需要统一。于是，我们进行了科学高效的分工。以我自己所在的第五小组为例，在选定好课题后，我们以宿舍为单位，确定了哪些同学负责搜集、整理资料，哪些同学负责制作幻灯片等。这样一来，各方面资料就在明确的分工下很快整合好了，交给制作幻灯片的同学，最后再由负责修改的同学完善细节，按时交给老师审核。总之，这是一个需要合作交流才能完成的任务，这也是一个培养合作能力，共同进步的机会。同时，我们也注意到了组员之间的及时沟通讨论。在搜集资料、制作幻灯片的过程中，我们每一步骤都注意到组员之间的交流讨论。本组课题观点的确立，都是经过所有组员学习讨论得出的。在后来的幻灯片修改等细节问题上，每一处修改都及时反馈给每个组员了解。为了方便讨论，我们建立会话讨论组，方便大家把自己的想法表达出来，尽情抒发自己的观点，从而集思广益，高效地进行研究性学习，不断地完善课题成果。在老师提出修改意见后，我组按照要求进行修改，做到整个用于展示的幻灯片衔接自然，形成体系。我们还按照老师的要求增删观点，搜寻依据、例证，使课件更切题、针对性更强。后来的课堂展示也证明，与老师的有效互动让这一次的研究性学习成果更显著，收获更大。

4. PPT 制作的技术性。在 PPT 的制作方面，每一组都各有特色，能够体现各组所讲内容的特点，同时，课件大多字迹清晰易辨，大小适中，各种动态画面的组合也做得十分到位，这都体现了一定的 PPT 制作技术。课件都是文字与图片兼具，直观感更强，用图片实例来论证理论观点，具有说服力，也更容易理解；选取事例丰富、针对性强。第五小组的课题是“如何看待看脸的世界”，相较前四个小组，这个课题具有较强的开放性、能动性。根据这一特点，我组注重结合生动的例子来阐述观点，因此我们搜寻了涉及各个领域的突出的例子，既有重视“看脸”的娱乐界，也有看似和“看脸”没什么关联的职场求职等，其中表达效果最强烈的莫过于“女司机肇事因貌美反被帮助隐瞒酒驾”和“过路女子被司机殴打仅因长得丑还挡路”一组事例的对比，强烈的反差给同学们留下了深刻的印象，从而激发了大家对“看脸”这一美学问题的研究。

5. PPT 展示过程。讲述者的讲解与 PPT 内容相结合，课堂氛围浓厚，更易引起学生的兴趣；同时每一组的成员在找寻资料的同时，额外也补充了自己的观点和见解，可见大家的探究热情以及对待课堂的认真和负责。尤其是第二组、第四组和第五组，在讲课的同时，用自己的方式向大家解释和讲解有难度的内容，使得同学们更加清晰地理解所讲的内容要点。课堂实例贴近我们的兴趣，举的例子能引起我们的共鸣，并且因为都是学生交流起来没有压力，课堂气氛也显得更加活跃轻松，笑声不断。感受不同的教学风格，每个组上去阐述的同学不同，阐述的内容不同就形成了不同的面貌，有的同学侃侃而谈，有的同学讲得生动有趣、妙趣横生，也有的同学像小和尚念经等，但是每一种不论好与不好都可以让我们学到一些经验，对以后教学该怎么教，怎么引起学生的兴趣等都有不少的启发。

不足之处有以下几点：

1. 各小组内部讨论较多，组员分工明确，但讨论仍不够细致，对于观点没有进行深入探讨与交流。所以在演示环节，上去讲的同学有时并不能完全理解课件制作者所要表达的意思，没有取得理想效果。就我们组来说，虽然建立了讨论群，但讨论群的作用没有发挥到最好。小组内部虽然有讨论，但小组之间的讨论还是必要的。

2. 在资料方面。有一些观点只是直接照搬了资料中的观点，在结合具体的材料做出的阐释不是非常到位，还是浮于表面的。我们组的一些例子在某种程度上是偏离了最终需要论证的理论，或者说没有能够挖掘出材料的价值，在讲解方面也不够全面。对看脸的合理性探讨时，旁边的几张图都没有提到，这显然是一个疏忽。大家在列举关于追求“美”的原因时似乎都忽略了审美的个体差异。每个人审美是不同的，“情人眼里出西施”这句话充分验证了这一点。举林妹妹与焦大这个例子时，未具体说明这具体体现了社会美的哪个特征。有一小组在讲解时提到鲁迅的话，但是并未具体讲反映了社会美的什么，是功利性还是其他并未说清楚。在阐述观点时所举的焦裕禄的例子也有失妥当，只强调人的内在美时，某一小组举了焦裕禄，却也又讲到焦裕禄其内在美却使其早早离世，这未免对其观点的阐述有不好的影响。同时，有些组别举的例子缺乏新意，经典的例子居多，如王熙凤、雨果著作中的人物、汪精卫、雷锋等，这样的反复出现很容易造成审美疲劳，听众的兴趣也随之降低。

3. PPT 制作方面。PPT 的内容较充实，但是重点未突出。每一个组的 PPT 都准备了很多张，文字图片都比较多，但过多的图片有时候反而显得繁杂。还有一些组别的 PPT 背景颜色太过鲜亮，字号没有放大加粗，导致稍微靠后一点的同学看不清所展示的内容。也有的组别的 PPT 上有明显的错别字现象。

总之，这次研究性学习，通过学生亲身参与研究、设计和展示，取得了很大的收获，我们从中积累了许多经验，也发现许多不足之处。总结这些经验和不足，对我们以后的课程学习有很大益处。

改革与提高的设想

1. 研究性教学强调在教师的引导下，学生通过自主学习获取相应的知识及其能力的过程，在这一过程中师生之间、学生之间的交流与探讨是必不可少的，除了课外的交流以外，课堂上的讨论是呈现研究性学习成果的主要形式之一。

如果课堂过大、学生人数过多，讨论就难以兼顾到大多数学生，在讨论的覆盖面和学生的受益面上就会造成不利的影响，讨论的效果也会大打折扣。由此来看，实施研究性教学应该小班化，这样才能保证研究性教学落到实处。

2. 学生是学习的主体，如何让学生学会学习，在获取知识的同时在能力方面获得提升，显然更为重要。课堂教学要充分调动学生的学习兴趣，满足学生的学习要求，长期以来形成的“满堂灌”的教学方法已经无法适应当下学生的学习需要，只有真正让学生在学习方面“忙”起来，才能达到知识、素养与能力齐头并进的培养目标。唯其如此，研究性教学应该成为一条重要的教学原则并形成形式多样的教学方法与模式，教学上的研讨环节与研讨课应该常态化。

3. 本次研讨课，学生的学习能力、交流能力、表达能力、思维能力等得到了不同程度的锻炼及体现，但在课堂展示环节，全班几乎没有形成像样的课堂讨论，究其原因是多方面的，其中最根本的原因是学生长期以来习惯于被动接受的心理定势所造成的，不愿说、不敢说或者不会说，要改变这一状况，就必须有更多的教师、更多的课程参与到研究性教学的改革实践中来，从而给学生更多的锻炼机会。

附：阅读参考文献

一、论著

李泽厚著.美学四讲.修订彩图版.天津：天津社会科学院出版社，2002

牛宏宝著.美学概论.北京：中国人民大学出版社，2005

彭富春主编.美学.武汉：武汉大学出版社，2005

杨恩寰主编.美学引论.北京：人民出版社，2005

蒋孔阳著.美学新论.北京：人民文学出版社，2006

薛富兴著.美学.合肥：安徽教育出版社，2006

叶朗著.美学原理.北京：北京大学出版社，2009

张法主编.美学概论.北京：北京师范大学出版社，2009

杨辛，甘霖等著.美学原理.第4版.北京：北京大学出版社，2010

朱立元主编.美学大辞典.上海：上海辞书出版社，2010

二、论文

郭因.人性、人的本质和人的美.河北大学学报(哲学社会科学版)，1982，2

黄海澄.社会美研究.广西师范学院学报，1983，2

何公达.论社会美的特点和作用.安徽大学学报，1987，2

杨海枫.如何欣赏人体美.美苑，1988，2

马雅丽.人格的美与真善.安徽大学学报，1995，6

梁素清.人体美的基本特征.美术观察,1996,2

王磊.人格美论纲.宝鸡文理学院学报(社会科学版),1998,4

蔡萍.从儒、道思想看人格美.石河子大学学报(哲学社会科学版),2002,2

陈良运.论中国古代美学中的社会美与人格美.新疆大学学报(哲学社会科学版),2003,2

廖少华.简论社会美的基础与综合要素.湖南第一师范学报,2005,3

张玉能.人的自身生产与身体美学的建立.吉林大学社会科学学报,2007,3

邹华.“社会美”范畴创构六十年之反思.学术月刊,2007,10

景士辉,宁海林.论社会美的产生及分类.广西社会科学,2010,3

张中.社会美及其后现代转向.吉首大学学报(社会科学版),2010,5

胡敏.略论人体美观念的历史发展.湖北第二师范学院学报,2011,3

谭保斌.心灵美是人的本质美.湖州职业技术学院学报,2011,4

杨树虹,黄小葵.社会美视域下雷锋及雷锋精神的解读.理论观察,2011,4

张颖.西方绘画中的人体美.中国艺术,2013,2

张聪.“社会美”范畴的界定.牡丹江大学学报,2013,12

“中国现代文学史”研究性教学案例

授课教师 王澄霞

课程名称 中国现代文学史

授课单元 30年代戏剧·曹禺《日出》

实施专业 汉语言文学2007级

教学目标

1. 注重培养和提升学生专业素养。通过话剧作品的阅读和赏析，培养学生的文本解读能力；通过不同文本之间的比较阅读，剖析其异同，探究其成因，从而客观认识和理性评价中国现代文学作家创作的成就和不足。

2. 注重培养学生学习能力。调动学生学习的主动性积极性，注重激发和培养学生的创造性思维和批判性思维；掌握文学类课程一般的学习方法，并针对学生论文写作进行基础训练，将课堂教学研讨结果初步形成学术论文。提高学生的学习能力。

3. 培养学生纯正高尚的审美眼光和积极乐观的人生态度。通过文学鉴赏，指导学生正确认识现实人生，培养青年学子积极健康的人生观和价值观。

教学重点

陈白露形象分析

教学方法

本单元“研究性教学”采用“小组合作探究、自主学习”的方法，即将学生分成若干研讨小组，在教师的引导下，通过文本研读和问题研讨，了解文学批评的一般方法，提高文本解读能力和论文写作能力。具体步骤：

教师预先布置学生阅读指定作品、教材相关章节和所列的参考书目；围绕《日出》的教学重点设计若干问题，要求学生分组准备；学生通过课堂上的“研究汇报”“提问解答”和教师的分析评点，把握话剧作品的研读方法，分析作品的思想内蕴和艺术特点，从而掌握文学批评的一般规律。

课时安排 2课时

课堂实录

（一）回顾《日出》的基本情节（蔡惠君小组总结）

曹禺四幕剧《日出》以高级交际花陈白露的休息室与下等妓院妓女翠喜的卧房为舞台场景，表现现代都市上层社会与下层社会两类人的社会生活。

（二）问题研讨

1. 我们应该怎样认识陈白露这个人物？

相关问题①：从陈白露与方达生的关系上，可以反映出她怎样的性格特点？

（张薇小组总结）：从她与方达生的关系来看：她曾经纯真、热情，有过对生活的热爱和对理想的追求。但是她很快厌倦了婚后平淡的生活，进而否定爱情、否定理想，视纯真为幼稚，满足于一时的虚荣与享乐，并为自己的堕落竭力辩解。但是她的堕落是被逼无奈。

（教师针对“陈白露的堕落是被逼无奈”进行辨析）当年陈白露与方达生曾倾心相爱。方达生虽然在认识社会上有点幼稚，但总的说来，他是个奋发向上，有热情、有理想、有追求、嫉恶如仇爱憎分明的进步青年。他风尘仆仆千里迢迢来到陈白露现在的住处，就是一心想要用他纯真的爱情感化陈白露，把她从污秽的处境中拉回到健康光明的地方，却遭到陈白露的断然拒绝。她不愿意摆脱她现在的寄生生活，她赤裸裸地问方达生“你有多少钱?”当对方表示“我不懂你的意思”时，她说：“不懂？我问你养得活我么……不要这么看我，我要人养活我。你难道不明白？我要舒服，你难道不明白么？我出门要坐汽车，应酬要穿些好衣服，你难道听不明白?”（可参见教材《中国现代文学史1917—2012(上)》(朱栋霖等主编)P249）说明陈白露实在是自甘堕落。

相关问题②：从陈白露与潘月亭的关系上，可以反映出她怎样的性格特点？

教师提问：陈白露与潘月亭之间是一种什么样的关系？

答：两人之间是妓女与富豪、被包养者与包养者的关系。（陈白露心甘情愿为潘月亭提供一个女人所能提供的服务，潘月亭则充分满足她对金钱和享乐的需求。）

（胡俊小组总结）：从她与潘月亭的关系来看：她好逸恶劳，贪图享乐，自甘堕落。她心甘情愿地由潘月亭包养，用自身的年轻美貌换取金钱与享乐，醉生梦死，与那个腐朽糜烂的上流社会共沉沦。潘月亭的破产使她失去了依傍，这也是她走向毁灭的重要原因。

教师提示重点分析陈白露以下台词：

“我弄来的钱是我牺牲女人最宝贵的东西换来的。我没有费着脑子骗过人，我没有用着方法抢过人，我的生活是别人甘心愿意来维持，因为我牺牲过我自己。我对男人尽过女子最可怜的义务，我享着女人应该享的权利！”“你以为这些名誉的人物弄来的钱就名誉么？……假若你认为他们的职业是名誉的，那我这样弄来的钱比他们还要名誉得多。”

教师进一步提问：陈白露仿佛对自己靠人包养还很自负，还为自己的堕落找到合法的理由。是谁逼着她这样做的？她已经到了非堕落就活不下去的地步了吗？为什么她老是拿自己跟一些品行上更不如她的人比较？她就不能跟曾经相爱的诗人丈夫比较吗？她为什么就不能把自己与方达生比较呢？（李惠玲小组）

（设计这一问题的用意在于正视陈白露漂亮外表下的丑陋灵魂，从另一个视角正确认识和评价这个女性形象）

相关问题③：从陈白露对小东西的态度上，可以反映出她怎样的性格特点？

小东西是个十五六岁的女孩子，父母双亡，被地痞流氓当作礼品送给大流氓金八爷，她不堪凌辱，到处奔逃，陈白露挺身而出，全力救助，但因势单力薄，最终未能救下小东西。（汤春小组）

（陈宛宛小组总结）：从她与小东西的关系来看，她善心未泯，对遭受摧残的弱者仍怀有真切的同情，并不遗余力地加以救助。拯救行动的失败，加深了她对人生的厌倦和绝望。她又无力自拔，于是只得以自杀来了结这一切。自杀也可以看作是她自救的努力。

相关问题④：陈白露的性格经历了怎样的发展过程？（孙如意小组）

有理想有热情的纯洁少女→家道中落堕入风尘→摆脱风尘进入婚姻→厌倦婚姻重返风尘→拒绝拯救自甘堕落→绝望自杀自我救赎（孙如意小组）

（刘臻同学补充）陈白露对爱情的失望和对婚姻的厌倦：“爱情？什么是爱情？你是个小孩子！”“我告诉你结婚后最可怕的事情不是穷，不是嫉妒，不是打架，而是平淡、无聊厌烦，两个人互相觉得是个累赘，懒得再吵嘴打架，直盼望哪一天天塌了，等死。”

总结：陈白露形象特点（陈苏妮小组）

陈白露是一个清醒的沉沦者，她良知未泯而又自甘堕落。她最终主动选择了死亡，以彻底摆脱罪恶的社会和自身污秽不堪的生活。

陈白露的性格具有二重性。一方面她醉生梦死精神麻木，与寄身其中的那个腐朽糜烂的上层社会一道沉沦；另一方面，她原有的善良天性又没有完全泯灭，她对那些饱受摧残的弱者充满同情，并愿意尽力拯救。最后出于对人生的彻底绝望，她以自杀终结了自己厌倦的生命和生活。

2. 陈白露形象的典型意义与《日出》的主题（陈娇凤、郭大伟小组）

（学生答案一：追求金钱与享乐。学生答案二，自甘堕落又良知未泯。）

相关问题①：这两方面又以哪个为更突出呢？

教师总结：陈白露这个形象的典型意义就是表明了金钱对人性的扭曲。正是对金钱和享受的无限制的追求，扭曲了当初纯洁的竹筠的灵魂，使她一步步地蜕变成了自甘堕落的陈白露，这就是陈白露形象的典型意义，也是《日出》这个剧本通过陈白露所要表达的重要主题。

相关问题②：《日出》这部作品的主题不是单一的，它非常丰富，除了表现金钱对人性的扭曲之外，还有没有其他重要的思想意义？这一点与陈白露形象有什么重要关系？

（学生：揭露了上层社会的罪恶与下层社会的不幸。这一点也是通过陈白露来加以展现的。）

教师总结：作者正是通过陈白露这个人物，折射出了上层社会的罪恶和下层社会的不幸，深刻地表达了作品的主题。

（三）拓展性学习

课后读写训练：从下面两题中任选其一，写成一篇文章，1000 字左右。

1. 试比较一下《日出》中陈白露、翠喜、小东西三个女性的异同。

教师简单点评：这是对同一部作品中三个形象的比较。这三个女性有很多的相似之处，譬如她们的身份相同，都是风尘女子，她们都从不同层面揭示了作品的主题；但是这三个女性彼此之间又有很大不同，譬如说她们各自的生活经历、社会地位、性格特点、堕入风尘的原因都有很大不同，可加以细细比较，以增强对这三个女性和作品本身的认识。

2. 比较《日出》和《茶花女》两部作品的异同。可从情节、人物、主题、艺术特色等方面自选一个角度加以比较。

教师简单点评：第二个题目是比较一下两部作品或主要人物的异同。结合《日出》的学习，对比阅读 Alexandre Dumas Fils《La Dame Aux Camelias》（小仲马《茶花女》)。《茶花女》是19世纪法国作家小仲马最著名的小说,被改变成话剧和歌剧反复上演,在全世界范围内产生了重大影响。《茶花女》1899年传入中国,是第一部翻译介绍到我国的外国小说,在我国广为流传影响广泛。特别是这部作品和曹禺的《日出》在故事情节、人物设置和主要人物都有相当多的相似之处,我们甚至可以说,曹禺创作《日出》是从《茶花女》中获得了很多的启发和借鉴。当然这两部作品又有诸多的不同,因此,仔细比较分析这两部作品的异同,也可以加深我们对《日出》的认识,并且可以了解东西方文学相互的交流与影响。

附1:阅读参考文献

一、论著

田本相,胡叔和编.曹禺研究资料.北京:中国戏剧出版社,1991

陈瘦竹.现代剧作家散论.南京:江苏人民出版社,1979

朱栋霖.论曹禺的戏剧创作.北京:人民文学出版社,1986

范伯群,朱栋霖主编.1898—1949中外文学比较史.南京:江苏教育出版社,2007

钱理群,温儒敏,吴福辉.现代文学三十年.北京:北京大学出版社,1998

司马长风.中国新文学史.香港:昭明出版社,1976

二、论文

王澄霞.借得西江水催开东苑花——曹禺《日出》与小仲马《茶花女》之比较.扬州大学学报(人文社科版),2010,4

朱栋霖.论《日出》与陈白露的悲剧形象.南京大学学报(人文社科版),1981,2

吕荧.曹禺的创作道路.抗战文艺9,3—6参见:田本相,胡叔和编.曹禺研究资料(上册).北京:中国戏剧出版社,1991

陈瘦竹.《雷雨》和《日出》的结构艺术.现代剧作家散论.南京:江苏人民出版社,1979:219-248

附2:学生相关论文

《日出》与《茶花女》之比较

——浅在的相似,深刻的不同

扬州大学文学院2011级汉语言文学师范班　张　周

《茶花女》成书于1848年,在19世纪末被翻译到中国(准确的翻译时间,尚无定论)。《日出》成书于1934年。较之时间上的差异,那么必然是《茶花女》影响了《日出》的创作，况且《茶花女》确实在当时的中国影响非凡。其中就有严复、周氏兄弟（周树人，周作人）、郭沫若、叶灵凤等作家的文字为证。而且他们也坦承《茶花女》对他们创作产生的影响。所以关于《茶花女》对《日出》创作的影响是必然的，也是无可非议的。但是这种影响是否到了模仿的程度，我想这还是值得商榷的。下面可通过以下两点进行比较。

一、比较它们的相似性。

1. 主人公身份的相似

《茶花女》的主人公玛格丽特，是一个高级妓女。《日出》的主人公陈白露，也是一个高级妓女（换言之是一个高级交际花）。两部作品主人公都是一个妓女，所描写的故事也是以这个妓女为中心展开的。因此，主人公的相似是最大的，也可以说是描写同一类人的不同体裁的作品。

2. 主要人物关系的相似性

《茶花女》和《日出》两部作品除了主人公身份的相似外，作品之中主要人物关系也是相似的。女主人公都是高级交际花，方达生、阿尔芒：都是女主人公纯洁忠诚的情人。潘月亭、老公爵和G伯爵：都是女主人公的包养者。顾八奶奶、普吕珰丝：都是粗蠢不堪的女主人公的陪衬人物。[1]《日出》、《曼侬》：都是男主人公送女主人公的信物。

3. 女主人公命运结局相似

《茶花女》中，玛格丽特是死于疾病。《日出》中陈白露是自杀，虽然死亡方式不同，但是结果是一样的。退一步讲，其实玛格丽特的死亡也是一种自杀，不过是慢性自杀。如果，玛格丽特能和阿尔芒继续平静地生活下去，或者是和老伯爵在英国继续疗养，那么她可能不会死，或者不会死得那么早。所以，她们两位的命运结局也是极度相似的。

我想有这三点，就足以延展出许多相似点。那么貌似《日出》也就几乎成了《茶花女》的衍生物。再加上中国的大文豪们也都说过他们受过“林译小说”的影响，而且《茶花女》又是林纾翻译的精品之作，曹禺的作品又产生在《茶花女》之后，那么说《日出》是曹禺借鉴，乃至模仿小仲马《茶花女》的作品就不足为奇了。

二、通过《日出》和《茶花女》两部作品差异性的比较，我们或许就不那么认为了。

1. 在浅层面上比较

(1) 体裁的不同

《茶花女》是小说，《日出》是话剧。《茶花女》是一个人在讲故事，里面有主要的人物，丰富的情节，故事发生的环境，这符合“小说三要素”：人物、情节、环境。《日出》是一群人在表演，里面当然也有人物、情节、环境。但是《日出》中是缺乏主要人物的，它没有主角，但其中又互为主角。《日出》的情节也不紧凑，一直像是平铺直叙，是“情节、结构的平淡无奇”。[2]至于环境，不同的国度环境必然也是不同的。

(2) 风格的不同

《茶花女》是一部纯纯的浪漫主义小说，《日出》是一部现实主义戏剧。《茶花女》的故事发生在巴黎——浪漫之都。以男主人公阿尔芒和女主人公的恋情为线索，展开并发展。而《日出》是一部现实主义戏剧，是真实反映社会的。

(3) 主题思想的不同

《茶花女》的主题是爱情，反映的是一对恋人历经坎坷的爱情史，歌颂伟大的爱情。而《日出》的主题是社会，反映出一个病态的社会，一个不公的社会，对一个“人之道，损不足以奉有余”的社会的控诉。号召人民的觉醒与斗争。其中含有意识形态与阶级矛盾的成分。

2. 深层次的比较

(1) 写作动机的不同

《茶花女》是一个真实的故事，作者因为被感动所以书写或者是记录了这个感人的故事，以至于使千万读者潸然泪下。此书也曾被称为“西方的红楼梦”。《日出》的写作动机则是因为社会原因。《日出》成书于1934年，中国正值半殖民半封建社会，东北三省沦陷，国内政治黑暗，民不聊生，“国将不国”。社会的大环境促使作者写出了这样优秀的作品，这既是作者内心的呐喊，也是对人民的号召。

(2) 主人公性格的本质性不同

玛格丽特虽然对阿尔芒说过，她是一个“每年花掉十万法郎的女人，只适合像公爵那样的阔佬”。[3]但是通观全书，我们可感觉到，这是对阿尔芒这位年轻人的劝谏，以免使阿尔芒因为她而倾家荡产。这其中无形已经透漏了她对阿尔芒的爱。但是陈白露曾经问方达生“你有多少钱?”[4]这一提问语带不屑，根本没有为对方着想。因此，若说对钱财的迷恋或拜金主义只能是陈白露，而不是玛格丽特。况且，玛格丽特为了能和阿尔芒平静的生活，她卖了自己的马车、首饰，还不让阿尔芒知道。后来因为阿尔芒父亲的恳求，为了阿尔芒的前途和阿尔芒妹妹的婚姻以及杜瓦尔家族的声誉，玛格丽特放弃了他们两个人的爱情。如果说玛格丽特是拜金主义，那么她完全可以接受老公爵长期的钱财供给或者接受N伯爵的追求(其实是包养)。可是，她选择了爱情，为了爱情她放弃了大量的钱财。而陈白露不同，她不愿与方达生远走本质就是因为方达生没有钱，无法给她提供高贵奢靡的生活环境，她已经习惯了这样的生活，就像温水里的青蛙。而最后她的死也与奢华生活的破灭直接相关。

(3) 真正的主人公的不同

很明显,《茶花女》的主人公是玛格丽特,这是不争的事实。但是,《日出》的主人公就一定是陈白露吗?从表象来看,陈白露是整部戏剧中出镜最多的人物,所以人们就误把她当作《日出》的主人公。不过这也情有可原,因为这符合一般观众的心理——只要是戏剧或小说就一定是有主人公的。但是,也不排除一部作品中作者根本就没有设置主人公。曹禺说过:“《日出》里没有绝对的主要动作,也没有绝对主要的人物。顾八奶奶,胡四与张乔治之流是陪衬,陈白露与潘月亭又何尝不是陪衬呢?这些人物并没有什么主宾的关系,只是萍水相逢,凑在一处。他们互为宾主,交相陪衬,而共同烘托出一个主要的角色,这‘损不足以奉有余’的社会。”[5]作者已经阐明这部作品没有绝对的主要人物,即使是有也只能看作全都是主要人物。这些人物的“拼凑”只是为了表现这“损不足以奉有余”的社会。因此说,《茶花女》有一个真正的女主人公——玛格丽特,《日出》没有一个真正的主人公,或者说大家都是主人公。

退一步讲,如果一定要为《日出》找一个主人公,那么也是金八爷,只是他一直没有出场罢了。但是他却一直操纵着主要人物的命运,他就像一只幕后的黑手。或者也可以认为“日出”是一个特殊的象征性的主人公。它既是一本诗集,又是凌晨的阳光。“太阳升起来了,黑暗却在后面。而这太阳也不是我们的,我们该睡觉了。”这句话在《日出》中的出现,象征了一种新生的力量。“《日出》写成了,然而太阳并没有能够露出全面。我描摹的只是日出以前的事情,有了阳光的人们始终藏在背景后,没有显明地走到面前。我写出了希望,一种令人兴奋的希望。我暗示出一个伟大的未来,但也只是暗示着。”[6]曹禺在为《日出》写的跋中也这样说。因此,我们得出结论:《茶花女》和《日出》真正的主人公也是的不同的。

(4) 人物情感、内心世界的不同

《茶花女》与《日出》虽然人物关系相似,但是人物的情感、内心世界却是极度不同的。玛格丽特与阿尔芒是真正的情人关系,她可以为了阿尔芒放弃奢华的生活。他们的爱纯洁得就只剩下爱,忽略了金钱、地位、恋人的过去等外在的东西,只是单纯的爱着一个人。但是陈白露与方达生并非真正的情人关系。他们曾经是恋人,但是现在最多只是朋友关系。方达生让陈白露跟他走,跟他结婚,多半是出于同情。但是却被拒绝,继而方达生又要为陈白露找一个丈夫。这颇有些救世主的感觉,也不怪陈白露称其为“小孩子”。即使方达生真的爱陈白露,我们也没有发现他为了陈白露做出一件像阿尔芒为玛格丽特做的事情。并且陈白露和方达生之间当时也没有爱情,陈白露记着的还是那个诗人。这从她总是给潘月亭读诗集《日出》的句子就能看出。再说两个包养者的不同,《茶花女》中的老公爵之所以包养玛格丽特是因为她长得像自己已故的女儿。这其中是有一个老人对女儿的爱在里面的，情色成分我们看不出有多少。但是潘月亭包养陈白露却是为了获得情色服务，陈白露出卖肉体也是为了获得金钱。这也是你情我愿的交易活动，跟感情无关。并且，全世界的妓女生活都是差不多的。玛格丽特和陈白露职业相同，生活圈子相似，这当然是有普遍性的。真正要比较的是她们的内心，而不是生活。

通过以上的比较，我们可以得出一个结论：《日出》受到了《茶花女》的影响，但是说它模仿《茶花女》是完全不成立的。它们两者的关系只是：浅在的相似，深刻的不同而已。

客观地说，《日出》是受到了多方面的影响加之作者的借鉴创造才产生的。这其中，《茶花女》的影响也是必然。除了这个，曹禺的戏剧创造应该还受到了契诃夫戏剧的影响，这个曹禺在《〈日出〉跋》中已经说明，并且在日后的创作中日益明显。在《北京人》中，则完全表露出来。还有一个因素便是受1932年第五届奥斯卡获奖电影《大饭店》的影响。关于《日出》与这两个方面的比较，今天不在这里细说。因为我主要比较的是《茶花女》和《日出》的异同，说明《日出》不是模仿《茶花女》的作品，只是受到了《茶花女》的一些影响罢了。

关于文学作品的借鉴，这是常有的事。就像牛顿说过，他的成功只是踩在了巨人的肩膀。当然，我们后人的文学作品必然或多或少在有意无意中借鉴了前人的经验，但这并不是什么奇怪的事。所以在我们评价《日出》时，不宜过分地贬低它，说它是对《茶花女》的模仿，当然这是不对的。同时也不宜过分地抬高它，毕竟中国近现代文学受西方的影响还是很大的。总而言之，《日出》在中国文学史上的地位是大家公认的，它的作用也是无可取代的。

注释：

[1] 王澄霞.借得西江水催开东苑花——曹禺《日出》与小仲马《茶花女》之比较.扬州大学学报(人文社科版)，2010，4

[2][5][6] 曹禺.《日出》跋.北京：人民文学出版社，1994:193，199，192

[3] [法]小仲马；王振孙，译.茶花女.北京：人民文学出版社，1980:70

[4] 曹禺.日出.北京：人民文学出版社，1994:19

（全文刊发于扬州大学文学院主办《透红亭》杂志2012年第1期）

“中国现当代文学作品精读”研究性教学案例

授课教师 施　龙

课程名称 中国现当代文学作品精读

教学内容 丁西林《压迫》。

实施专业 汉语言文学2014级

教学课时 1课时

课程设计思路

教师采取提问法讲解戏剧第一组矛盾，集中揭示戏剧矛盾的展现过程，然后引导学生按照事先的分组独立剖解其余各种戏剧矛盾，在相互辩驳中理解知识、学会方法；布置学生课后仍然以组为单位讨论杨绛《称心如意》的戏剧矛盾，并在下次课上选取两组作讲解，并接受其他同学提问，在学生之间的互动中巩固习得的戏剧分析技能。

教学目标

1. 掌握丁西林独幕剧戏剧矛盾设置技巧，了解丁西林独幕剧的一般特色；

2. 理解戏剧矛盾之于话剧艺术的意义，学习剖解戏剧矛盾的方法；

3. 初步感知话剧作为综合性艺术的结构化特性及话剧审美表现的一般特色。

教学方法

1. 教师主导下的文本细读；

2. 学生分组陈述与提问解答相结合的学习方法。

教学设计的关键点

1. 戏剧矛盾展现过程的揭示；

2. 几组矛盾归总之后的指向问题，即剧作的主题或曰内涵。

教学过程

一、任务分配

1. 全体同学细读《压迫》，为课程讲解和讨论做好准备；

2. 全体课前观看舞台剧《谁家老婆上错床》，唤醒他们关于话剧的基本感知，保持对话剧矛盾设置手段的直观印象，为课程的顺利进行作充分铺垫；

3. 分组别分别提前阅读丁西林的《酒后》、《瞎了一只眼》两篇短小精悍的独幕剧作，以与本作品做对照性阅读，并据此归纳丁西林独幕剧的一般特色。

二、课堂实录

1. 剧作第一组矛盾的细读

（原文）

老妈　（走进屋来）雨倒不下了，怎么还不回来？（从桌上拿了茶壶，走到茶几边代客人倒茶）

男客　（不耐烦，站起）唉，你先弄一点东西来吃，好不好？

老妈　东西倒有在那里，不过这也得等太太回来。

男客　吃东西也得等太太回来？

老妈　（叹了一口气）是的，吃东西得等太太回来，房子的事情，也得等太太回来。

男客　好吧，等太太回来吧。横竖是那么一回事，太太回来也是那样，太太不回来也是那样。（复坐下）

陈述：《压迫》一剧开幕只有两个角色，老妈子和男客人。陆续提问并要求学生作答：

(1) 这两个人之间是否存在一种紧张关系？从哪里可以看出来？（有；男客人想先吃饭，老妈子不答应。）

(2) 老妈子和男客人之间的这种紧张由谁造成的？(房东太太。)

[小结：两个人物之间的紧张、对立、矛盾由第三方(不管出场还是没有出场)造成，这是戏剧矛盾惯常采用的手法，可以称之为“三人二元”。]

(3) 这种紧张关系在两人之间有无缓解？从哪里可以看出来？(有；老妈子迫于主人命令显得很无奈，而男客人显然体察到了这一层。)男客人情绪如何？(不跟老妈子计较，但气愤未平。)

(4) 这一组矛盾的解决方式有何特别之处？(矛盾由房东太太引起，解决也取决于房东太太。)

(5) 接下来老妈子交代房东太太和小姐之间在选择租客上的分歧，也对上述矛盾的解决进行了某种解释。那么，剧作者为什么一上来就设置这样一个小小的冲突？(先声夺人，以一个不太激烈的冲突引出后面的激烈冲突。)

[教师插入：同时也是提醒观众(或读者)做好情绪准备]大家观察、品味一下，在这三次对话中老妈子每一句话是怎么说的。第一句中“怎么还不回来”，明显指的是房东太太，但没有明指，这在舞台表演中就是最简单的悬念，引起观众注意，亟待了解所指为何。接下来的两句话，每一句当中都有“也得等太太回来”，就直接把观众的注意力导向了房东太太。

2. A小组分析第二组矛盾

(原文)

房东　对不住，劳你等了。

男客　我对不住你，打搅了你。我教你们的老妈子不要去惊动你，她没有听我的话。

房东　那没有什么。(从一个皮夹子里拿出一张票子)啊，这是你先生留下的定钱，请你收起来。

男客　啊，对不住，我今天是到这边来住宿的，不是来讨定钱的。

房东　怎么？昨天我不是对你说明白了么，说这房子不能租给你？

男客　啊，是的，你说的很明白。

房东　那么今天你还教人把行李送到这儿来是什么意思？

男客　(高兴得很)因为教我不要来是你说的，不是我说的，我并没有答应你说不来，我答应了没有？

房东　(渐渐的感到不快)你这话我真不大明白，你的意思，好象是说这房子的租不租要由你答应，是不是？

男客　喔，不是，这房子的租不租，自然是要由你答应。不过，既把房子租了给我，这房子的退不退，就得由我答应。你知道，现在这房子不是租不租的问题，是退不退的问题。

A组代表汇报：在这一组矛盾中，对立的双方是男客人和房东太太，两人之间的冲突很明显，一个是非租不可，一个是非退不可。第三方是未出场人物，房东小姐造成了男客人和房东太太之间的对立。

学生提问：房东小姐为什么可以造成男客人和房东太太之间的对立？

A组回答：房东小姐想把房子租给单身男客人，而房东太太只想把房子租给有家眷的男客人。母女之间对租客的不同期待，一定程度反映了“五四”时期的“父子冲突”。

学生提问：老妈子作为一个在场者，也是一个第三方，她的作用是什么？

A组回答：老妈子可以是男客人和房东太太之间的缓冲，以免冲突发展到不可收拾。

学生提问：能否认为老妈子的存在更加凸显了两人之间的对立？

A组回答：好像不可以。

教师参与提问：我提一个具体的问题。老妈子提出让男客人暂住遭到房东太太拒绝，这时的三个人，两两之间处于什么状态？

[学生讨论，最终得出较为一致的意见：这时产生一个有趣的现象，那就是在场的三个人每两人之间都处于一种对立状态：男客人和房东太太是留下和走人的截然对立；男客人和老妈子之间是认死理一定要租下房子与替代性解决方案的不可调和；而房东太太和老妈子之间则是主人权威和下人建议的水火不容。]

3. B小组分析第三组矛盾：

(原文)

男客　行，行。(好象忽然想起一件事来)不过——你结婚了没有？

女客　(跳了起来，挺了胸脯，竖起眉毛)什么！

男客　(还要补一句)你结婚了没有？

女客　(怒了)你这话问的太无道理！

男客　太无道理？

女客　简直是一种侮辱！

男客　(高兴起来)“侮辱”，对了，一点都不错，我也是这样说。但是现在有房出租的人，似乎最重要的是先要知道你结婚没有。

女客　我结婚没有，干你什么事？

男客　是的，一点都不错，我结婚没有管她们什么事？可是她们一定要问，你说奇怪不奇怪？

女客　我完全不懂你的意思。

B组代表汇报：这一组矛盾和前两组不同，它是男客人故意挑起的。男客人把自己曾遭到非难的问题转而问女客人，女客人不出他所料地发怒，因而两人之间也形成了一种矛盾对立。造成两人之间矛盾的，还是房东太太。

学生提问：男客人为什么故意激怒女客人？女客人被激怒以后的情绪反应，男客人为什么“高兴起来”？

B组回答：女客人被相同的问题激怒，预示她有可能和男客人站到一起，共同对付房东太太。

学生提问：男、女客人之间的对立是怎么产生又怎样消除的？

B组回答：男客人激怒女客人的行为出于对房东太太的“憎恶”，两人之间的和解也取决于女客人产生类似的情绪。

学生答案汇总：第三组矛盾与前两组不同，它是男客人故意设置的，主要功能在于从根本上解决了前两个冲突。此外，作者的笔法很经济，使用互文的手段补足故意的留白，一明一暗，相辅相成，相反相成。

[教师插入：用矛盾解决矛盾的方式是丁西林的匠心独运。]

4. 引入《酒后》、《瞎了一只眼》作比较

C组代表汇报：《酒后》、《瞎了一只眼》和《压迫》一样，都使用了“三人二元”的戏剧矛盾设置手法，不过稍有变化。《酒后》和《瞎了一只眼》描述的都是夫妻之间的小波折，但前者的第三方人物是在沙发上酣睡的醉酒之人，后者的第三方是突然而至的朋友，相对《压迫》来说都较为简单，因为《压迫》中出场人物较多，造成矛盾的第三方有时在场有时不在场，矛盾不停转移。

学生提问：三部独幕剧矛盾设置手法比较类似，有什么不同吗？

C组回答：三部独幕剧的矛盾起点，有的是前置（如《压迫》），有的属于临时性的（如《酒后》），或者干脆就是一句玩笑（如《瞎了一只眼》），但功能都是造成此后若干组人物之间的紧张关系。

学生提问：除了矛盾设置手法，还有没有什么显著的共同点？

C组回答：人物都比较少，《压迫》其实也不能说多；还有舞台相对封闭，差不多都是在一个房间之内。

学生提问：三部独幕剧都很简单，作者靠什么手段使之充盈而不单调？

C组（或全班随机）回答：机智风趣而贴合情境的对话。

5. 分析、讨论结果

《压迫》从母女分歧出发，采用三人二元的戏剧手法，在简单、紧凑的结构中设置了三组以上的矛盾冲突，环环相扣，使得戏剧故事跌宕起伏而能轻快流畅向前推进，显示出作者高明的戏剧技巧。在每一组矛盾冲突中，最吸引人的是对立双方贴合情境但妙趣横生的对话，这又表明作者感兴趣的始终是人性、人情的观察和剖析。

［教师总结］结合其他两部剧作，这一结论是否站得住脚？（丁西林的独幕剧大都是在一个较为狭小的舞台空间展开，人物少，人物之间的关系也很简单，从三个独幕剧看，作者致力于描绘矛盾发展过程之中人与人之间的情感互动，即表现个性与限定情景碰撞之后产生的种种趣事，最终指向的其实是个性本身。）

作业

课后阅读杨绛的《称心如意》，参照《压迫》的分析方法解读作品。

教学效果与讨论

本节课主要目标是教导学生如何从技巧层面拆解戏剧矛盾，从而掌握戏剧类作品的基本分析方法。汇合课前准备工作、课堂教学及课后作业等诸多方面的反馈信息，教学成效显著，在观看舞台剧《谁家老婆上错床》后激起了学生尝试分析戏剧矛盾的兴趣；细读《压迫》使得学生养成了从语言文字入手品味人物情绪的方法；将《压迫》与《酒后》、《瞎了一只眼》比较，学生逐渐意识到参考相关创作的重要性；独立分析类似的一部剧作，培养了学生独立解决问题的能力。

改革与提高的设想

1. 在文学类课程的研究性教学中，应注重激发并保护学生审美直觉感应的潜力，不可贸然直接提升到所谓理论的层次。对任何一篇作品，鉴赏力是最根本的，它牵涉到两方面的问题：一是审美感受，二是审美表述。表述可以是理性的，也可以是感性的，但其前提都在于真正与一篇作品有情绪共鸣。本节课的缺憾在于没有充分时间让学生品读对白并揣摩人物情思。

2. 教学手段能达到设想的效果就好，无需过分追求，但某些特定环节尚需要较多手段的介入。本节课如果在课后能组织学生自导自演《压迫》，无疑更能深化教学效果。

附：阅读参考文献

钱理群.《压迫》批注.名作欣赏，1994.1

张健.论英国作家对丁西林喜剧的影响.武汉大学学报，2000，1

“中国古代文学史”研究性教学案例

授课教师 倪晋波

课程名称 中国古代文学史

实施专业 汉语国际教育 2013 级

授课单元 陶渊明及其诗歌

教学课时 6 课时

教学设计思路

本课程的教学思路依循现代大学教学实践中被证明较有效用的“小组合作学习法”进行。这是有别于个别性和竞争性学习方法的一种合作学习法，它基于异质分组、积极互动、分享研讨和公开展示四个环节进行，以思考、研讨和分享为路径，建构起学习经验和知识体系并将其最大化，从而达到研究性教学之目的。

教学设计的关键点

本课程教学设计的核心在于激发学生持续地主动学习的意识。其关键点有三：

1. 学生自由选择自己的学习伙伴，必须能互相信赖、保持热情、愿意分享；

2. 教师适时与各小组沟通，尽可能让各个小组成员的学习兴趣与所选课题保持一致，并形成组际之间的异质化；

3. 教师主导教学进程，学生主导学习过程，但教师须联系教学内容与时间，引导学生适时、适当地展示其小组研究成果。

教学目标

1. 通过考察陶渊明之生平行事，了解其思想之变化及其主要特征；

2. 通过细读陶渊明之经典诗作，理解其田园诗之艺术、审美价值；

3. 通过缕析陶渊明之历史影响，评判其文学史和思想史上的意义。

教学方法

本章节采取教师授课与学生讲习讨论两种方法完成。前者是指教师在课程上讲授相关背景和重点篇目，并引导学生阅读和讨论；后者则是基于"小组合作学习"之方法，由学生自行选择课题、完成相关研究。本课程"小组合作学习"之实践依循自行组队、选择书目、共同研读、课堂讲习、组际讨论和提交论文六个步骤进行。其中，前两项在开学初即完成；第三项在规定的讲习时间前完成；课堂讲习则以小组为单位，自主讨论、决定研究课题，并在规定的课程时间内完成讲习。本章，《陶渊明及其诗歌》，开学初有两组同学选择对其进行相关阅读和研究。其自主提出并完成两个课题分别是：(1) 陶渊明五次出入官场之原因；(2) 陶渊明的思想史意义。两个课题将配合课程进度，适时进行讲习、讨论。

教学过程 （前 2 课时）

一、教师讲授：陶渊明的人生历程(PPT 展示)

(1) 1—29 岁，读书闲居的青春岁月：少年罕人事，游好在六经。

《杂诗(五)》：忆我少壮时，无乐自欣豫。猛志逸四海，骞翮思远翥。

《拟古(八)》：少时壮且厉，抚剑独行游。谁言行游近？张掖至幽州。

《饮酒(十六)》：少年罕人事，游好在六经。

《始作镇军参军经曲阿作》：弱龄寄事外，委怀在琴书。

(2) 29—41 岁，仕隐不定的中年时代：误落尘网中，一去十三年。

29 岁(孝武帝太元十八年，393 AD)：任江州祭酒，不久辞归；召为主簿不就。

36 岁(晋安帝隆安四年，400 AD)：入桓玄幕府；后归家居母丧。

40 岁(晋安帝元兴三年，404 AD)：任镇军将军刘裕参军。

41 岁(晋安帝义熙元年，405AD)：任建威将军江州刺史刘敬宣参军。

41 岁(晋安帝义熙元年，405AD 年)：任彭泽令；在官八十余日，十一月辞归。

(3) 41—63岁,回归园田的晚岁光景:久在樊笼里,复得返自然。

《晋书·陶潜传》:“郡遣督邮至县,吏白应束带见之,潜叹曰:‘吾不能为五斗米折腰,拳拳事乡里小人邪!’……解印去县。”

《归去来兮辞》:“归去来兮,田园将芜胡不归?既自以心为形役,奚惆怅而独悲?悟已往之不谏,知来者之可追;实迷途其未远,觉今是而昨非。舟遥遥以轻飏,风飘飘而吹衣。问征夫以前路,恨晨光之熹微……”

[提问] 陶渊明的一生中,最为引人注目的是其先后五次出仕,五次辞官,最后回归园田,终老林泉,即所谓“五仕五隐”。那么,陶渊明仕隐不定的原因究竟何在?其间的心路历程究竟如何?下面请第一小组上台展示他们的PPT,发表他们的研究报告。

二、学生讲习:陶渊明五次出入官场之原因(摘要)

【PPT引入】请大家先看我们小组准备的PPT。第一页展示的是传为南朝宋陆探微所画的《归去来辞图》(现藏中国台湾省故宫博物院)。这幅画当然是取意于陶渊明的《归去来兮辞》。在这个辞赋的序言中,陶渊明说了他辞彭泽令的前前后后,这是他最后一次辞官。就像老师刚刚所说的,他老人家一生“五仕五隐”,(这个好像多了一点啊)为什么?

【正式报告】我们小组觉得一个人的行为追根溯底源于他的思想。陶渊明一生受三种思想:儒家、道家和农家。陶渊明从小生活在田间,性本爱自然,这一点是不难想像的。从《饮酒》里自叙:“少年罕人事,游好在六经。”可见其在思想形成的萌芽期接受了很多儒家的思想。而儒家宣扬的是“立功”“立德”。况且每个风华正茂的少年都有一腔热血,渴望能一展雄心、抱负。从后来他所写的《桃花源记》也可看到他一生追求的理想社会和儒家所述的仁政王道也有相同之处。第一次出仕可以说是不谙世事,纯源自所受的儒家教育。从第一次辞官开始,他初涉官场,开始逐渐从“罕人事”到“知人事”。这里我想补充的是“祭酒”这一职务是什么呢?《宋书》里有载:“祭酒分掌诸曹:兵、贼、仓、户、水、铠之属。”这种事务其实不过是一面搜刮民脂民膏,一面驱使百姓从事刀兵。认清这一点后陶渊明渐感到官场的外表光鲜,实则腐败。正直的他不愿意与其同流合污,做掌权者的帮凶。而自己也深知个人力量微薄,无以改变根深蒂固的政治体系,所以辞了官。这也符合儒家的“穷则独善其身,达则兼济天下”。选择隐逸是因为那个时代整体受佛教和道家影响很深,清谈玄理是那个时代的风气。而道家思想也宣扬“避世修仙说”,在污浊的现实里给了不少文人以安慰。但同样不可避免的道家思想存在着消极避世一面(这个有点远了啊……回到陶渊明……)其实隐逸并不像许多人想的那样。在那样为官就是帮凶的情况下,弘扬隐逸实际上就是弘扬人性(在此不展开说了)。后来的几次为官一方面是因为政权更替,陶渊明抱有一点改观的希望,对统治者有幻想才又出仕,但是越到后来越认清那种现实不可能一朝一夕就能改变,所以最后几次的出仕是因为家贫实在没办法,受不了老婆的"唠叨"。为什么最后一次出仕匆匆就不告而别呢?因为他意识到做官虽然确实补贴了家用,但是风险大,有生命危险。那次桓玄事件,因为母亲病死他赶回去了才免了一次杀头之祸,而当彭泽令的时候妹妹突然去世,他不免联想到会不会又是上天再次暗示他呢?所以赶忙匆匆辞官保命,彻底回归田园。对了,我还要补充的是:陶渊明他一生都没有忘记要"立功",始终都放不下国家的。隐逸田园并不代表他就"两耳不闻窗外事,一心只拿锄头耕"的。他并不是那么潇洒的人,所以他是真实的人,一生处在矛盾中。

三、教师点评

第一小组同学的思考非常深入,文史结合,很有悟性,非常值得表扬。但是我有几个疑问:

1. 说陶渊明受农家之影响,这个有何明显的证据呢?

2. 陶渊明自小生活在田间,似乎想象多于事实吧。他毕竟出身官宦,家庭没落,不等于他就要回归乡野。陶渊明的诗文中不止一次提出,他家是有仆人的。他晚年隐居南山,不一定说明他从小就生活在田间。

3. 关于"祭酒",能引《宋书》,看来是有提前准备,可见用功。但有几点需要注意:

(1) 中国古代的职官之事,极为复杂,每个朝代都有很多区别,甚至在同一个朝代,同一个官名,执掌也不同。《宋书》记录的是南朝宋的职官,要理解陶渊明的江州祭酒,不能单纯凭此,还应该看《晋书》。

(2)《宋书》那段话应该完整的看,各州刺史以下,"有别驾从事史、治中从事史、主簿、西曹书佐、祭酒从事史、议曹从事史、部郡从事史,自主簿以下,置人多少,各随州,旧无定制也。晋成帝咸康中,江州又有别驾祭酒,居僚职之上,而别驾从事史如故,今则无也。别驾、西曹主吏及选举事,治中主众曹文书事。西曹,即汉之功曹书佐也。祭酒分掌诸曹兵、贼、仓、户、水、铠之属"。其一,"祭酒分掌"的意思不是指祭酒执掌这些事务,而是分别执掌的意思。祭酒不一定只有一人,前言"自主簿以下,置人多少,各随州,旧无定制也",可见祭酒的人数,是各州刺史据实际定的。

(3)《晋书》卷61提到,华轶的手下有儒林祭酒、军谘祭酒这样的官。他做过江州刺史的。《晋书》卷105又说,在石勒治下,有经学祭酒、律学祭酒、史学祭酒、门臣祭酒等。可见,晋朝的祭酒有很多种。

(4)“兵、贼、仓、户、水、铠”,即军队、捕盗、仓廪、户籍(职责还包括祭祀、农桑等)、水利、军械,这些都是极为重要的职责,一般都是最高长官亲自掌管,特别是在战乱时代。陶渊明一人执掌这些重任,那江州刺史又做些什么呢?即使刺史将职责下放,也不大可能只让一个人来管这些事。

(5)《宋书》说,“晋成帝咸康中,江州又有别驾祭酒”,这个职位在陶渊明时候在江州还有没有,其实很难说;即使有,也可能还有其他的祭酒。

(6)陶渊明第一次出来做官,之前又没有听说他有什么特别的军政才干,江州刺史怎么可能把这些重要事宜都让他一人承担呢?

所以,陶渊明的祭酒应该不大可能统管“兵、贼、仓、户、水、铠”这样的事务,而可能只是一般的事务官。比较适合的可能还是那个类似儒林祭酒的官,主管教育、文化事宜。

以上是我的评价,请各位同学结合第一小组的演讲进行讨论。

四、组际讨论(摘要)

【学生A】陶渊明这一生真纠结,但是他的屡次出仕而又罢官 是不是会给人一种他是那种没有恒心又不愿吃苦的人的感觉啊?

【学生B】我觉得陶渊明之所以五次出仕罢官,并不是因为他不愿吃苦或是没有恒心,我们应该结合时代背景来看待这个问题。课堂上我们这一小组也提过,陶渊明是一个主张性爱自然的人,他很随性,看到国家动荡就想要效力,知道他所看到的并不是他想要的他就离开,所以他的离开是因为看到了政治的黑暗,跟没有恒心无关。但是不否认他第一时期的创作有点脱离实际,他就像是一个富二代看着农人干活,抱着欣赏的角度,但是后来我们也知道到第三阶段的时候,他已经自己干活并且体味到农民的辛苦,但是他还是以这样为乐趣,所以他真的不是怕吃苦!

【学生C】我脑海中首先跳出来的一个词就是“蝴蝶效应”。也许就是这种在出仕与归隐之间的不断游离,才给了陶渊明更多关于生命与生活的感悟,陶诗才能屹立不倒,被时代的洪流冲刷得更加耀眼。试问一个对生活缺乏真实的体验的人,又怎么会有对于人生命运的切身感悟?又怎能写出在千百年后仍能引起共鸣的文字?每一次的出仕或者归隐,都是将他的诗作推向一个崭新的视野的引子。

【教师】陶渊明是备尝生命的艰辛,懂得人世的苦。陶渊明多次辞官的原因,或多或少都能在他的诗文中找到一些线索,但多次出仕的动机除了他提到的因为经济考量之外,更深的心理原因就不那么明显了。总觉得陶渊明的出仕是因为怀抱希望,对这个世界和自己的人生,所以只要有机会就出来。当然也有可能陶渊明有被迫的部分，比如出为桓玄幕僚，当时桓玄任江州刺史，是他的父母官，邀请他出来，正好他又想再给自己机会，所以就做了。关键的一个问题是，陶渊明屡仕屡隐让他有机会，去认识自己的心性，去领悟生命的真我……

【学生 D】农家思想最重要的特征便是躬身力行，就是人人都要亲自参加耕种。这一点我也会在我的读书报告里说到。他的农夫哲学和他长期参与农耕的实际劳动分不开，这主要体现在对力耕的认同与赞扬。农家是反对剥削，反对王税的，所以桃花源境界的最高理想的思想渊源应归于农家。还有具体的我也会在报告里说明，比如说“相命肆农耕”“靡王税”等。关于“祭酒”，仔细想想，相比之下我的实在是“孤证不立”。听了老师的论证，我同意老师的观点。很多时候都忽略了时代背景的因素，没把它放到相应环境中来看。

【学生 E】我有一个问题：“结庐在人境”，作为隐逸诗人的陶渊明，既然“隐”何以又要构屋于繁华的人境呢？

【学生 F】在我看来，那是因为陶渊明不同于以前的隐士。以前的归隐大都非常艰难痛苦的，甚至要冒着生命危险。伯夷，叔齐义不食周粟，逃隐山林，采薇而食之，终至饿死首阳山上。孙登挖土穴而居，董京行乞于市，范粲不愿仕，三十六年未发一言，杨轲、霍原虽身为隐士，终难免于一死。其身心的痛苦可想而知。至陶渊明，他的归隐则主张从山林渊薮中回家，以田园作为生活依托，以“质性自然”为根本的“隐逸之宗”。因而他将百姓安居乐业的理想与士大夫独善其身的原则结合起来，创造了“回家即隐逸”的归隐模式。在这种耕隐模式下，陶渊明注定不会放弃人世间的一切，过虚空的生活。虽然他一再强调“请息交以绝游”，但这并不意味着他从此就离群索居。相反他也很注重交往，“昔欲居南村，非为卜其宅，闻多素心人，乐与数晨夕”，“有客赏我趣，每每顾林园”，“奇文共欣赏，疑义相与析”，可见他的交往中既有同调之人，也有有识之士，交往仍然是他生活的一部分。只是交往的对象是严格区别。所以陶渊明的“结庐在人境”自是为实现自己的理想而做出的居处选择。

【教师】思考细致，述义可从。只是，他不去“人境”结庐，又要去哪里呢？他的住所周围未必繁华，人境也未必尽是繁华。提问似乎拘泥了些。

【学生 G】或许吧。但我只是想要强调说明一下陶渊明是不同于以前的隐士的。他的隐居方式不是完全与俗世脱离的，是一种与众不同的形式。

【学生 H】只针对你的问题，我觉得，古语有云：“小隐隐于野，大隐隐于市。”陶渊明虽然不完全算隐于朝野，但是他的确不同于一般的隐者，因达不到自己的政治抱负而避于山野。他的境界是高一层次的吧，即使他真的“构屋于繁华的人境”，但我们都知道他的心境是远离尘嚣的，因此不更显得超凡脱俗吗？

【学生 I】我总觉得有炒作的嫌疑，哈哈，乱说的……

五、教师总结(扼要讲授)

陶渊明"五仕五隐",当然与现实有密切关系,且在其诗歌都有反映。所以,要理解其这一段人生的心路历程,最好还是回到其具体诗歌作品中。下面,我们引用学术界的相关研究和成果,从历史和文学两个维度,对其试作阐释。

(1) 初仕归来

晋孝武帝太元十八年(公元 393 年),29 岁的陶渊明第一次出来做官。《宋书》本传说他" 起为州祭酒。不堪吏职,少日自解归"。所谓"不堪吏职",是因为陶渊明出仕本不只是为了挣得一份俸禄,而是想得到大展宏图的机会。期望过高,而心中又先存了一份不敢奢望的悲观念头,所以极易受挫、退却。过高期望而又担心失望是中国文人普遍存在的矛盾心理,这种脆弱的心理是经不起官海风波的冲击的。从小官做起,小心翼翼,察言观色,左右逢源,奴颜婢膝,一步步攀上高位,陶渊明不仅受不了这份委屈与折磨,也没有这份耐心。自汉以来一直流行征士制度,将那些有名望、有才华、有德行的人征聘为官员,不过到东晋,由于门阀森严,征为幕僚、辅官还有可能,登上高位,据有实权的机会微乎其微。陶渊明辞官回家后,州里又来召他做主簿,他不仅对这个小官职不感兴趣,对出仕后究竟能有何作为也不抱希望,所以拒绝了。这并不是他主观上的不肯同流合污,也说不上什么气节坚贞,仅仅是不适其性,不遂其心而已。但客观上,这对后世仕途失意及感于宦途艰险的人来说,能引起一种精神上的共鸣,钦羡他能主动、坚决地远离尘嚣。陶渊明辞州主簿不受后,在家闲居了六七年。闲居的第二年,即太元十九年(394 年),陶渊明 30 岁时,他的妻子去世,续娶翟氏。翟氏是一个贤良女子,据《南史》本传说:"其妻翟氏,志趣亦同,能安苦节,夫耕于前,妻锄于后。"大约在诗人丧妻、再娶这一段时间内他写了一篇在他的诗文中别具一格、引人注目的言情之作——《闲情赋》。这是他作品中唯一一首描写爱情生活的作品。它以始激越终淡然的笔调抒写了那种对美好感情挽留不住、寻觅不得的伤感怅惘,也流露出他闲居期间精神无所寄托的迷茫、无奈。该赋另外一层深意是他巧妙地把自己的影子附着在他塑造出的理想化的美人身上,融入他的顾影自怜、怅然若失的情绪,而最后达到自我平衡。

(2) 再奔仕途

太元二十一年(396 年)至隆安四年(399 年)间,陶渊明的次子俟、三子份、四子佚先后出生。这一段政局依然动荡不已,396 年孝武帝死,其子司马德宗继位,是为晋安帝。安帝年幼无知,司马道子以太傅摄政,引王国宝为心腹,使之参与朝政,从而激化了统治集团内部的矛盾。397 年,南兖州刺史、北府兵首领王恭,以讨伐王国宝为名在京口起兵;荆州刺史殷仲堪起兵回应。司马道子被迫杀王国宝，请求王恭退兵。398年，王恭再次举兵，荆州刺史殷仲堪、雍州刺史杨延期、广州刺史桓玄起兵回应，沿江东下，会攻建康。北府兵前锋刘牢之倒戈反击王恭，王恭兵败身死，刘牢之代王恭统率北府兵。桓玄、殷仲堪退至浔阳，共推桓玄为反晋联盟的盟主，桓玄自任为江州刺史。399年，桓玄火并殷仲堪、杨延期，占据长江上游，东晋政府被迫任命桓玄为都督荆、江、襄、雍、秦、梁、益、宁八州军事，荆、江二州刺史。司马道子昏醉多病，其子司马元显掌握中央实权。元显鉴于桓玄的威胁和北府兵的难以控制，想建立一支自己指挥的新军，于是强征兵役，导致孙恩起义。就在桓玄兼任荆州刺史的这一年，36岁的陶渊明再度出仕，在江陵桓玄幕府任职。千余年来，论陶家对陶渊明的仕玄评价争议甚多。从诗人崇尚儒家名节的角度说，桓玄这么一个利用王室与士族间矛盾，不断扩张自己势力的野心家，陶渊明对他应该是不以为然的。颜延之《陶征士诔》中对此事以“初辞州府之命”一言带过，绕过要害。南宋的叶梦指出：“盖浔阳上流用武之地，玄与裕所由交战出入往来者也，渊明知自足以全节而伤生，故迫之仕则仕，不以轻犯其锋；弃之归则归，不以终屈其已。”这种解释，应当说比较合理。历代易朝之际，但凡稍有名望的人，往往被新朝征用，以稳定人心，巩固新政权，而亦常有志节坚贞或迂腐不堪者坚决不肯合作，惹来杀身之祸。桓玄取东晋而代之的野心已久，陶渊明这样颇有才华的人他必然要想方设法收罗门下，而陶渊明没必要“犯其锋”，触怒这些说变脸就变脸的军阀。况军阀混战，民不聊生，人人自危，仕于桓玄幕府，不失为一条苟且偷生之道，无可厚非。不论陶渊明仕玄的动因如何，他心情的不快是显而易见的，他的志向不是做一个小吏，文人的闲散性格也不适合于为杂务奔波，在各种复杂的人际关系中周旋。他这个时期的心境，从《庚子岁五月中从都还阻风于规林二首》和《辛丑岁七月赴假还江陵夜行涂口》这三首诗中得窥。从以上三首诗看，当官已成了陶渊明的一种心理负担，一种精神折磨。显然，俯仰由人的小吏生活，扭曲了心高气傲的诗人的灵魂，他决然要摒弃爵禄荣利的梦幻，回到安宁静谧的精神家园了。

(3) 三仕刘裕

元兴三年(404年)，政局发生很大变化。桓玄入建康篡帝位以后，非常残酷专横，作威作福，引起下面许多臣子的反对。二月，建武将军下邳太守刘裕联合文武官吏中反对桓玄的各方面的力量，从京口(今江苏镇江)起兵讨伐桓玄。三月，刘裕兵进建康，桓玄败走，从江州把晋安帝挟持到江陵。刘裕入建康后，被文武臣僚推为镇军将军，都督八州军事，徐州刺史，统帅各方面军力继续讨伐桓玄。四月，刘裕诸将大破桓玄军于湓，进驻浔阳，刘敬宣因破桓歆有功，迁建威将军、江州刺史。不久，桓玄被杀，刘裕起兵成功，以镇军将军、都督中外诸军事，领南徐和南青二州刺史，坐镇京口。此时的陶渊明，在经历一年躬耕生活后，日感艰难与悲观,经常借酒消愁。由《连雨独饮》一诗,可以想象连日阴雨使诗人更加愁闷,独饮消愁愁更愁。他由人的关于饮酒可以成仙的说法,想到人终于不免一死的自然法则,无须为短促一生中的成败而伤感。"运生会归尽,终古谓之然。世间有松乔,于今定何间?"人生自古谁无死?古代传说中的仙人赤松子和王子乔都不知何处去了,"故老赠余酒,乃言饮得仙;试酌百情远,重觞忽忘天。"年纪大的人说饮酒可以成仙,初饮果然忘记了许多烦恼,连饮就把天的存在也忘记了。"云鹤有奇翼,八表须臾还;自我抱兹独,僶俛四十年。"仙鹤在天地间任意往来,诗人奋斗四十年却仍然不得施展。"形骸久已化,心在复何言?"人的躯壳都要化为尘土了,不甘平庸的心虽还未死,当此时世,又还能说些什么呢?作者年已不惑,却无所做为,反而为生计而苦,他怎么能不产生生死无常、一切皆空的凄凉感?但这也正表现出,诗人仍然心有不甘。时事的变化,刘裕的兴起,使诗人看到了一线转机。所以在穷途末路之中,虽然不敢奢望,还是三度出仕,投身刘裕幕下。刘裕这个人,固然不如三国时的刘备那么有名,但从他后来建立刘宋王朝的业绩看,也不愧为乱世之雄。只是官差的劳顿而无意义—对于诗人来说是无意义,不感兴趣,更使他由满怀期望变得失望与厌倦。《始作镇军参军经曲阿作》一诗,反映了他这次的思想变化。诗中,诗人首先怀恋起年轻时虽然清贫但悠闲的田园生活。"弱龄寄事外,委怀在琴书。被褐欣自得,屡空常晏如。"虽然粗衣淡食,依然自得其乐。"时来苟冥会,宛辔憩通衢;投策命晨装,暂与园田疏。"一个偶然机会的到来,诗人投书入仕,暂时告别了田园。一个"暂"字,表明了诗人还会回来,对仕途不抱太多期望,对田园生活不能割舍的种种心思。"眇眇孤舟逝,绵绵归思纡。我行岂不遥,登降千里余。目倦川途异,心念山泽居。"千里官差,归念在心中回旋,眼睛看腻了异地的山川,神思回到了久违的故居。"望云惭高鸟,临水愧游鱼。真想初在襟,谁谓形迹拘。聊且凭化迁,终返班生庐。"当初怀着率真淳朴的思想,谁料如今拘于形迹,疲于奔命,还不如云中鸟儿,水中游鱼那么自在。诗人无奈地想,暂且就听凭命运安排吧,但最终,他还是要回到隐居之处的。果然,他在刘裕幕中不到半年之久,就一无所获地离开了。

(4) 四入围城

陶渊明居田园时不堪清贫、寂寞,出仕又苦于奔波、思念田园,陶渊明的这种矛盾心理,是一种特别的"围城心态"。围城心态有时仅是对拥有的不珍惜,视得不到的为可贵,但有时则是找不到位置或尚未找到归宿。无论城里城外,都是暂寄之所,所以思出思入,总不安宁。陶渊明的心态是偏向于田园的,时世、心性等种种主客观原因决定了这点。但倘若不在另一条道上走到头,直至完全厌弃,他是不会决然归去的,归去也不会有彻底的安宁,不会有找到归宿找到精神家园后的轻松与欣喜。年龄也对人的心态起作用。青年、壮年都不会甘于寂寞,总想再折腾一番，而年纪大了，心也就淡了。此时，40 岁的陶渊明尚未完全知晓和认同天命，所以他还要继续求索奔波。离开刘裕后，他没有回家，而是“跳槽”到了建威将军刘敬宣帐下任参军。刘敬宣就驻军在他的家乡浔阳，离柴桑很近。陶渊明既知刘裕帐下不可久留，又不甘心这么快就带着空空的行囊返回家园，只好暂寄刘敬宣帐下。刘敬宣军府离陶渊明的家乡不远，陶渊明可以不必“心惮远役”，而且进退自如，聊持观望态度。这时陶渊明已经 41 岁了。这年三月，晋安帝复位，刘敬宣自表解职，陶渊明奉命使都，经钱溪时，作了一首诗《乙巳岁三月为建威参军使都经钱溪》：“我不践斯境，岁月好已积。晨夕看山川，事事悉如昔。微雨洗高林，清飙矫云翮；眷彼品物存，义风都未隔。伊余何为者，勉励从兹役？一形似有制，素襟不可易。园田日梦想，安得久离析？终怀在归舟，谅哉宜霜柏。”诗人由依然如昔的山川，认识到风云变幻、岁月迁移中也有不变的风景、有不变的人生哲理，再次对自己的忙忙碌碌、勉强从事这种苦差表示怀疑，欣羡大自然中万物各得其宜。“一形似有制，素襟不可易”句重复《始作镇军参军经曲阿作》中“真想在初襟，谁谓形迹拘”的意思而又有所转折，一个“似”字表明他的心从来就不曾为形迹所拘，素志不可移的决心已日渐不可动摇。他越来越怀念田园，想着要乘船归田去，像严霜中的松柏那样坚定不移。

(5) 终归园田

晋安帝义熙元年秋(405 年)，陶渊明出任彭泽令，这是他一生中最后一次出仕。他这次做官到辞官的过程，据萧统的《陶渊明传》所载是这样的：“……谓亲朋曰：‘聊欲弦歌，以为三径之资，可乎？’执事者闻之，以为彭泽令。不以家累自随，送一力给其子，书曰：‘汝旦夕之费，自给为难，今遣此力，助汝薪水之劳。此亦人子也，可善遇之。’公田悉令吏种秫，曰：‘吾常得醉于酒，足矣。’妻子固请种粳。乃使二顷五十亩种秫，五十亩种粳。岁终，会郡遣督邮至，县吏请曰：‘应束带见之。’渊明叹曰：‘我岂能为五斗米，折腰向乡里小儿！’即日解绶辞职，赋《归去来》。”可见，陶渊明虽然不想再在官场混迹，但担心衣食不饱，所以想为归隐生活做好物质准备。年终督邮来县视察，陶渊明连束带以见的礼节也要人提醒，可见他诗人的不羁个性根本不适为官，他也只是为酒食无忧在县令一职上混混而已。既然他本不在乎这个职位，自然不愿束带去见一个小小的督邮。以他昔日为镇军参军、受诸侯恵爱的荣耀，如今为酒食屈就县令，要低下诗人高傲的头折腰向乡里小儿，心理上无论如何不能接受。所以只有解绶辞去，以维护自尊。欲有所为者是能屈能伸者，胸怀大志者可受胯下之辱，这是因为预想的成功可以尽洗前耻。陶渊明却再不会有什么前程，他的尊严再没有什么新的光荣来增添与补偿，因此只能小心维护，不让它受到损伤，破坏内心的安宁。“不为五斗米折腰”固然显出了诗人的气节，维护了诗人的形象，为后世不绝称颂，可这其中寓含的几多无奈，几许辛酸，又岂是一般人注意得到、体会得了的！《归去来兮辞》冷静分析了自己的人生历程与心路历程，认识到自己不适为官和不愿为官的本性，否决了寄于仕途的一切考虑与幻想，择定了故乡田园作他永远的安居之所与精神家园。《归去来兮辞》是积半生之体会而发自深心的呼唤，是陶渊明终生不仕的宣言。

附：阅读参考文献

[东晋] 陶渊明撰.逯钦立校注.陶渊明集.北京：中华书局,1979

[东晋] 陶渊明撰.袁行霈笺注.陶渊明集笺注.北京：中华书局,2005

孟二冬.陶渊明集译注及研究.北京：昆仑出版社,2008

[宋] 王质等撰.许逸民校辑.陶渊明年谱.北京：中华书局,1979

袁行霈.陶渊明研究.北京：北京大学出版社,2005

叶嘉莹.叶嘉莹说陶渊明饮酒及拟古诗.北京：中华书局,2007

艾杰.田园诗人陶渊明.长春：长春出版社,2009

赵慧文.隐逸宗师——陶渊明.北京：首都师范大学出版社,2010

魏铭.陶渊明与田园诗.长春：吉林文史出版社,2010

田晓菲.尘几录——陶渊明与手抄本文化研究.北京：中华书局,2007

“中国古代文学史”研究性教学案例

授课教师 戴 健

课程名称 中国古代文学史

授课单元 元代散曲

实施专业 汉语言文学2012级

课程设计思路

本单元教学采用教师讲授与师生课堂研讨相结合的方法，即部分内容由教师教授，部分内容则采用研究性教学的尝试。将事先布置学生预习本章教材内容、研读相关研究论文，通过对已有研究成果的审读，引导学生来辨析研究结论的合理程度，以此达到掌握知识、学会方法、提高能力的培养目标。

教学目标

1. 从知识掌握角度而言，引导学生学会预习。布置学生预习本章内容，为督促学生认真完成，以“随堂抽考”的形式予以检查，目的在于让学生养成预习教材内容的习惯。

2. 从能力培养角度，训练学生学会总结前人研究成果，以形成自己的结论。如以【越调】《天净沙・秋思》和【般涉调】《哨遍・高祖还乡》为研究案例，让学生分组准备，通过检索“中国知网”上的已有研究成果，甄别、总结资料，然后给出自己的取舍结论。目的在于让学生了解“知识生成的过程”，以及作为学习的后来者，该有怎样的接受姿态及创新追求。

3. 从素质教育角度，鼓励学生敢于质疑权威。如布置学生审读教材所引的乔吉【双调】《折桂令·荆溪即事》小令，通过查找文献对勘，达到发现教材的错误，目的在于让学生尝试“发现”的乐趣，以此来树立学习自信及培养批判精神。

教学内容

游国恩主编《中国文学史》第六编“元代文学”第八章“散曲”、《中国历代文学作品选》下编第一册睢景臣套曲“高祖还乡”。

教学课时 2课时

教学设计的关键点

1. 考虑周全，提前布置、形成氛围

对学生研究性学习的指导，计划的周全性非常重要，因为它直接关系到学习效果的好坏与学生工作积极性的高低，故教师一般应提前3周左右布置学习任务，使得学生有较为充裕的准备时间。“随堂抽考”的形式一般可以在学期开始时即作要求，并在课程进行中一以贯之，使学习者养成习惯。

2. 积极引导，过程指导、确保实效

培养研究性学习能力是一个长期的过程，不可能一蹴而就，而教师的过程性指导是尤其重要的，它是学生能力提升的关键。因此，必须建立相对紧密的师生联系，对学生的工作进程、研究态度、最终成果等进行必要的追踪，这样才能确保工作实效。一般可以要求学生在规定时间内呈报学习成果，通过对它的评价与指导，起到引导学生的工作方向。或者，可以参加学生的正式汇报前的小组讨论，通过过程干预来确保最终成果的质量。

设计方案具体内容

一、随堂抽考（约花15分钟时间完成）

1. 散曲包括哪两种主要形式？（10%）

2. 【醉中天】《咏大蝴蝶》：“挣破庄周梦，两翅驾东风。三百座名园一采一个空。难道风流种，唬杀寻芳蜜蜂。轻轻的飞动，把卖花人搧过桥东。”问：此曲的作者是谁？曲中有哪些修辞手法？可见作者怎样的情调？（20%）

3. 现存遗留作品最多的前期散曲作家是谁？其现存辑本是什么？（10%）

4. “密匝匝蚁排兵，乱纷纷蜂酿蜜，闹攘攘蝇争血”，是散曲中的什么对仗形

式？(10%)

5. 散曲发展到中后期愈加典雅工丽，代表作家有哪些？请写出两位。(10%)

6.【般涉调】《哨遍· 高祖还乡》的作者是谁？(10%)

7. 刘时中曾因江西旱灾写了散曲套数给江西道廉访使高纳麟，作品名称是什么？(10%)

8.【卖花声】《怀古》:“美人自刎乌江岸，战火曾烧赤壁山，将军空老玉门关。伤心秦汉，生民涂炭，读书人一声长叹。”问：此曲的作者是谁？前三句用典，试述其大概。整首作品表达了怎样的情感？(20%)

二、授课内容(摘要)

第一节　散曲的兴起和体制

(一) 什么是散曲

散曲是配合当时北方流行的音乐曲调撰写的合乐歌词，是一种起源于民间新声的音乐文学，是当时一种雅俗共赏的新诗体。在元代，散曲一般称为“今乐府”或“乐府”，有小令和套数两种基本形式。“散曲”这一称名是由任中敏先生提出并被学界认可的。

(二) 散曲的兴起

徐渭《南词叙录》:“今之北曲，盖辽金北鄙杀伐之音，壮伟狼戾，武夫马上之歌，流入中原，遂为民间之日用。宋词概不可被管弦，世人亦遂尚此，上下风靡。”

(三) 散曲的体制

1. 小令：教材第 296 页。

2. 套数：教材第 297 页。

3. 带过曲：是三个以下的单只曲子的联合。作家在创作散曲时，作一支小令如果意犹未尽，可以再续一曲，叫作带过曲。但必须用同一宫调，并且音律需衔接，最多不超过三调，不然就算作套曲了。带过曲必须一韵到底，不可换韵。常用的带过曲如【中吕】里的【十二月】带【尧民歌】、【双调】中的【雁儿落】带【得胜令】等。

4. 散曲与词的不同(形式上)：教材第 296 页。

5. 总体特征：生动活泼、通俗易懂；文而不文、俗而不俗；“少引圣籍，多发自然”(黄周星语)；真率直露、倾泻而下；风格上可分为“豪放”和“清丽”两派。

第二节 散曲的主要作家和作品

(一) 概述

作家有200余人,存世作品小令有3800多首,套数有470余套。隋树森编有《全元散曲》,收录较全面。

(二) 前期作家(北方为创作中心,风格以“质朴自然”为主)

依据作家的社会身份,可分为三类:一类是书会才人,如关汉卿;一类是平民及胥吏作家,如白朴、马致远;第三类是达官显宦,如卢挚、姚燧等人。

(三) 后期作家(南方是创作中心,风格以“雅正典丽”为主)

代表作家:张可久、乔吉

(四) 作品讲解

1. 关汉卿【南吕】《一枝花·不伏老》

此曲是关汉卿散曲的代表作,通过自我介绍、自我欣赏、自我调侃而塑造了一个才人领袖的形象,体现了“不伏老”的主题。首曲【一枝花】以“攀花”和“折柳”二事表现浪子风流;【梁州】则纵情自夸,细数所能、夸耀眠香宿柳的温柔享受;【隔尾】以子弟们的未经世面来衬托“我”的饱经磨难;【尾】曲是“豹尾”,以我的多闻多见、多才多艺来自我塑造,刻画“铜豌豆”的不屈。此曲以第一人称袒露胸怀,塑造了金元时期书会才人的形象。曲中体现出关汉卿抛弃传统的“修齐治平”价值观,而标举“人生贵适意”的新人格,这是当时“玩世”哲学的文学化展现。此曲风格极是爽辣。

2. 马致远【双调】《夜行船·秋思》

本曲的总体特色:宏丽而不离本色。第一支曲子是说,人生百年,犹如一梦,应该抓紧时间饮酒享乐,总领全篇。以下分别从帝王、豪杰、富人说明富贵无常。【风入松】和【拨不断】分别叙述了自己的处事态度——装呆,住在隔绝尘世的清幽之地。最后一支曲子比较了两种人的处世态度,他向往陶渊明和裴度的人生态度,要归隐林泉,同时又不辜负高爽的秋之节令,富贵功名,荣辱是非,管这些做什么?这个套曲表现了马致远超然绝世的处世态度,以及满腹的牢骚,看得出作者是有情绪的。曲中看似“旷达”并不“逍遥”;看似“悟透”但并不能真正“释怀”,实际上是一种消极的反抗:不肯屈服,但又不能改变现实,只得愤世嫉俗。而另一方面,“看透”不“看破”,仍有一份热爱生活、享受生活的热情和智慧,用一份洒脱和从容,构建内心的平静和安宁。就艺术技巧而言,此曲是元代套曲中的压卷之作,历代曲家对此有很高的评价。如周德清在《中原音韵》中说:“此方是乐府,不重韵,无衬字,韵险,语俊。谚曰百中无一,余曰万中无一。”王世贞在《艺苑卮言》中也说:“放逸宏丽而不离本色,押韵尤妙。”马致远的这支套曲的确发挥了散曲的艺术特长，虽然在意境的铸造以及遣词造句、对仗音律上都下了功夫，但表现出的却是挥洒淋漓、一气呵成，没有人工痕迹。在散曲领域，确实无人能及。

3. 张养浩【中吕】《山坡羊·潼关怀古》

题为“怀古”，实为“伤今”，因为本篇写作于赈灾赴任的途中（《中国文学史》第三册教材第 306 页）。作者批判、揭露的锋芒，既指向历朝累代的统治者，更指向当时的元朝统治者。在中国古代，所谓“忠君”与“爱民”在大多数时候看似水乳交融，实质上“民本”的思想只是附庸。作为身居高位的朝廷重臣，张养浩能在朝代更迭的背后解读到百姓的深悲剧痛，一针见血地指出封建统治阶级与劳动人民的根本对立，敢于为百姓的疾苦大声呐喊，难能可贵。这也是中国古代知识分子兼济天下情怀的显示。这首小令遣词精辟，形象鲜明，于浓郁的抒情色彩中迸发出先进思想，在元散曲中，乃至整个古典诗歌中，都是难得一见的优秀作品。

4. 张可久【双调】《清江引·秋怀》

远离家乡的游子收到家信，问他的归期在什么时候，游子没有正面回答，却说大雁在霜林如醉的长空哀鸣，行人在黄花已瘦的篱笆边痛饮，就把“有家归未得”的矛盾心理和“家乡何处是，忘了除却醉”的深沉乡思做了出色的表达。而末句雨打芭蕉、惊扰神游故国的美梦的遗憾，又将思乡的情绪与意境推进一步。曲中字字写景，却又句句抒情，情景结合达到了“妙合无垠”的地步，也就是“含蓄不露，意到即止”的传达手法。色彩的浓淡、明暗，反衬人物内心的悲欢、苦乐。“红叶天”、“黄花地”是显色，是大景，是客观外在的自然环境；雨中的芭蕉，梦里的秋景，是隐色，是小景，是主观心理感受的投影，是人物真情实感，是阴沉、灰暗人生的写照。

第三节 研究案例分析

（一）乔吉【双调】《折桂令·荆溪即事》引文指瑕

教师：同学们，问大家一个问题：你们是以怎样的心理来看待所用教材的？是崇敬的心情？还是漠不关心的心理？其实我们所选用的教材一般都是同类著述中的精品，但也存在错漏，因此不可将之神圣化；但也不能将之束之高阁，而是应该仔细研读比较，批判其错误，吸收其长处。为了让大家用更理性的态度来看待教材，我事先布置大家审读游国恩先生主编的《中国文学史》第三册第 303 页的引文，引的是乔吉的一支小令，要你们通过文献出处的对比来发现错误。书上的原文是：

问荆溪溪上人家，为甚人家，不种梅花。老树支门，荒蒲绕岸，苦竹圈笆。庙不灵狐狸弄瓦，官无事乌鼠当衙。白水黄沙，倚遍栏干，数尽啼鸦。

学生A君：我查了陈邦炎先生主编的《曲苑观止》(上海古籍出版社，1997年版，第273页)，这支小令的文字为：

问荆溪溪上人家：为甚人家，不种梅花？老树支门，荒蒲绕岸，苦竹圈笆。寺无僧狐狸样瓦，官无事乌鼠当衙。白水黄沙，倚遍栏干，数尽啼鸦。

发现有两个标点(：？)和五个字(寺、无、僧、样、乌)不同。

学生B君：我查的是隋树森先生选编的《全元散曲简编》(上海古籍出版社，1995年版，第235页)：

问荆溪溪上人家：为甚人家，不种梅花？老树支门，荒蒲绕岸，苦竹圈笆。庙不灵狐狸弄瓦，官无事乌鼠当衙。白水黄沙，倚遍栏干，数尽啼鸦。

对勘之后发现相异之处：两个标点(：？)、一个字(乌)。我觉得这个版本可信，因为编者在文末注明文献的出处为《乐府群玉》二、《乔梦符小令》、《乐府群珠》三，已经是经过了三种文献的比勘，所以是严谨的版本。

学生C君：我找的是《元曲鉴赏辞典》(上海辞书出版社，1990年版，第691页)，内容是这样的：

问荆溪溪上人家：为甚人家，不种梅花？老树支门，荒蒲绕岸，苦竹圈笆。寺无僧狐狸样瓦，官无事乌鼠当衙。白水黄沙，倚遍栏干，数尽啼鸦。

发现的差错是标点两处(：？)、五个字(寺、无、僧、样、乌)。也就是与刚刚A同学说的比勘结果一样。

教师：同学们重视这项工作，给出了三个比勘结果，这对我们认清真相是极为有利的。现在我还有一些疑问：

第一，这项工作的重点是查阅原始文献，在座诸位有没有人查阅《乐府群玉》、《乐府群珠》或《乔梦符小令》？B同学，你说《全元散曲简编》可信，是看了标注得出的结论，还是真的查过原书？

第二，这支小令的本来面目可不可恢复？

第三，我们使用的教材有没有著录错误？

相对而言，第一项工作尤其重要，因为只有查阅清楚原始文献的真实情况，我们才能梳理教材的内容。我事先有过查阅。

元代无名氏选辑《乐府群玉》(任中敏编著、曹明升点校《散曲丛刊》本，凤凰出版社，2013年版，第171页)，所录为：

问荆溪溪上人家，为甚人家，不种梅花。老树支门，荒蒲绕岸，苦竹圈笆。庙不灵狐狸漾瓦，官无事乌鼠当衙。白水黄沙，倚遍栏干，数尽啼鸦。

明人李开先编纂的《乔梦符小令》(续修四库全书第1738册，第115页)中的原文(原文无句读，只有断句的句点，故全以“。”标示)：

问荆溪溪上人家。为甚人家。不种梅花。老树支门。荒蒲绕岸。苦竹圈笆。寺无僧狐狸弄瓦。官省事乌鼠当衙。白水黄沙。倚遍栏干。数尽啼鸦。

明代无名氏编辑的《乐府群珠》(卢前校,商务印书馆,1955 年版,第 186 页)中所呈(原文亦无句读,只有断句的句点,故全以"。"标示。这个版本还少了一个"溪"字,错漏更甚):

问荆溪上人家。为甚人家。不种梅花。老树支门。荒蒲绕岸。苦竹圈笆。庙不灵狐狸漾瓦。官无事乌鼠当衙。白水黄沙。倚遍栏干。数尽啼鸦。

对比以上文献我们可以知道:第一,这支小令存在异文现象,其本来面貌究竟为何,较难考订;第二,古代文献没有句读,标点符号的不同不能算作硬伤;第三,我们所用的《中国文学史》教材确有差错。最大的错误是"乌鼠当衙"写作"鸟鼠当衔";可商榷的地方是两处标点,应该遵照学界的共识用":"和"?";再有就是从严谨的角度而言,应该注明所引文献的根据,这样就可以使学生了解版本的一些常识。

同学们,文献常识是我们进行古代文学研究的基础,希望大家在平时的读书与学习中要有这方面的意识。

(二)【越调】《天净沙·秋思》研究

1. 内容赏析

【越调】《天净沙·秋思》是元代散曲小令中的精品,周德清在《中原音韵》的书中称赞其为"秋思之祖",是说它在"秋思"这一题材的书写中是典范之作。接下来就请大家根据自己的材料收集及自身体会,谈谈其妙处何在。

学生 D 君:我和另外两位同学查到了霍松林先生的一篇鉴赏文章(见于《元曲鉴赏辞典》,上海辞书出版社,1990 年版,第 234—236 页),觉得很好。他谈了三点:有景有人,景与人都是精心选择的;用极有限的字句,塑造极丰富的意象;时空处理上最适于表现秋思。并且,还将此作与白朴的【天净沙】《秋》作了对比,指出白作"景中寡情",有秋景少秋思,不能像马作这样具有艺术魅力。

教师:霍先生的解读确实很到位。但我以为,此曲"含蓄蕴藉"一点,即王国维在《人间词话》中说它"寥寥数语,深得唐人绝句妙境"一点,似乎未能概括。若加此一点,则更为全面。

学生 E 君:老师,我看到任中敏先生在《曲谐》中评价它"造语凝重,绝少疏放之致,尚不足以表现元曲大部分之精神",似乎不是完全地肯定。

教师:能抓出这一点很好。事实上,任老不是否定此曲的艺术成就,而是从文体角度切入,指出这支小令乃"破体"之作,即突破了元人前期小令"尽意刻露"的总体风格。这应该不是批评之语,而是看到了它的独特。

学生 F 君:我在"知网"上读到柏红秀先生的一篇相关文章《元代游士的生命悲歌》(《名作欣赏》2009 年第 2 期),即从文化角度破译曲中"断肠人"的社会身份应该是元代的游士，并由此来理解作者的精神困顿。这样的说法有道理吗？

教师："游士"是自战国以来就有的士人群体，元代由于科举不常，读书人多沉沦下僚，寻求人生出路尤艰。解读此曲为游士心态的展现，可备一说。

好的，关于这支小令思想与艺术的赏析我们就暂告一段落，大家已经有了较为广博的考察，不错。课后我将在"网络教学平台"上公布霍松林先生的鉴赏文章，另外还有魏崇武的《〈天净沙·秋思〉片谈》、异君的《〈天净沙·秋思〉探胜》、王志武的《〈天净沙·秋思〉赏析》文章，请大家认真研读，得出自己对这篇作品的赏析结论。作为工作检查，下次课我会请两三位同学来谈谈。

2."作者归属"研究总结

教师：我之前布置大家去关注这支小令的"作者归属"，大家有没有觉得奇怪？因为我们所使用的两本教材《中国文学史》和《中国历代文学作品选》上都标明是马致远的作品，似乎没有疑义。但实际上在学术研究中，这个问题的答案并不确定。你们工作完成得怎么样？收集到哪些现有研究成果？

学生G君：我先说。我总结了一下研究背景，大致是王国维先生先提出疑问，后来的研究者大致可以分成两派：一派是"拥马派"，一派是"反马派"。"拥马派"如我们教材的编者游国恩、朱东润等，还有我们学校的前辈教师陈绍华先生(写过文章"【天净沙】〈秋思〉摭谈"，发表在《扬州师院学报》1986年第1期)。"反马派"如朱勤楚、范春义、黄霖等先生。而且，据我的观察，现在"反马派"的声浪越来越高、越来越有道理。

教师：总结得挺全面也很有趣。那么，你有没有观察到，它不是马致远写的，那是谁的作品？

学生G君：有说是元代马寅的，但最多的说法是无名氏的作品。

教师：有没有考虑过：为什么不归到其他人的名下，而是署名马致远？也就是说，这支小令与马致远有无关系？

学生G君：是不是马致远名气大，所以说成是他的作品？

教师：看来你也不是很肯定。有没有谁能回答这个问题？若大家一时还没有很好的见解，我提醒你们，可以去"知网"上找复旦大学博士生陈圣争等人写的一篇文章"〈天净沙·秋思〉作者及流传新说"(《中国文学研究》2011年第4期)。这篇文章从新出土的元代壁画上题写的【西江月】内容入手，对比《天净沙·秋思》的版本流变，认为这支曲子的作者署名"无名氏"比较合适。至于为什么明人蒋一葵在《尧山堂外纪》中首先将之归于马致远名下，陈文以为或与马致远曾"加工""润色"此作有关，这是很有道理的推理。还有一点，这篇文章将最早提到此作的盛如梓《庶斋老学丛谈》、蒋一葵《尧山堂外纪》和"元代壁画"三种文献的相关内容列表对比，一目了然，是很好的做法，建议大家以后写论文时可以借鉴。

教师：综合以上的研究讨论，我们可以肯定的是，【越调】《天净沙·秋思》这支元人小令的著作权存在很大的争议。我们的教材将之毫无疑义、确凿无误地安放在马致远的名下，是不太合适的。至少应该做一个"页下注释"，以提醒学习者在这一问题的接受上不要"理所当然"。我再多说一句，古代文学史上作品的著作权存有争议是很常见的，尤其是小说，如"四大名著"的作者是谁从来就不是有明确结论的事。所以，提醒大家在学习中应该有批判性思维能力。

（三）睢景臣【般涉调】《哨遍·高祖还乡》"制作新奇"分析

教师：套曲【般涉调】《哨遍·高祖还乡》是元人睢景臣的名作。请大家翻开《中国历代作品选》的教材，看钟嗣成在《录鬼簿》中对作者及这篇作品的介绍与评价。尤其是找到评价此作的语言。

学生："制作新奇"。

教师：是的。从元人钟嗣成的记述来看，当时扬州一地的曲家可能搞了一次笔会，命题作文，题目就是《高祖还乡》。睢景臣的作品应该是最棒的，因为其他人的"皆出其下"嘛。而其胜出的主要原因即在"制作新奇"。今天我们课程的任务就是要解析这组套曲是怎样"制作新奇"的。在此之前请大家认真阅读教材《解题》的内容，看看编者是如何从"思想"与"艺术"两个方面概括作品的。接下来我们阅读作品。事先已经布置大家预习了，在文辞上同学们有无疑惑？（阅读与串讲过程、解疑释惑经过，从略。）

作品梳理完成后我们看看"制作新奇"的内涵。先请大家读一篇前人的研究文章：顾文勋"浅说〈高祖还乡〉数套的'新'与'奇'"（《名作欣赏》1989 年第 5 期），花五分钟时间研读，找出作者的主旨。

学生 H 君：顾先生的文章从"立意新颖"和"构思奇特"来立论，好像把钟嗣成的"制作新奇"分开来讲了。

教师：概括得不错。顾文所说的两点虽可行，但针对性上似乎弱了些。我们可不可以把"新奇"连在一起来做分析？大家仔细想想，作品中的第一人称"我"是什么身份？我与"刘三"的关系是什么？为什么要从"我"写起，这样着笔可以起到怎样的叙事效果？

学生 W 君：作者选择了一位村民作为叙述人，他目睹了事件发展的全过程；他又不是普通的村民，他知道高祖的底细，所以才会有各种对比，形成反差，达到讽刺的效果。刘邦出身寒微本无可笑之处，可笑的是他大摆皇帝的架子，高高在上、自神其身。他今日傲慢、装腔，兴师动众、回乡扰民的"拿大"，在旧日流氓无赖"背景"的映衬下显得很是滑稽。

教师：很好！第一点是不是可以概括为"视角新奇"？再看。曲中说了很多农村中常见的物品，且用之来解读皇帝的卤簿。睢景臣难道不知道仪仗中器物的名称吗?

学生J君：不是。用此来消弭皇帝仪仗的威严与神圣的色彩。老师,是不是可以概括为“效果新奇”?

教师：完全可以,这是第二点。我们再来看,睢景臣在套曲中对封建皇权的神圣表达了怎样的思想?是臣服?还是讽刺?

学生：是讽刺。

教师：支撑这种“讽刺”态度的是作者大胆的新思想、新观念。在封建社会中,皇权高于一切,皇帝是天子,代表上天统治人间,是合理而至高无上的。作为臣民,臣服于政权、并且尽力地歌颂他、美化他,是理所当然的。但本篇中,作者对以刘邦为代表的皇权竭尽讽刺,将他至尊的面具揭开,露出了统治者竭力想隐藏的平凡甚至是不光彩,让他们从“神坛”走向“人间”,其智慧和胆识令人钦佩。本篇作者讽刺的矛头不是指向村民,而是皇帝。让看似“无知”的村民成为“男一号”,由他来剥掉皇帝神圣外衣,像《皇帝的新衣》中的孩子一样,本真、直言,是难能可贵的。因此,这是第三点：思想新奇。

总结而言,套曲【般涉调】《哨遍・高祖还乡》的“制作新奇”,具体表现为视角新奇、效果新奇、思想新奇。这篇作品“以帝王为戏”,作家的胆识令人钦佩。要知道,这种行为在封建社会是有可能掉脑袋的。李昌集先生说,它“从一个侧面反映了元文人‘玩世’的大胆和肆无忌惮,反映了传统观念的瓦解。睢景臣用漫画的手法抹掉了传统‘天子’的神圣光圈,以博一笑,在整个古代文学中都是少有的”(《中国古代散曲史》,华东师范大学出版社,1991年版,第602页),评价非常高。由此也可见此作在文学史上的独特意义。

教师：同学们,我们今天学习了元代文学中的散曲作品。通过课堂上的介绍与研讨,大家可能已经感觉到这部分内容的魅力。事实上,今天课上涉及的只是元代散曲文学的冰山一角,其深广的内容和鲜活的艺术魅力需要大家深入其中去慢慢体会。希望我们的课程是一个开始,是诸位领略元代散曲文学精深内涵的开始。好,下课。

课堂教学总结

1. 这两节课的内容相对饱满,能全部完成教学任务,多亏学生的积极配合。他们在事先所做的预习、研习工作,使得教学时间可以多放在“问题研讨”中,而基本知识点的提前掌握,也确保了教学内容可以有深度、有容量。

2. 本次课程尝试综合运用研究性教学的多种方法,而且侧重于培养学生质疑的精神。“研究性教学”的实质说到底就是引领学生探求知识生成的过程,并从中锻炼能力、健全人格。因此,从质疑教材的权威入手,从总结前人研究成果的得失着眼，目的就在于让学习者在课堂教学的过程中“找到自我”，不盲从、不轻信，有方法、有见识，为创新能力的培养做实实在在的事。

3. 不可否认，课程推进中也有学生有畏难情绪、排斥心理，还有学生不能完全跟上课程节奏。作为教师，应该承认并尊重学生的个体差异与兴趣偏向，但不能放任不问。对学习有困难者，应该多帮助；对兴趣偏弱者，可以多引导。只要是真正着眼于学生的能力培养，坚持下去，总会得到学生的理解和最终的支持。

4. 从改进角度而言，可以考虑将【越调】《天净沙·秋思》的“鉴赏”放到课前学生的自学中，因为这部分内容学生在中学已经接触过了。省下 10 分钟左右的教学时间，可以在其他内容的研讨上更从容、细致。

附：阅读参考文献

一、论著

邓绍基主编.元代文学史.第十四、十五、十六章.北京：人民文学出版社，1991

李昌集.中国古代散曲史.第三卷.散曲作家创作史.第一章.元代散曲家.上海：华东师范大学出版社，1991

二、论文

陈绍华.《天净沙·秋思》摭谈.扬州师院学报，1986，1

陈圣争，鹏宇，黄霖.《天净沙·秋思》作者及流传新说.中国文学研究，2011，4

顾文勋.浅说《高祖还乡》数套的“新”与“奇”.名作欣赏，1989，5

“中国古代文学史”研究性教学案例

授课教师 王定勇

课程名称 中国古代文学史

授课单元 《牡丹亭》的思想与艺术

实施专业 汉语言文学2011级

设计思路

教育的目的是为了自我实现，使个人内部潜能得到最大限度的发挥。教师在教学中理应尊重学生的个性，开发学生的潜能，帮助学生实现创造潜能。在教学活动中重视并倡导学生参与并投身于教学中，师生共同研究与解决问题，培养大学生的创新精神与研究能力。教师要由知识的传授者、灌输者转变为学生主动建构意义的引导者、促进者。本单元教学在上述理念指导下，通过读书指导法、自主学习法、合作讨论法，完全尊重学生的差异性与多样性，充分发挥学生的能动性与创造性，达到掌握知识、学会方法、提高能力的目的。

教学目标

1. 通过阅读文本与文献，使学生较为完整地了解学术界对于《牡丹亭》思想与艺术(以杜丽娘形象为中心)的诸种观点与歧见，理解其背景与依据，建构相应的知识体系。

2. 通过自主学习与合作讨论，使学生接受审视传统文化的正确方法，养成多元化的开放视野，树立兼收并蓄、不主故常的学术品格。

3. 通过对作品内涵主旨的解析，培养学生分析作品的能力；通过对不同学术观点的甄别，使学生逐步形成批判思维；通过考察作者倾向与内容呈现、读者接受之间的差异与错位，使学生具备一定的辨析能力。

教学内容 杜丽娘形象探析。

教学课时 2课时

教学方法

1. 读书指导法：布置学生预习教材内容，及相关参考书的内容，指导学生通过阅读教科书或参考书，以获得知识、巩固知识，培养学生的自学能力。

2. 自主学习法：培养学生的学习习惯和学习能力，锻炼学生的综合素质，让学生通过自主学习的方式寻找答案，充分拓展学生的视野。

3. 合作讨论法：教师紧扣《牡丹亭》的有关教学内容，创设问题的情境，选择与确定问题，引导学生围绕中心问题各抒己见，通过讨论与辩论解决问题，激发学生的学习兴趣，提高学生学习的独立性。

教学设计的关键点

1. 坚持教师的主导地位。教师的重点任务，一是了解杜丽娘形象及与之相关的《牡丹亭》主题的各种学术观点，对研究性教学的8个问题作全盘考虑，规划教学过程的全部环节，预想可能出现的各种分歧，做好应对的准备。二是在学生研究过程中适时指导，答疑解惑。在课堂讨论中，把学生发散的、零星的观点引向中心问题；纠正错误的观点；补充遗漏的部分；保护学生的积极性，调动学生的情绪；掌控课程的节奏。

2. 激发学生的能动作用。让学生围绕8个问题分组准备，课上通过“研究汇报”和“提问解答”的学习方式，来理解作品的内蕴，掌握古代文学作品研读的方法。从思维建树、语言表达、情绪态度等方面鼓励学生的点滴进步，时刻注意培养学生的批判性思维能力、口头表达能力、同伴间的协作能力、应变能力。

3. 教学环节的可操作性。首先，加强组织协调，促使小组成员之间分工明确、协同合作，并明确“报告人”“发言人”。其次，提供参考书目，并划出重点章节，让学生有的放矢，事半功倍。第三，规定课堂讨论环节，比如发言顺序、发言时间、论辩方式、运用PPT等。第四，制定考核标准，根据学生的课堂表现，设立考核指标，进行量化考核。

教学步骤

一、任务分配

汤显祖在《牡丹亭·题词》中写道:“如杜丽娘者,乃可谓之有情人耳。情不知所起,一往而深。生者可以死,死可以生。生而不可与死,死而不可复生者,皆非情之至也。”杜丽娘是中国古代戏曲艺术画廊中“情”的化身,对“情”的理解,研究者们各有不同意见,如王思任《清晖阁批点牡丹亭》理解为“从一而终,殉夫以死”,吕天成《曲品》则认为是“怀春慕色之情”。当代研究者大致可分为五种看法。

全班同学都需要对学习内容仔细研读,并准备问题参加研讨。将学生分成8个学习小组,提前一个月公布选题,让学生自由选择;每个学习小组需要完成的任务包括两个:一是自己小组的研究任务,二是对其他小组的研究提问质疑。

本单元的学习任务及分配如下(括号中为提问小组):

1.“情”的内涵之一:青年男女的爱情。A组(H组)

2.“情”的内涵之二:追求天然之情。B组(G组)

3.“情”的内涵之三:自然情欲。C组(F组)

4.“情”的内涵之四:自恋情结。D组(E组)

5.“情”的内涵之五:情的哲学意味。E组(D组)

6.“情”的综合理解。F组(C组)

7. 杜丽娘的矛盾态度。G组(B组)

8. 杜丽娘矛盾性格的原因。H组(A组)

二、课堂讨论

A组:“情”的内涵之一——青年男女的爱情

《牡丹亭》创造了一种“真正的爱情”,而“情”与“理”的对立,在某种意义上也就是爱情与婚姻的对立。

B组:“情”的内涵之二——追求天然之情

《牡丹亭》的感人之处不在“生和死以及争取自由的爱情”,它们“都不过承袭旧题,没有能够突破前人的樊篱”,而“使观众无不经受一次感情的洗礼”的,是杜丽娘的“追求天然之情”,“包含着对青春难再的珍惜,对韶光流逝的惋恨,对纯真爱情的憧憬向往”。

C组:“情”的内涵之三——放纵自然情欲

《牡丹亭》是一部写人欲的戏。杜丽娘情欲的萌动和这种情欲的不能实现之间的矛盾，是《牡丹亭》的灵魂所在。杜丽娘则是由"欲"生情，首先是对性的渴望，然后才是对情欲对象的爱恋，汤显祖在剧中表现的人物的爱欲心理和爱情追求，更加接近人类爱情心理的本源。

D组："情"的内涵之四——自恋情结

杜丽娘的自恋与对柳梦梅的爱恋在画中终于达到了完美的统一，她认为自己的形象就是美的极致和典范，而柳梦梅作为杜丽娘自己臆想出来的形象，作为与她相匹配的对象，柳生被塑造得有多完美就说明她认为自己有多完美。杜丽娘有多爱自己，她就有多爱柳梦梅，反过来，她有多爱柳梦梅就有多爱自己。从纯粹心理学的角度来看，杜丽娘是一个具有自恋情结的形象。

E组："情"的内涵之五——情的哲学意味

剧作上半部写了情的自然要求与归于无形的理学氛围的冲突，下半部则写常人终于承认和接受了情的伟力所创造的奇迹，《牡丹亭》正是这样超越了伦理学的层次而达到哲学的层次，它不是在写爱情中的某人的伦理学品格，而是写出情的本体品格。汤显祖并没有提倡恋爱自由，婚姻自主，只想表明人欲不可灭，并从哲学的高度上去表现人的情欲，这在中国戏曲史上实属拓荒之作。

F组："情"的综合理解

"情"，即人的"七情六欲"，其次为"纯真的男女爱情"，包含了男女主人公对个性解放的强烈要求，对自由、幸福的渴望，和反封建的叛逆精神，也包括对大自然美丽风光的热爱、对生命美好的追求。

G组：杜丽娘的矛盾态度

杜丽娘言行举止的差异反映出理想和现实、心理和社会、内部和外部不可调和的矛盾冲突，但由于人不能脱离社会而存在，要实现幸福的爱情理想，有时做出让步和妥协也是必须的。汤显祖受到了时代的局限，使杜丽娘没有能完全摆脱了封建伦理观念的影响，也不免打上了时代的烙印。

H组：杜丽娘矛盾性格的原因

时代原因：汤显祖创作《牡丹亭》的时代，正是中国历史上理学禁锢极为森严的时代，在《牡丹亭》中，杜丽娘的形象实际上是作者感情的承载体，在这个人物身上，倾注了作者以"情"抗"理"的执着追求。同时，也表现出作者对现实生存环境的清醒而深刻的认识。

心理原因：杜丽娘形象的前后差异，实际上就是荣格心理学中"人格面具"与"阴影原型"的矛盾。这里，"鬼可虚情"中的"鬼"实际上就是"阴影原型"，而"人须实礼"涉及到的正是"人格面具"。杜丽娘由人而鬼又由鬼而人的经历，正是象征着人的意识中，人格面具与阴影原型互相消长的过程，二者共同构成了杜丽娘形象的真实性与丰富性。

三、教师总结

《牡丹亭》通过表现杜丽娘对爱情的执着追寻，展示了情与理的冲突，但杜丽娘对情的追求仍局限于理所允许的范围内，未与礼义规范彻底决裂。这突出表现在剧中的几个关键情节：鬼魂幽欢、姻缘之分、奉旨完婚。这是情理冲突之表现策略的艺术反映，同时也折射了汤显祖个人思想上的矛盾、困惑，及其处理方式所依据的社会观念基础和文学渊源。

教学效果与讨论

本单元学习结束后，教学效果利用课余时间在师生之间进行了关于教学效果的讨论。大家一致认为，引进研究性教学方法，使学生真正感觉到自己是课堂的主人，是学习的主人。因而，绝大多数学生都能做到：课前精心准备、课上认真参与、课后及时总结。不仅对所学知识，而且对学习过程中的每一个细节都有一定程度的反思。从参考书的选定、幻灯片的制作、语言表达、提问质量、回答问题准确性、成员之间的配合、问题的解决程度等等，都有不同程度的自我认知与提高。另外，教师课后进行总结与反思，研究性教学与教学手段多样化，能够调动学生自主学习的积极性，但教师的指导必须更加细致、更加全面；课堂气氛活跃，但应该兼顾课堂效率；在“规定动作”形式之外，还可以用更加开放的“自选动作”调动学生的积极性，提高参与率，把问题的研讨引向深入。

改革与提高的设想

1. 在学生的研究性学习中，进一步强调对问题作理性的思考，而非仅仅是感性直觉。主要通过引导学生关注前人的研究成果，以学习借鉴来推进自身的思考。这一思维能力的养成，将有利于科学思维的形成，直接有利于学术论文(特别是毕业论文)写作能力的提高。

2. 在《西厢记》、《牡丹亭》、《桃花扇》等作品中，爱情婚姻主题在不断发展。女性解放的步伐也越来越大胆。在时间的纵线上，对几部作品的纵向比较，可以使得女性心理(杜丽娘)的矛盾更加显豁。

附：阅读参考文献

一、专著

[明]汤显祖著；徐朔方等校注.牡丹亭.北京：人民文学出版社，1963

[明]汤显祖著；徐朔方笺校.汤显祖全集.北京：北京古籍出版社，1998

徐扶明.牡丹亭研究资料考释.上海：上海古籍出版社，1987

毛效同.汤显祖研究资料汇编.上海：上海古籍出版社,1986

黄芝岗.汤显祖编年评传.北京：中国戏剧出版社,1992

黄文锡等.汤显祖传.北京：中国戏剧出版社,1986

徐朔方.汤显祖和他的传奇.上海：上海古籍文学出版社,1956

徐扶明.汤显祖与牡丹亭.上海：上海古籍出版社,1993

叶长海.《牡丹亭》：案头与场上.上海：上海三联书店,2008

谢雍君.《牡丹亭》与明清女性情感教育.北京：中华书局,2008

周育德.汤显祖论稿.北京：文化艺术出版社,1991

董每戡.五大名剧论.北京：人民文学出版社,1984

邹自振.汤显祖综论.成都：巴蜀书社,1991

邹元江.汤显祖的情与梦.南京：南京出版社,1998

二、论文

成柏泉."理之所必无,情之所必有"——《牡丹亭》一解.读书,1983,1

陈庆惠.《牡丹亭》的主题是肯定人欲,反对理学.复旦大学学报(社会科学版),1984,4

陆炜.《牡丹亭》的哲学意味.剧影月报,1988,11

朱伟明."鬼可虚情,人须实礼"——杜丽娘形象的心理学分析.湖北大学学报,1992,5

陈维昭.《牡丹亭》之"情"的文化意蕴.艺术百家,1994,4

姚莽.《牡丹亭》与《红楼梦》——一次跨越体裁和时间界限的比较研究所取得的认识.戏剧艺术,1997,1

阙真.《牡丹亭》梦境描写三题.学海,2004,4

张筱梅.杜丽娘"写真"与女性的自我呈现.徐州师范大学学报,2007,6

赵志军.试论《牡丹亭》中爱情的前因与后果.四川戏剧,2009,1

王靖宇.从叙事角度看《牡丹亭》的后半部——兼论全剧之总体思想内涵.戏曲研究,69

江巨荣.二十世纪《牡丹亭》研究概述.上海戏剧,1999,10

王燕飞.二十世纪《牡丹亭》研究综述.戏剧艺术,2005,4

王雪松,蒋小平.20世纪以来《牡丹亭》主题研究综述.江苏第二师范学院学报,2014,10

“中国古代文学史”研究性教学案例

授课教师 葛传彬

课程名称 明代文学

授课单元 明代的拟话本

实施专业 对外汉语 2012 级

课程设计思路

该教学内容主要涉及了一些基本上已有定论的问题，理解、掌握相关知识点更多地需要分析解读作品而非了解抽象理论。因此，需要课前布置阅读篇目并提出问题，学生自行探究。在指定时间内学生将探究结果以书面形式交给教师，教师课前整理归纳。课上列举学生对相关问题的代表性意见展开讨论。

教学目标

通过小说文本对比性研读，帮助学生了解早期话本小说的艺术缺陷及其成因、明代拟话本情节设置、人物塑造方面的成就，培养学生赏析作品的能力。

教学内容

“三言”“二拍”的艺术成就。

教学课时 2 课时

教学方法

课前布置阅读篇目(《十五贯戏言成巧祸》、《白娘子永镇雷峰塔》、《杜十娘怒沉百宝箱》、《卖油郎独占花魁》)及相关参考资料。重点要求同学在熟读文本的基础上了解宋元旧作在情节设置、人物塑造方面存在的明显缺陷以及明代拟话本在这些方面的改进。通过对比研读的方法使学生对明代白话短篇小说的艺术成就和小说史上的地位有清晰感受和深刻理解。

教师事先要认真阅读学生的书面作业并作整理。教师自己对所提问题要有说服性较强的答案,对学生的意见既要持开放态度,同时也要对具有代表性的错误答案予以解析。整个设想教学环节应烂熟于心,对一些可能产生激烈争议的问题要提前设置应对方法。

教学设计的关键点

这种教学设计有赖于学生辨别小说艺术优劣的能力,最致命的状况是学生对所提问题的理解不得要领。因此,事先布置及课堂讨论的相关问题应尽可能清晰具体,对讨论中容易出现的"歧路""交通拥堵"要事先准备引领、疏通方案。

教学进程

【导语】

我们今天探讨的话题是"明代拟话本的艺术成就"。关于这个问题,有一个很好的切入角度。既然是"拟话本",那它所模拟的对象即宋元话本在艺术上有何特点或者说不足呢?明代拟话本与之相比有何超越之处呢?简单说来,我们可以通过宋元话本和明代拟话本艺术方面的比较更清楚地了解后者的艺术成就。(补充交代宋元话本的时代认定问题)

【背景知识介绍】

明代白话短篇小说是从模拟宋元小说话本开始的,所以也被称为"拟话本"。(见鲁迅《中国小说史略》)嘉靖年间刊印的《六十家小说》(《清平山堂话本》)是现存最早的小说话本集。冯梦龙"三言"和凌濛初"二拍"的问世标志着明代白话短篇小说创作高潮的到来。明末抱瓮老人的《今古奇观》是清代最为流行的明代白话短篇小说选集。

一、《十五贯戏言成巧祸》的艺术缺陷

1. 情节方面

问题:这篇小说有何重大情节漏洞?

列举学生观点,课堂提问讨论……

教师总结:刘大娘子在老家人陪伴下因躲雨在杭州城外走错路,遇到强盗。杭州城外并非特别荒僻,来往经过也不止一次,且有老家人陪伴,何至于走错路遇到强盗?完全是为了最终能够案情大白而硬编出的情节。

(原文:光阴迅速,大娘子在家,巴巴结结,将近一年。父亲见他守不过,便叫家里老王去接他来,说:“叫大娘子收拾回家,与刘官人做了周年,转了身去罢。”大娘子没计奈何,细思父言亦是有理,收拾了包裹,与老王背了,与邻舍家作别,暂去再来。一路出城,正值秋天,一阵乌风猛雨,只得落路,往一所林子去躲,不想走错了路。)

2. 情理方面

问题:这篇小说有何明显的不合情理之处?

列举学生观点,课堂提问讨论……

教师总结:没有任何犹豫就与强盗有了深厚感情;得知现在的丈夫是杀害前夫的凶手没有任何感情纠结立即告官,缺乏必要的矛盾心理的揭示,有违人之常情。

(原文:大娘子寻思,无计可施,便道:“情愿伏侍大王。”那人回嗔作喜,收拾了刀杖,将老王尸首撺入涧中,领了刘大娘子到一所庄院前来,甚是委曲。只见大王向那地上,拾些土块,抛向屋上去,里面便有人出来开门。到得草堂之上,分付杀羊备酒,与刘大娘子成亲。两口儿且是说得着。

那大王道:“一个是你的丈夫,前日在林子里的时节,他来撞我,我却杀了他。他须是个老人家,与我往日无仇,如今又谋了他老婆,他死也是不肯甘心的。”大娘子道:“不恁地时,我却那得与你厮守?这也是往事,休题了。”

那大娘子听说,暗暗地叫苦:“原来我的丈夫也吃这厮杀了,又连累我家二姐与那个后生无辜被戮。思量起来,是我不合当初执证他两人偿命,料他两人阴司中,也须放我不过。”当下权且欢天喜地,并无他话。明日捉个空,便一径到临安府前,叫起屈来。)

3. 人物形象方面

问题:这篇小说中哪位人物形象最不真实?

列举学生观点,课堂提问讨论……

教师总结:刘大娘子,虚假、苍白。

二、《白娘子永镇雷峰塔》的艺术缺陷

1. 情节方面

问题:小说中哪些情节经不起推敲漏洞较多?

列举学生观点，课堂提问讨论……

教师总结：白娘子赠给许宣官银珠宝服饰，实乃盗窃之物，带给他牢狱之灾。事后白娘子解释说是亡夫所留。但官银、当铺服饰珠宝失窃都是新近发生的，许宣竟然相信了。

2. 情理方面

问题：小说中最不近情理的是什么？

列举学生观点，课堂提问讨论……

教师总结：白娘子一方面深爱着许宣，一方面又明知故为，两次给许宣造成牢狱之灾。

3. 人物形象方面

问题：你觉得白娘子形象塑造是否成功？

列举学生观点，课堂提问讨论……

教师总结(1)：小说开头白娘子美貌温柔，敢于追求爱情幸福，但小说没有按照这一性格逻辑写下去，后面的白娘子欺伪暴戾，造成人物形象前后判若两人。

（原文：白娘子道："小乙哥，是何道理？我和你许多时夫妻，又不曾亏负你，如何说这等没力气的话。"许宣道："自从和你相识之后，带累我吃了两场官司。我到镇江府，你又来寻我。前日金山寺烧香，归得迟了，你和青青又直赶来。见了禅师，便跳下江里去了。我只道你死了，不想你又先到此。望乞可怜见，饶我则个！"白娘于圆睁怪眼道："小乙官，我也只是为好，谁想到成怨本！我与你平生夫妇，共枕同衾许多恩爱，如今却信别人闲言语，教我夫妻不睦。我如今实对你说，若听我言语喜喜欢欢，万事皆休；若生外心，教你满城皆为血水，人人手攀洪浪，脚踏浑波，皆死于非命。"惊得许宣战战兢兢，半晌无言可答，不敢走近前去。

只见白娘子叫许宣到房中，道："你好大胆，又叫甚么捉蛇的来！你若和我好意，佛眼相看；若不好时，带累一城百姓受苦，都死于非命！"）

教师总结(2)：许宣一味好色薄情，也失之单薄。

（原文：许宣半醉，抬头一看，两眼相观，正是白娘子。许宣怒从心上起，恶向胆边生，无明火焰腾腾高起三千丈，掩纳不住，便骂道："你这贼贱妖精！连累得我好苦，吃了两场官事！"恨小非君子，无毒不丈夫。正是：踏破铁鞋无觅处，得来全不费工夫。许宣道："你如今又到这里，却不是妖怪？"赶将入去，把白娘子一把拿住，道："你要官休，私休？"）

结论：

宋元小说话本取材新颖刺激，但情节上多有漏洞。

忽视人物形象塑造，人物性格不够鲜明，甚至前后矛盾，不够真实。

以故事情节为本位的创作构思导致了上述缺陷。（重点解释）

三、欣赏明代拟话本中的代表作品

首先来看《杜十娘怒沉百宝箱》：

问题1：百宝箱是这篇小说中至关重要的一个道具，但实际上在小说后半部分才出现；严格说来是小说结尾处才登场。根据小说情节，杜十娘至少有三次应该说出百宝箱之事，但她没有。原因是什么？由此可看出她是怎样的一个人？

列举学生观点，课堂提问讨论……

教师总结：表面上世故、精明、富于心机，内心渴望真诚、平等、纯洁的爱情。

问题2：得知李甲背叛自己后，杜十娘还可以有哪些选择？为什么没有那样作？由此又可看出她是怎样的一个人？

列举学生观点，课堂提问讨论……

教师总结：她可以带着财富追求自己的生活；她也可以用眼泪乞求李甲回头；她甚至可以用金钱买回感情。但她选择的却是一死，可见她生活、生命的寄托全交给了爱情。本质上是个痴情、刚烈之人。

问题3：这种接近悬念性质的情节设置除了刺激阅读兴趣之外，对人物塑造有何帮助？

列举学生观点，课堂提问讨论……

教师总结：情节设置与人物塑造紧密结合。人物性格丰富饱满。

再来看看《卖油郎独占花魁》：

问题1：莘瑶琴从爱慕虚荣到甘心粗茶淡饭的生活的转变是否真实可信？

列举学生观点，课堂提问讨论……

教师总结：由于长期的烟花生活，她难免沾染一些贪图享受爱慕虚荣的习气，但后来的经历教育了她；她原来崇慕的那些所谓衣冠子弟不过是衣冠禽兽，不可信赖，才下决心嫁给秦重，性格转变真实可信。

（原文：只见美娘吃得大醉，侍女扶将进来，到于门首，醉眼蒙胧。看见房中灯烛辉煌，杯盘狼藉，立住脚问道：“谁在这里吃酒？”九娘道：“我儿，便是我向日与你说的那秦小官人。他心中慕你，多时的送过礼来。因你不得工夫，担搁他一月有余了。你今日幸而得空，做娘的留他在此伴你。”美娘道：“临安郡中，并不闻说起有甚么秦小官人，我不去接他。”转身便走。

美娘想道：“难得这好人，又忠厚，又老实，又且知情识趣，隐恶扬善，千百中难遇此一人。可惜是市井之辈，若是衣冠子弟，情愿委身事之。”

美娘赤了脚，寸步难行，思想：“自己才貌两全，只为落于风尘，受此轻贱。平昔枉自结识许多王孙贵客，急切用他不著，受了这般凌辱。就是回去，如何做人？到不如一死为高。只是死得没些名目，枉自享个盛名，到此地位，看著村庄妇人，也胜我十二分。这都是刘四妈这个花嘴，哄我落坑堕堑，致有今日！自古红颜薄命，亦未必如我之甚！”越思越苦，放声大哭。

……

美娘道：“我有句心腹之言与你说，你休得推托。”秦重道：“小娘子若用得著小可时，就赴汤蹈火，亦所不辞，岂有推托之理！”美娘道：“我要嫁你。”秦重笑道：“小娘子就嫁一万个，也还数不到小可头上，休得取笑，枉自折了小可的食料。”美娘道：“这话实是真心，怎说取笑二字！我自十四岁被妈妈灌醉，梳弄过了。此时便要从良，只为未曾相处得人，不辨好歹，恐误了终身大事。以后相处的虽多，都是豪华之辈，酒色之徒，但知买笑追欢的乐意，哪有怜香惜玉的真心。看来看去，只有你是个志诚君子；况闻你尚未娶亲。若不嫌我烟花贱质，情愿举案齐眉，白头奉侍。你若不允之时，我就将三尺白罗，死于君前，表白我这片诚心，也强如昨日死于村郎之手，没名没目，惹人笑话。”说罢，呜呜的哭将起来。）

问题2：秦重初见莘瑶琴后的心理活动是否真实可信？

列举学生观点，课堂提问讨论……

教师总结：秦重对莘瑶琴由粗俗肉欲变为真心怜爱，既揭示了人性的本能，又凸显了其善良淳厚的本性。

（原文：吃了数杯，还了酒钱，挑了担子，一路走，一路的肚中打稿道：“世间有这样美貌的女子，落于娼家，岂不可惜！”又自家暗笑道：“若不落于娼家，我卖油的怎生得见！”又想一回，越发痴起来了，道：“人生一世，草生一秋。若得这等美人搂抱了睡一夜，死也甘心。”又想一回道：“呸！我终日挑这油担子，不过日进分文，怎么想这等非分之事！正是癞虾蟆在阴沟里想着天鹅肉吃，如何到口！”又想一回道：“他相交的，都是公子王孙，我卖油的，纵有了银子，料他也不肯接我。”又想一回道：“我闻得做老鸨的，专要钱钞。就是个乞儿，有了银子，他也就肯接了，何况我做生意的，青青白白之人。若有了银子，怕他不接！只是那里来得这几两银子？”一路上胡思乱想，自言自语。你道天地间有这等痴人，一个做小经纪的，本钱只有三两，却要把十两银子去嫖那名妓，可不是个春梦！自古道：“有志者事竟成。”被他千思万想，想出一个计策来。他道：“从明日为始，逐日将本钱扣出，余下的积趱上去。一日积得一分，一年也有三两六钱之数。只消三年，这事便成了。若一日积得二分，只消得年半。若再多得些，一年也差不多了。”想来想去，不觉走到家里，开锁进门。只因一路上想著许多闲事，回来看了自家的床铺，惨然无欢，连夜饭也不要吃，便上了床。这一夜翻来覆去，牵挂著美人，哪里睡得著。）

结论：

1. 明代拟话本情节设置与人物塑造紧密结合。

2. 加强了心理和细节描写，刻画人物极有层次。

3. 擅长在平凡的题材中掀起波澜，将日常生活传奇化。

改革与提高的设想

根据学生提交的研读报告，发现他们解读文本、阅读文献的能力比较欠缺。具体表现为：过多纠缠于无关宏旨的枝节问题，对作品的理解把握不了重心；多凭模糊的阅读印象随意立论；支撑自己观点的文本、文献依据不够坚实，经不起推敲；表述缺乏逻辑甚至自相矛盾等等。如果这些问题等到撰写毕业论文时才加以解决，恐怕为时已晚。一篇优秀的学期论文（读书报告）将来完全可以扩充为毕业论文。在平时教学尤其是研究性教学中加强论文写作技能的训练完全可以为日后的论文写作打下良好基础。由此，应该微调教学目标和教学内容，在教学方式上，尤其应该加大研究性教学的力度。

附：阅读参考文献：

鲁迅.中国小说史略（第二十一篇《明之拟宋市人小说及后来选本》）.北京：人民文学出版社，1979

郑振铎.插图本中国文学史（明代部分）.北京：人民文学出版社，1957

章培恒.中国文学史新著（增订本）（明代末期的文学第一节《“三言”“两拍”等明末小说》）.上海：复旦大学出版社，2007

徐朔方.明代文学史（第十一章《话本短篇小说的编纂和拟话本的繁荣发展》）.杭州：浙江大学出版社，2006

陈大康.明代小说史（第十六章《拟话本与编创手法的过渡》）.北京：人民文学出版社，2007

齐裕焜.明代小说史（相关章节）.杭州：浙江古籍出版社，1997

程毅中.宋元小说研究（相关章节）.南京：江苏古籍出版社，1999

萧相恺.宋元小说史（相关章节）.杭州：浙江古籍出版社，1997

萧欣桥，刘福元.话本小说史（相关章节）.杭州：浙江古籍出版社，2002

“古代汉语”研究性教学案例

授课教师 班吉庆

课程名称 古代汉语

授课单元 词类的活用

实施专业 对外汉语 2011 级

课程设计思路

本单元“研究性教学”采用的方法是“师生合作讨论学习法”，课前布置预习，将学生分成若干学习小组，在教师的引导下，通过对问题的研讨，达到掌握知识、学会方法、提高能力的目的。课堂讲授时，学生代表及教师合作讨论完成教学任务。

教学目标

1. 通过学习，掌握古代汉语词类活用的知识；了解古代汉语词类活用的主要类型；能够分析词类活用现象。

2. 培养学生正确鉴别词类活用与词的兼类现象。词类活用，是入句后临时具有另类词的性质，不是说这个词分属于两个词类。一个词是否活用成另一类词，主要是看它在句中所处的地位，前后有哪些词类的词和它相结合，构成什么样的句法关系，具备了哪些语法特点等等。

教学内容

郭锡良《古代汉语》上册《古代汉语常识·词类的活用》。

教学课时 2课时

教学方法

预先布置学生预习教材内容,及相关参考书的内容,将《古代汉语常识·词类的活用》的学习内容分拆成4个问题,让学生分组准备,课上选派学生代表通过“研究汇报”和“提问解答”的学习方式,来了解古代汉语词类活用的知识以及古代汉语词类活用的主要类型,并要能够正确鉴别词类活用与词的兼类现象。

教师的工作重点,一是在学生准备过程中提供必要的参考资料,答疑解惑、指点迷津;二是要对4个问题作全盘的分析,吸取学术界有关词类活用的研究成果,并设想课程的全部环节,提前做好应对的准备。

教学设计的关键点

1. 提前布置,精心策划,分工负责

对学生研究性学习的指导,计划的周全性非常重要,因为它直接关系到学习效果的好坏与学生工作积极性的高低。课前,教师将学习内容分解成4个问题,提供必要的参考资料,要求同学分组准备。明确提出:小组成员之间要分工明确、协同作战,并明确“汇报人”;各组都要认真阅读、查找相关资料,总结观点,做好发言准备,以及配合发言的PPT;同时,各组均应准备接受同学提问,实事求是地予以回答。

2. 积极引导,充分备课,着眼能力培养

在积极引导学生的备课活动同时,教师课前更加需要精心备课,要尽量搜集学术界关于“词类活用”的研究成果,特别注意对不同观点的介绍。课上思想高度集中。教师必须根据学生的发言,将发散的、零星的观点引向中心问题;纠正错误的观点;补充遗漏的部分;保护学生的积极性,调动学生的情绪;掌控课程的节奏。同时,从思维建树、语言表达、情绪态度等方面鼓励学生的点滴进步,时刻注意培养学生的思维能力、口头表达能力、同伴间的协作能力、应变能力,等等。

课堂实录

一、课堂教学纪要

1. 第一课时:

(1) 开始上课。教师简要复习前次古代汉语语法知识。说明古代汉语语法与现代汉语语法的联系与区别。导入新课。

(2) 讲述古代汉语词类活用的定义。(检查预习;提问;PPT 演示)

在古代汉语里,某些词可以按照一定的语言习惯灵活运用,在句中临时改变它的基本功能,而具有另一类词的功能。这就叫作词类活用。例如:《荀子·劝学》:“假舟楫者,非能水也,而绝江河。”“水”本是名词,这里临时充当动词,作谓语。这就叫作词类活用。

关键:某些词;语言习惯;临时改变

(3) 理论溯源。介绍陈承泽《国文法草创》(PPT 演示)

陈承泽:本用活用问题

盖凡字一类只有一质而可有数用,从其本来之质而用之者,谓之本用。明其本用则活用自得类推。

含“致然”之意时,谓之致动用;含“以为然”之意时,谓之意动用。

(4) 学生汇报。词类活用的主要类型:使动和意动

由学生代表施昊昊汇报;同学讨论;教师点评。(详后)

(5) 巩固练习。

使动用法练习

选出加粗词与“**苦**其心志”的“**苦**”用法相同的一组:

① 无丝竹之**乱**耳,无案牍之劳形　　② 余悲之,且曰:“若**毒**之乎?”

③ 既而以吴民之**乱**请于朝　　④ 良药**苦**口利于病

⑤ 城不入,臣请**完**璧归赵　　⑥ 天下**苦**秦久矣

⑦ 且夫天下非**小弱**也　　⑧ 于是废先王之道以**愚**黔首

A. ①②⑥⑦　　B. ①④⑤⑧

C. ②③④⑧　　D. ②④⑥⑦

意动用法练习

选出与“草菅人命”同类的一项

A. 左右欲刃相如　　B. 粪土当年万户侯

C. 滕子京谪守巴陵郡　　D. 相如奉璧西入秦

现场提问;教师点评。

(6) 总结本课。布置思考:试归纳使动用法和意动用法的区别。

2. 第二课时:

(1) 承接前课,提问:古代汉语使动用法和意动用法有何区别?

学生回答;教师点评;教师总结(PPT 演示)。

使动用法与意动用法的区别:

① 两者表达的含义不同。使动用法所表达的含义是“(主语)使宾语怎么样”,而意动用法所表达的含义是“(主语)认为宾语怎么样”。

② 两者的使用范围不同。能够有使动含义的词有动词与活用为动词的名词、形容词等,而意动用法只限于形容词、名词的活用。

(2) 巩固练习。

① 经典再现。共同学习陈承泽的论述(PPT 演示)

陈承泽《国文法草创》:

“乌不能白其羽”,“白”之致动用也,在普通文则为乌不能使其羽白。

“彼白而我白之”第二“白”字,“白”之意动用也,在普通文则为彼白而我心中遂认之为白。

② 现场练习。

“使动”“意动”辨析练习:

a. 时充国年七十余,上老之。(《后汉书·赵充国传》)

b. (谢)石闻(苻)坚在寿阳,甚惧,欲不战以老秦师。(《淝水之战》)

c. 甘其食,美其服,安其居,乐其俗。邻国相望,鸡犬之声相闻,民至老死不相往来。(《老子》)

d. 其达士,洁其居,美其服,饱其食而摩厉之于义。(《国语·越语下》)

现场提问;教师点评。

③ 深入研讨。

教师:请研讨“孟尝君客我”中“客”的用法。

一组学生代表回答:使动用法。因为孟尝君已经使冯谖做了门客。

二组学生代表回答:意动用法。因为这里强调的是孟尝君主观上的改变。

学生议论,交流探讨,各抒己见。

教师归纳点评:这是语法学界有争议的典型例句。从上下文语境考察,看作意动较为合适。大家课后可以继续研讨。

(3) 进入本课时重点:词类活用和词的兼类的区别。

由学生代表孙洁汇报;同学讨论;教师点评。(详后)

(4) 拓宽视野。介绍学术界研究成果(PPT 演示)

① 杨伯峻、何乐士《古汉语语法及其发展》古汉语动宾关系举例(p.549—551)

替宾动:父曰:履我!

用宾动:饭稻羹鱼。

因宾动:年丰而妻啼饥。

为宾动:等死,死国可乎?

比宾动:名巨泰山。

对宾动:君三泣臣矣。

以物给宾：宋百牢我。

动于宾：死长安即葬长安。

② 许嘉璐：正确认识古汉语“动·名”结构

这实际上是误以趋于精密的今语中动词及其涉及的成分之间所存在的多种关系去强分尚较疏略的古代语言中的“动·名”结构，甚至是把脑子里的译文的语法结构反套到古语上。照此推衍下去，恐怕古代的动词可以分出七八样来，这对于正确认识语言、提高人们的阅读古书的能力有什么好处呢？

许嘉璐《“句本位”与古代汉语词类研究》《北京师范大学学报》1984 年第 6 期

③ 李人鉴：所谓“词类活用”

我们并非否定有活用，但不能将不是活用的说成活用。活用是个别的，多数是异词同形。古代汉语中有很多异词同形的例证，如：“衣”(衣褐)“食”(丰衣足食、废寝忘食)，又如“帝、王、将、相、耳、目”等，都是两属词。当然，像“人其人，火其书，庐其居 ”(韩愈)应看成词类活用。

④ 刘钧杰：上古“军”字的“活用”问题

《左传·成公十六年》：宋、齐、卫皆失军。

《左传·桓公八年》：楚子伐随，军于汉淮之间。

《左传·桓公五年》：祝聃射王中肩，王亦能军。

结论：“军”在周秦兼属名词和动词两类，不存在“名词活用为动词”的问题。(共统计上古 19 部文献单用的“军”字，名词 270 次，占 84.1%，动词 51 次，占 15.9%)

刘钧杰“关于上古‘军’字的‘活用’问题”《语言研究》1985 年第 1 期

⑤ 班吉庆：《荀子》“非能水也”解

摘要：对《荀子·劝学》“非能水也”一句的解释，不少注本皆以“水”为“名词用如动词”。本文分析研究了《荀子》中“能”与“水”字的全部用例，指出：“能”为动词，乃“禁得起”“胜过”“善于”之义；“水”为名词，不必讲成词类活用。

关键词：能；水；动词；名词；《荀子》

《徐州师范大学学报》2001 年第 4 期

(5) 归纳总结。词类活用与兼类的区别(PPT 演示)

① 看出现的频率高不高

词类活用是偶尔的临时变化，出现的频率较低。如“目”字在《左传》中出现 16 次，用作动词只有 1 次，显然属于词类活用；而词的兼类已约定俗成，出现频率较高，如“衣”在《孟子》中出现了 18 次，作动词 10 次；在《韩非子》中出现 56 次，用作动词的有 31 次。

② 看辞书中是否记录，有此多类义项的划分

活用的词，辞典一般不作为义项列出，而兼类词所兼的几个词类，大都被辞书列为义项。在辞典中是否查到这个词作别类词的义项可以作为区别兼类和活用词的主要依据和简便方法。

③ 看一个词在不同句中是否有“破读”的现象（有不同看法）

“破读”实质是用改变词的读音以区别不同词义或词性的方法，它只能是兼类，不能看成词类活用。辞书中大都列为多音多义词。例如“语”，名词读“yǔ”，动词读“yù”。又如“王”，名词读 wáng，动词读 wàng。而词类活用由于是“偶然”转类，就不存在破读的现象。

(6) 学以致用。“词类活用”教学建议。学生讨论，教师归纳。

① 立足语言事实，广泛搜集资料

陈承泽：研究法一，说明的非创造的。

② 明确术语内涵，理清研究脉络

马氏文通、国文法草创、中国文法要略。

③ 掌握科学方法，辨析细微差别

活用：临时的、偶尔的、词典不必解释的。

兼类：经常的且词义有历史或现实的联系。

(7) 总结全课。布置预习：古代汉语的词序。

二、课堂讨论述要

1. 学生代表施昊昊汇报：词类活用的主要类型：使动和意动

(1) 使动用法

① 概念：所谓使动用法是指谓语动词具有“使宾语怎么样”的意思。

② 范围：形容词、名词、动词

③ 例句：

圣人清其天君，正其天官。《荀子·天论》

魏置相，相田文。《史记·孙子吴起列传》

(2) 意动用法

① 概念：所谓意动用法是指谓语动词具有“认为（或以为）宾语怎么样”的意思。

② 范围：形容词、名词

③ 例句：

时充国年七十余，上老之。班固《汉书·赵充国传》

吾与子渔樵于江渚之上，侣鱼虾而友麋鹿。苏轼《前赤壁赋》

(3) 形容词使动用法和意动用法的区分

① 受助动词“能”“欲”修饰的形容词，一般都带有“使然”性质，故而是使动用法；受助动词“可”修饰的形容词，总带有被动意味，故往往不带宾语，但从其意义来看，不妨认为是省略宾语而转为使动。

② 带宾语的形容词之前，另外加上动词或动宾词组或“形＋宾”词组，以表示方式或目的或结果关系，一般是使动用法。有时，主语所采取的方式是用介词“以”引进的，而“以”所引进的宾语又常省略，形成“以＋形容词＋宾语”的格式，可以把“以”作为辨认形容词使动用法的标记。

③ 表性状、颜色等形容词带上宾语常有使动或意动两种用法：凡有增大、减小、强化、弱化等变化意义的，则为使动；凡有褒美、鄙视、看待而无变化意义的，则为意动。

④ 有“显明”义的形容词，如“昭、彰、显、明”等，有“安全”义的形容词，如“安、定、全、宁、靖、静”等，后面带上宾语，总有“使然”意义，故一般用如使动；有“奇异”义的形容词，如“奇、异、怪”等，有“难易”义的形容词，如“难、易”等，有“是非”义的形容词，如“是、非、然”等，后面带上宾语，总表示一种主观的看法，故一般用如意动。

(4) 名词使动用法和意动用法的区分

① “帝、王、将、相、侯、君、臣”等表示官职、爵位的名词，如果后面带上指人的宾语，则用为使动，虽可换说成“以……为……”式，但其意义相当于“封拜……为……”“拥戴……为……”“举荐……为……”

② “鄙、疆、墟、土、县、都”等表示区域城邑的名词，如果后面带上宾语，则也用为使动，虽也可换说成“以……为……”式，但其意义相当于“开拓……为……”“建……为……”“变……为……”

③ 凡表示制成品的名词，如果后面带上指人或物的宾语，则也用如使动，意为：把某种东西加工成为另一种物品。

④ 某些专用名词往往是某种史实的概括，它们也可带上宾语用如使动，其意义相当于：促使宾语成为这样一种事实。

⑤ 表方位的名词，后面带上宾语，总用作使动，其意义相当于：使宾语沿着某个方位行动。

⑥ 除了上述的几种情况外，凡名词活用为动词，可以变换成“以……为……”式的，基本上是意动用法。

2. 学生代表孙洁汇报：词类活用和词的兼类的区别。

(1) 词有无定类

两种不同的观点：

① 词无定类。《马氏文通》说：“字无定义，词无定类；而欲知其类，常先知其

上下之文意何如耳。”语法学家高名凯也认为汉语没有真正的词类分别。

② 词有定类。王力先生所说划分词类“从语言实践方面说，它能使学生们根据各类词的语法特点来正确的使用祖国的语言；从语法的阐述上说，它是叙述的出发点，使词法和句法叙述成为可能”。

(2) 词类活用的特点：灵活性；临时性

(3) 词的兼类

① 定义

所谓兼类词，是指某些在一般语言环境中经常分属两种或两种以上的词类而意义密切相关的词。

② 特点

经常性和稳定性，即同一个词的每一类用法和意义在古汉语书面语中出现的频率都很高，已被人们约定俗成而具有广泛的社会性，并且作为一个正式的固定义项被收进了一般的辞书中。

同一词的不同词类之间在意义上必须有着紧密的联系。词的兼类现象，实际上反映了词类所标志的客观对象之间的相互联系。

(4) 词类活用与词的兼类的联系

① 兼类词向词类活用转换

② 词类活用向兼类词转换

(5) 词类活用与词的兼类的区别

① 从两者的定义上看区别

从两者的定义上看，光从词类的角度，临时转类和固定转类是两者的基本区别。一个是临时的语用现象，具有不确定性，一个是被约定俗成了的，具有稳定性。

② 从词的语音形式上去判断

古汉语中用同一个字表示的词，有时由于意义和词性的变化而使读音有所不同，是两个不同的词，如同是“王”字，在《左传·齐桓公伐楚》“王祭不共，无以缩酒”中，用作名词，读平声；而在《孟子·齐桓晋文之事》“德何如，则可以王矣”中，用作动词，则要读去声。一般为名词作动词，这在古书里叫作“破读”。在这里，笔者把像“王”这样的同一个字形兼有两个不同的语音形式的意义上紧密联系的词，判定为兼类词。

③ 看辞书义项收录情况

古汉语中，一般兼类词所兼的各词类的义项，大都被收入辞书。如“事、明、书、将、防”等兼类词的各义项，在《古汉语常用字字典》中都能查阅到。相反，词类活用的词，它活用的义项，由于只是语句临时赋予的，其意思要根据特定的语境才能判断出来。所以,辞书一般不会列入这些临时活用的义项。

④ 词频统计法

例如:“雨”这个词,在《诗经》《春秋》等13部先秦古籍中,作名词“雨水”用116次,占总用例的55.2%,作动词“下雨、下雪”用94词,占总用例的44.8%。可见,古汉语中“雨”这个词同时具备了动词和名词这两种词类,要把它看作兼类词。

而相反,“衣”在《尚书》《左传》《论语》等先秦古籍中,动词用例只占总用例的20%,所以,“衣”不能算作兼类词,用作动词时,只能把它看作是名词的活用现象。

总结:

考察一个词是兼类还是活用 ,离不开特定的社会历史和特定的语言环境,只有把使用频率这个标准放在一定的历史时期内,对同一时期的语法现象进行综合比较、辨析,才能得出较为可信的结论。

教学效果与讨论

本课教学结束后,在两个层面上对教学效果进行了研讨,一是师生间的讨论。大家都认为,引进研究性教学方法,使学生真正感觉到自己是课堂的主人,是学习的主人。因而,绝大多数学生都能做到:课前精心准备、课上积极参与、课后及时总结。不仅对所学知识,而且对学习过程中的每一个细节都有一定程度的反思。尤其是各个学习小组,从参考书的选定、PPT的制作、课堂发言的表达、提问质量、回答问题准确性、成员之间的配合、问题的解决程度,等等,都有不同程度的自我认知与提高。

另一个层面是听课教师的点评。参与听课的教师认为:研究性教学势在必行,但应该考虑各门课程的不同特点,古代汉语课离学生现实生活较远,相对而言比较艰生,教师要首先讲清基本概念,其次才能让学生讨论。研究性教学方法能够调动学生自主学习的积极性,但教师的指导必须更加细致、更加全面。

改革与提高的设想

1. 古代汉语是一门基础课、工具课。通过词类活用的学习研究,举一反三,要求学生逐步培养自己独立分析问题和解决问题的能力。要学会有效利用工具书和网络等搜集资料,学会分析、归纳,学会多角度比较,学会正确地表达,这些能力的养成,将有利于科学思维的形成,直接有利于学术论文(特别是毕业论文)写作能力的提高;也将有利于学生毕业后所从事的各种工作。

2. 在研究的深度和广度上有待进一步提高。要引导学生更多地阅读与本课题相关的文献资料，亲近经典，广搜博采，深入比较，去粗存精。要引导学生理论联系实际，从文献资料中发现各种古代汉语的语法现象，寻求规律，真正做到“例不十，法不立”。要引导学生将现代汉语与古代汉语进行对比研究。还要引导学生根据自身专业特点，积极思考未来对外汉语教学中可能遇到的各种问题及应对措施。

附：阅读参考文献

一、论著

马建忠.马氏文通.北京：商务印书馆，1983

陈承泽.国文法草创.北京：商务印书馆，1983

马汉麟.古汉语语法提要.西安：陕西人民出版社，1980

张之强.古代汉语语法知识.北京：北京出版社，1979

杨伯峻.文言语法.北京：北京出版社，1956

杨伯峻，何乐士.古汉语语法及其发展.修订本.北京：语文出版社，2001

郑奠，麦梅翘.古汉语语法学资料汇编.北京：中华书局，1964

何乐士，等.文言虚词浅释.北京：北京出版社，1979

杨伯峻，田树生.文言常用虚词.长沙：湖南人民出版社，1983

二、论文

许嘉璐.“句本位”与古代汉语词类研究.北京师范大学学报，1984，6

刘钧杰.关于上古“军”字的“活用”问题.语言研究，1985，1

唐启运.古汉语词类活用研究中的一些问题.华南师范大学学报，1985，3

高守纲，邓明.词类活用辨惑.天津师范大学学报，1989，3

王宇.古汉语词类活用的修辞价值.东北师范大学学报，1992，3

赵宗乙.古汉语“词类活用”说献疑.北方论丛，1995，5

李淑霞.古汉语词类活用的生成机制.闽江学院学报，2004，6

兰和群.古汉语词类活用误区探微.许昌学院学报，2005，3

郑明友.古汉语词类活用的界定.通化师范学院学报，2009，9

邓明.从方法论的视角论古汉语词类活用说的偏误.语文研究，2011，2

张文国.关于古汉语词类活用定义的检讨.山东师范大学学报，2011，4

“现代汉语语音研究”研究性教学案例

授课教师 谢　明

课程名称 现代汉语语音研究

使用教材 毛世桢：《对外汉语语音教学》，华东师范大学出版社2008年版。

授课章节 汉语普通话音系

实施专业 汉语国际教育2013级

学情分析

1. 汉语国际教育以培养对外汉语教学专业教师为主体目标，专业知识的理论学习与教学素养的习得都不可或缺，但尚未打下基础。

2. 以现代汉语为中心的相关课程是本专业的基础课程，“现代汉语语音研究”是继“现代汉语”之后，与“语言学概论”同期开设的课程。本授课单元是课程的第一单元，本教学方案是第一单元的第二、三次课（第三周、第四周）。

3. 学生刚升入“大二”，刚适应大学的传统讲授教学，就面临改变——研究性教学的开始，多半会有茫然、焦虑等不适应的反应。

教学理念

培养学生创新能力的基础是培养其独立思考的能力，独立思考的能力只能在自主学习的实践过程中逐步获得。因而，教师教学的重点不应是讲授知识，而应是促使学生学会“自我管理、自身体验、自由思考”的自主学习。“自我管理”指学生在课程开始要选择自己重点学习的单元，设定学习目标，然后监控自己学习行为，最后评估自己学习成绩。“自身体验”指体验理解式学习与互动式教学的过程，学生要独立阅读相关资料，再与老师、小组成员交流讨论，制定授课讲稿并在小组试讲，然后在课堂与师生分享自己理解的知识，并接受师生质疑。“自由思考”指学生在学习和交流过程中引发的种种思考，可以开发研究课题，启发师生思维，激发探讨兴致。

教学目标

1. 在掌握普通话音系知识的同时学会思考与表达——将学生被动接受的记忆式学习改变为主动建构的理解式学习，促使每个学生都学会自主学习。

2. 在自主学习中培养学生的四种能力：准确定位自己应知应会的有价值和务实的学习目标的能力，善于选择学习材料、学习方法的能力，习惯独立思考发现问题并陈述思辨的能力，适时自我评估的能力。

3. 以发现的眼光解读专业教材和相关论著，通过质疑、梳理、解析、归纳构建自己语音知识框架。

4. 培养组织实施课堂教学的水平。

5. 激发探究问题的兴趣与能力，鼓励尝试论文写作。

教学整体构想

为促使学生自主学习，教师不只是给问题（据学习内容设计研读问题），更要给任务（每人要讲授自选的内容，倒逼学生进行理解式的学习），给指导（一对一答疑解惑，指点迷津）。自主学习开始于学生个体与教材的对话——自我研读，延伸到课前个体与资料、个体与小组、个体与教师的对话——相互讨论，扩展到课上与老师和全体同学的对话——讲授交流，终结于课后个体与学界学人的对话——撰写论文。

教学前期准备

1. 教师拟定本课程研究性教学实施方案与教学计划，多角度地备好课，尤其要提示重点内容，引导学生思考探究的思路。

2. 教师要以热忱平等的态度就以下问题与学生对话沟通，听取意见，以求达成共识并参与教学。① 研究性教学的意义目的；② 本课程教学的目标；③ 教学活动实施步骤与条件；④ 实施方法与要求；⑤ 实施项目与评价。

3. 教师阐述语音学习的作用，引发专业学习的兴趣；讲清语音学基础内容，为后续学生自主研读做铺垫；介绍重要的学习方法，指导学生处理分析研究中的几对关系；推荐参考书目，提前布置研究思考题，鼓励学生自行查找阅读，助推学生进入宽广的知识领域，建立专业对话的平台。

4. 学生自行选择各自将讲授的内容，由学习单元而形成学习小组。小组成员分工协作，认真研读，查找相关资料，在组内与组外、师生与生生之间交流讨论，明确章节中的难点、重点、节点，在教师答疑解惑后形成讲授思路与内容。

5. 产生课代表。课代表由个人自荐、同学推举、教师考察而产生。课代表负责课内教学活动的记录，课外相关教学活动的组织与协调，师生之间教学方面信息的收集与传递。

6. 建立对话渠道。由于要求学生“课前预习，发现问题，查阅资料，思考问题；课上交流讨论；课后拓展整理写作”，教师必须公开手机号、电子信箱、QQ 号并建立对话群，还要安排面谈的时间地点，以方便学生随时会话及时辅导。

教学活动的关键点

一要设计教学活动的方案；二要落实方案实施的外在条件；三要多角度地备好课，尤其要提示重点内容，提出有待思考探究的问题；四要做好整个教学活动几方面的引导工作：

(1) 以问题构建研究型学习，设计每章节的研究思考题、提前布置，鼓励学生做专题发言或做小论文。

(2) 在课前、课中和课后答疑解惑，参与小组的课前讨论，给学生以教学与研究，特别是学习方法的具体指导。

(3) 调节课堂的交流氛围与节奏，发现并解决学生对话中的错误或疑惑，拓展教学内容，引导中心讨论的深入展开。

(4) 给参与交流的学生做记录、点评、记分，在教学过程中及时予以具体的肯定和再进一步的激励。

教学内容 普通话音段音位。

教学课时 4 课时

教学方法

本单元课堂学习采用“独立讲授—课堂交流法”，由选择本单元的三位学生组成的第一小组用独立讲授方式展示她们自主学习的内容，以引带课堂上师生们的对话讨论。

预先布置学生自修的内容：① 预习教材内容；② 阅读必读书目中相关内

容;③ 思考教师提出的思考题;④ 提出自己发现的问题。

课堂实录述要

教师:上次课上我讲授了“普通话音系概述”,重点梳理相互关联又容易混淆的几组概念:语音学与音系学、音系描写与语音教学、音素(音段)与音位、音标与字母。你们理解得怎样?我发er音,请问:这是什么语音单位?可以怎样标记?为什么有标记上的差异?

朱敏、陈彤回答

教师:两位同学的陈述表明,前面学习为我们进入“普通话音段音位”的学习做了铺垫。现在由第一组同学分别展示她们自主学习的内容。

一、陈彤讲授“普通话元音音位”(边框的字符为PPT;*倾斜的字符*为讨论题;有下划线为表述错误)

(一)音段的概念

语音学上把音色保持不变的语音片段称作“音段”(音素)。

怎么样来理解音段的概念?

张冰心回答

注意音段概念的虚构性及其现实意义:说话时发音器官实际上处于不停地且相对独立的运动之中,也就是说实际发音过程中音色不可能保持不变,因此音段的概念具有一定的虚构性,但是对于说话者和听话者的心理认知来说,音段还是被视为一个独立的、完整的语音单位,所以说音段还是具有充分的现实性的。

音段是按语音的物理属性和生理属性划分出来的最小的语音单位,区别于根据语音的社会属性划分出来的音位。(音位不同,意义肯定不同)

(二)音段的记录

国际音标是国际通行的标记音素的一套书写符号,一般将其放在[ ]中用来区别于一般字母;《汉语拼音方案》是专门为汉语普通话设计的一套表音符号,虽然也采用拉丁字母,但其具体音值和国际音标不完全相同。

既然有了国际音标,为什么还要专门设计汉语拼音来为汉语普通话记音?

朱敏回答

《汉语拼音方案》具有以下独特的优势和用途:

汉字的声韵调一目了然。(受传统音韵学的影响——反切法,例:鲁,郎古切)

很好地反映出普通话语音系统，方便外国学习者学习掌握现代汉语语音。(对外汉语教学中实用性也比较强)

便于排序索引、资料检索。

便于中文信息处理。

便于设计特殊语文。(我国在1974年颁布了新的供聋哑人使用的手指字母，右手表示声母，左手表示韵母，两只手就可以表示出汉语音节)

教师评点，并提示学生思考：普通话元音音素与拼音字母的关系。

(三)音段的分类

音段按发音特点可分为元音和辅音两类。

元音在语音学上指发音过程中对口腔气流无明显阻塞的音段；辅音则指发音必然包含声道某处对气流的明显阻碍的音段。

元辅音有什么区别？其根本的差异是什么？

顾艳回答

1. 气流是否受阻碍(最根本的区别，从定义中就可得知)：发元音时，气流经过共鸣腔时不受阻碍；发辅音时气流必然受到明显阻碍。

2. 声带是否振动：发元音时，声带都振动；发辅音时，声带有时振动(浊)，有时不振动(清)。

3. 肌肉的紧张程度：发元音时，发音部位肌肉均衡紧张；发辅音时，对气流形成阻碍的肌肉部位相对紧张。

4. 气流强弱：发元音时，因气流不受阻碍，故气流均匀；发辅音时则气流较强。

5. 响度：发元音声音响度较大；发辅音响度较小。

教师评点

(四)影响元音发音的因素

丁金萍回答

1. 元音的发音体都是声带，发音方法都是气流冲击声带使其振动，故元音音质的差别只在于共鸣器(口腔)的形状不同。

2. 影响口腔形状的因素主要是嘴巴开口度的大小、舌位的前后和唇形的圆展。

3. 舌头与下颚相连，嘴巴开口度的大小与舌头位置的高低密切相关。通常说，舌位越低，开口度越大。

（五）元音的描述及分类

元音可以根据以下三项生理参数来描写：舌位的高低、舌位的前后、唇形的圆展。

根据口腔中舌头起作用的部位，通常把元音分为：舌面元音（7 个）、舌尖元音（2 个）、卷舌元音（1 个）。

（六）舌面元音

舌面元音是舌面起主要作用来改变共鸣器形状而发出的音，汉语普通话中共 7 个舌面单元音 ɑ[A]、o[o]、e[ɤ]、ê[ε]、i[i]、 u[u]、ü[y]其发音特征可以通过“舌面元音舌位图”得到较为直观的说明。

教师讲授“舌面元音舌位图”由来

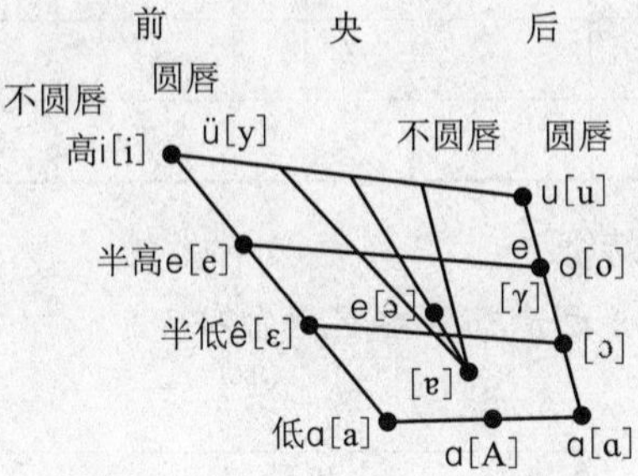

根据舌面元音四边图试着对七个舌面元音进行描述。

李文静回答

ɑ[A]　央、低、不圆唇元音

o[o]　后、高、圆唇元音

e[ɤ]　后、半高、不圆唇元音

ê[ε]　前、半低、不圆唇元音

i[i]　前、高、不圆唇元音

u[u]　后、高、圆唇元音

ü[y]　前、高、圆唇元音

（七）舌尖元音、卷舌元音

舌尖元音是指舌尖起主要作用来改变共鸣器形状而发出来的音，汉语普通话中只有两个舌尖元音-i[ɿ](舌尖前、高、不圆唇元音)、-i[ʅ](舌尖后、高、不圆唇元音)。

卷舌元音是舌面、舌尖同时起作用产生的音,是舌面发音的同时,舌尖向硬腭方向翘起而发出的音。汉语普通话中有一个独立的卷舌元音 er[ə˞](央、中、不圆唇卷舌元音)。

表 3-1　普通话元音表

	舌尖元音		舌面元音					
	前	央	后	前		央	后	
				展唇	圆唇		展唇	圆唇
高	-i[ɿ]	-i[ʅ]	i[i]	ü[y]				u[u]
半高							e[ɤ]	o[o]
中		er[ə˞]						
半低				ê[e]				
低						ɑ[A]		

(八)普通话元音的特征

试着归纳一下普通话元音有哪些显著特征?

张冰心回答

1. 两个舌尖元音、一个卷舌元音,世界罕见。

2. 具有较大的肌肉紧张度,较日语、韩语等的元音发音,呈现出较"亮"的特征。

教师提问:教材在这里说"普通话继承了汉语'穆穆皇皇'的风格特征",同学们怎么看的? 这和下文所说的"语音形象大开大阖、谨严高华的气度"有没有关系?

师生讨论探究此命题的几条思路,陈彤、戴羽纯、朱敏发言。

(九)元音≠韵母

元音与韵母是什么关系?

朱敏回答

性质不同,元音是与辅音相对而言的,是音素的一种,韵母是与声母、声调相对而言的;声母只能用来分析少数声调有变化的语言的语音,元音适用于所有语言的语音分析;普通话中的韵母可以由单个元音或多个元音或者元辅音相结合形成。

教师指出上面表述中的错误并纠正与完善,顾艳、李文静、张冰心发言。

(十)问题讨论

英国雷丁大学的P·娄奇将8个复合元音正式列入标准英语的元音音位系统中,这样的处理大大有利于英语语音的计算机合成与识别。东汉末年的孙炎利用反切法分解汉字(音节),这样就形成了以声母、韵母作为内存单元的音节分析方法,介音位于韵头不影响押韵,按娄奇的处理方法,由韵腹和韵尾所构成的四个前响复韵母 ai、ei、ao、ou 也可以归入普通话元音音位系统。那么是否要做这样的调整就成了值得我们思考和研究的问题。

对于这样的处理你有什么样的看法?

我研读中还有几个疑问想请同学和老师解答:

1. 为什么只是四个前响复韵母,后响复韵母为什么不加以考虑?

2. 娄奇对英语音位系统的处理有利于英语语音计算机的合成与识别,这是对英语而言的,对汉语是否同样适用?

3. 我们小学时学拼音都是按照声韵母来对音节进行分析的,对元辅音的概念不强,那么将前响复韵母归入普通话元音音位表是否有这个必要?

4. 目前对外汉语教学实践沿用声韵母分析法较多,对普通话元音音位表做这样的处理又会对我们的对外汉语教学实践产生怎么样的影响?

师生讨论上述问题,顾艳、张冰心、朱超、朱敏发言。教师鼓励学生就教师提的问题和这里第四个问题做深入探究,教师将辅导论文写作。

教师小结“普通话元音音位”的学习重点内容,评点参与这部分讲授与交流的同学的表现。

二、于赫讲授“普通话辅音音位”(边框的字符为PPT;字符底纹为错误,教师更正)

(一)普通话辅音音位的定义和数量

毕羽回答

辅音是发音必定包含声道某处对气流的明显阻碍的音段。普通话有22个辅音音位,分别是:b、p、m、f、z、c、s、d、t、n、l、zh、ch、sh、r、j、q、x、g、k、h、ng。

(二)普通话辅音音位的形成条件

我将从四种方向去讲解这个问题:普通话辅音音位的形成条件。

1. 从发音的部位的情况来看,发音的部位即发音的器官,也就是对发音形成阻碍的器官,按照这种情况我国把辅音分为以下几种:双唇音、唇齿音、舌尖前音、舌尖中音、舌尖后音、舌面音、舌根音，双唇音：b、p、m，唇齿音：f，舌尖前音：z、c、s，舌尖中音：d、t、n、l，舌尖后音：zh、ch、sh、r，舌面音：j、q、x，舌根音：g、k、h、ng。像这些发音部位我们不能够死记硬背，要自己去尝试发音，当你去发音时你会发现每个辅音的发音部位的确如上述，比如：f，当你发音时你会发现是你的上唇咬住下唇，然后气流冲破这两个器官后缩发出的声音，其他的辅音也都是这样，所以自我实践有利于记住辅音的发音部位。**教师插话，指出表述中的错误。**

辅音的汉语拼音	形成阻碍的器官	我国通行的名称	国际音标名称
b p m	上唇、下唇	双唇音	双唇音
f	上齿、下唇	唇齿音	唇齿音
z c s	舌尖、齿背	舌尖前音	齿音
d t n l	舌尖、上齿龈	舌尖中音	齿龈音
zh ch sh r	舌尖、硬腭前	舌尖后音	卷舌音
j q x	舌面前、硬腭中	舌面音	硬腭音
g k h ng	舌面后、软腭	舌根音	软腭音

2. 从声道中阻碍的状况来看，我们把辅音分为以下几种：塞音、擦音、塞擦音、鼻音、边音，首先我们要了解这五种音的特点。塞音(sè yīn)(爆破音、闭塞音)。辅音发音方法的一种。发音时气流通路闭塞，然后突然打开发出噪音。擦音是辅音的一种发音方法。发音时，两个发音器官彼此靠拢，形成狭窄的通道，气流通过时造成湍流发生摩擦，发出噪音。塞擦音(sè cā yīn)气流通路紧闭然后逐渐打开而摩擦发出的辅音，如普通话语音的 z，c，zh，ch，j，q。塞擦音的起头近似塞音，末了近似擦音，所以叫塞擦音。鼻音，发音部位的两个器官安全闭塞，软腭下垂挡住气流通向口腔的道路，气流通过声门，振动声带后从鼻腔通过而发出鼻音。边音，发音时，舌尖抵住上齿龈，舌头两边留有空隙，气流振动声带后从舌尖两边流出，造成边音。记住这五类的特点后就很容易记下每个类别里包括哪些辅音了，同样的，不能死记硬背，要发音，来感受发音时的特点。

朱敏、张慧插话指出教材错误。

朱敏：教材 67 页的表 3－2，其中 z、c、s 的形成阻碍的器官应该是舌尖与上齿背，不能只是“齿背”，这样不分上下，叫人无法发音。

张慧：教材 67 页的表 3－3 也有错误，塞擦音标错了，应该是 z、c、zh、ch、j、q。

辅音的汉语拼音	辅音类别	发音特征
b p d t g k	塞音	除阻时间短，能量瞬间释放
f s sh r x h	擦音	除阻时间长，能量缓慢均匀释放
z c zh ch j q	塞擦音	先有阻塞阶段，后有摩擦阶段
m n ng	鼻音	软腭下垂打开鼻腔通路，口腔中有阻碍
l	边音	舌体中部堵塞口腔中缝，气流从舌边流出

3. 从除阻时气流的强弱来看，有送气音和不送气音，送气音包括 p、c、t、ch、q、k，不送气音包括 b、z、d、zh、j、g。这里要注意的是，汉语中“送气/不送气”的对立只存在于具有“阻塞”特征（塞音和塞擦音）的辅音音位中。另外，现行的汉语教材中都把“送气/不送气”的发音特征描写为“呼出的气流较强”和“呼出的气流较弱”，这中间也存在着误区。经过声学分析，我们知道的所谓的“送气音”实际的发音是在除阻后有一个不带音的呼气段，而在“不送气音”中则没有这样一个呼气段。

	双唇音	舌尖前音	舌尖中音	舌尖后音	舌面音	舌根音
不送气	b	z	d	zh	j	g
送气	p	c	t	ch	q	k

4. 从声带是否震动的情况来看，把辅音分为清音和浊音，清音包括 b、p、f、d、t、g、k、h、j、q、x、zh、ch、sh、z、c、s，浊音包括 m、n、l、r、ng，它们的主要区别是，发音时声带是否振动，通过观察我们可以发现，普通话中的浊音非常少，因此“清/浊”这对对立特征被淡化。

清音	b p f d t g k h j q x zh ch sh z c s
浊音	m n l r ng

（三）普通话辅音音位的特点

	塞音		塞擦音		擦音		鼻音	边音
	不送气	送气	不送气	送气	清音	浊音	浊音	浊音
双唇音	b	p					m	
唇齿音					f			
舌尖前音			z	c	s			

续 表

	塞音		塞擦音		擦音		鼻音	边音
	不送气	送气	不送气	送气	清音	浊音	浊音	浊音
舌尖中音	d	t				r	n	l
舌尖后音			zh	ch	sh			
舌面音			j	q	x			
舌根音	g	k			h		ng	

顾艳、杨扬、周秀清回答

1. 发音部位比较靠前，其中的舌尖后音这一组辅音是在世界各语言中比较鲜见的。

2. “不送气/送气”是重要的区别性特征，而“清/浊”对立只是鼻音和边音的附随性特征。

3. 存在着成套的塞擦音。

讲授者于赫请求教师讲解辅音音位的特征之四④ 辅音音位系统显得相当整齐

教师回答，又举例补充阐述普通话辅音特点，并介绍声母 r 发音实际存在的两种主要自由变体：浊擦音与无擦通音。

（四）普通话辅音和普通话声母的关系

师生讨论并概括其关系式，**朱敏、刘唯桐、顾艳发言**：

22 个辅音＝21 个辅音声母＋ng（“ng”专门充当韵尾）。

22 声母＝22 个辅音 ng＋零声母（零声母是音节开头没有辅音的形式）。

如“难”（nán）这个音节，前后都有“n”，它是辅音，处在音节开头的是声母，处在音节末尾的是韵母的尾部，并不是声母——“n”是唯一一个既可以做声母又可以做韵尾的。

如“光”（guāng）这个音节中的“ng”，它是辅音，但它处在音节里后面的部位，因此它不是声母——“ng”专门充当韵尾。其余 20 个辅音只充当声母。

三、顾艳讲授“普通话声母与韵母系统”

（一）元辅音分析法和声母韵母分析法

张冰心回答

元辅音分析法以元辅音为基本分析单位，着眼于发音方法和发音部位，把音节结构分为 V、C—V、V—C、C—V—C 四种基本类型。其中的 V 代表元音，C 代表辅音。优点是可以分析得比较细致、准确。但对我们的汉语来说，单单使用元辅音进行分析，容易忽略掉语音结构的本身特征。

而声母韵母分析法以声母、韵母为基本分析单位，更关注音节内部的结构层次，按照这种分析法，汉语的音节可以分为声母、韵母两个部分。这种分析法更加符合汉语的实际，更能反映汉族人的语感。

相较而言，声母韵母分析法能够比较好的揭示汉语音节内部的组合规律和整个语音系统的面貌，是汉语音节分析最基本的方法。而且随着计算机语音信号处理技术的发展，声韵母分析法也有着显著的优势。但是在另一方面它没有元辅音分析法那样细致、准确。

所以对于我们的对外汉语教学来说，声韵母分析法和元辅音分析法相结合的办法应是最佳选择。因为声韵母分析法和元辅音分析法并不是对立的和互相排斥的，可以看作是音节结构分析的两个不同层面。如果从元音和辅音出发进行音节结构分析，仍要考虑它们处于音节结构的位置和层次，如果从声韵组合出发进行音节结构分析，也要考虑它们由哪些元音、辅音来具体实现。

（二）声母

陈婷婷回答

声母的定义是这样的：声母是处于汉语音节开头的辅音。从这个定义我们可以看出声母具有两个特性：一是位置方面的特性(处于音节的开头)，二是音段性质(辅音)。从而也就引出了两个问题：声母和辅音的关系，音节开头是不是辅音的音节的问题。

首先第一个问题，刚才于赫同学已经和我们进行了阐释。我们来看第二个问题，如果音节的开头不是辅音的这种情况。

戴羽纯回答

首先，我们可以将 22 个辅音分成三个部分：1. ng 专门充当韵尾。2. n 兼任声母和韵尾。3. 其余的 20 个辅音专司声母之职。所以在辅音中，只有 21 个辅音是可以用作声母的。那回到刚才的问题，如果音节不以辅音开头，而直接以元音开头呢？

朱敏回答

这时候我们就将这种没有辅音开头的音节称之为零声母。这样一来，不仅能够保证汉语音节模型的一致性，还能把不同元音开头的音节归纳为同一种声母类型。总结一下，就是普通话的声母类型就是由21个辅音以及零声母构成。

（三）半元音

丁金萍回答

说到零声母，人们常常会把这类音节开头出现半元音的情况一并提出来。那同学们可能会疑惑，什么是半元音？大家可以试着发ɑ、o、e的音，很缓慢地发音，会感觉到你的喉咙有一个准备启动的过程，再发一个“u”，你会发现你的双唇有准备启动的一个阶段。简单来说，在发出这些元音之前的一个启动的音，就是半元音。这些半元音是介于元音辅音之间的。这些半元音的选择不属于音系学规则，因为不能区别意义。另一方面，它们是属于语音学规则的，可以帮助我们提高发音的自然度。

朱敏提问零声母和半元音的关系。

零声母强调的是位置，为了保证普通话音节的完整性，而半元音侧重于发音，两者是有本质区别的。

朱超、**刘唯桐**、**姚凯**争论半元音的性质与命名。

（四）韵母

我们将处在汉语音节中声母后面的音段或者音段组合称为韵母。由于韵母的结构呈现出一定的多样性，因此我们把其中开口度最大的那个音段定为韵腹，韵腹之前的音段即为韵头，韵腹之后的音段即为韵尾。另外，只有韵尾可能是由鼻辅音（n、ng）充当，韵母的其他成分都必定是元音。

教师更正教材71页两处错误。

<table>
<tr><td colspan="3">单韵母</td><td>ɑ,o,e,ê,i,u,ü,-i[ɿ],-i[ʅ],er</td></tr>
<tr><td rowspan="3">复韵母</td><td rowspan="2">二合复韵母</td><td>前响</td><td>ɑi,ei,ɑo,ou</td></tr>
<tr><td>后响</td><td>iɑ,uɑ,ie,üe,uo</td></tr>
<tr><td>三合复韵母</td><td>中响</td><td>uɑi,uei,iɑo,iou</td></tr>
<tr><td rowspan="2">鼻韵母</td><td colspan="2">舌尖鼻韵母</td><td>ɑn,iɑn,uɑn,üɑn,en,in,uen,ün</td></tr>
<tr><td colspan="2">舌根鼻韵母</td><td>ɑng,iɑng,uɑng,eng,ing,ueng,ong,iong</td></tr>
</table>

通过韵母的结构划分，我们可以清晰地看到韵母的结构构成。通过这张表中，我们也可以来看一下韵母和元音的关系。

仇程宇回答

我们不难发现，韵母的范围是要比元音大的。凡是元音都可以做韵母或作为韵母的一个组成部分，但韵母不全是元音，辅音 n、ng 也可以和元音结合起来做韵母。

另外，根据韵母开头的发音口型可以将其分为开口呼、齐齿呼、合口呼、撮口呼，即我们平时说的“四呼”。

杨扬回答

开口呼：韵母就是韵头或者韵腹不是 i、u、ü 的韵母。

ɑ、o、e、ê、ei、ɑi、ɑo、ou、ɑn、ɑng、en、eng、-i[ɿ]、-i[ʅ]、er。

齐齿呼：韵头或韵腹是 i 的韵母。i、iɑ、ie、iɑo、iou、iɑn、iɑng、in、ing。

合口呼：韵头或者韵腹是 u 的韵母。u、uɑ、uo、uɑi、uei、uɑn、uɑng、uen、ueng、ong。

撮口呼：韵头或者韵腹是 ü 的韵母。ü、üe、üɑn、ün、iong

PS：这里不指字母，指发音。比如说“iong”，其实是撮口呼，因为它发的实际上是 ü 的音。再比如“ong”，实际上是合口呼。

对韵母进行四呼分类，对于汉语音系具有相当深刻的解释力，有助于认识普通话的声韵结构特点，使发音更规范更标准，最主要的是精确，便于一听就能区别出来说的是什么，可以纠正方音等。

（五）探讨 适合汉语教学的韵母单元

朱敏发言

在教学过程中，我们可以把韵腹和韵尾的组合（韵）作为内存单元来进行教学。比如把 ɑn 作为教学的基本单元，而以四呼的构成规则推导出 iɑn、uɑn 和 üɑn。这样可以有效地提高教学效率，39 个韵母可以合并成 18 个内存单元，其余的韵母可以按照四呼的推导规则进行教学和训练。

正如黄伯荣、廖旭东先生主编的《现代汉语》中提到过中华十八韵。

十三辙	十八韵	普通话韵母
一、发花	1. 麻	a、ia、ua
二、坡梭	2. 波	o、uo
	3. 歌	e
三、乜斜	4. 皆	ê、ie、üe
四、姑苏	10. 模	u
五、一七	5. 支	-i[前]、-i[后]
	6. 儿	er
	11. 鱼	ü
	7. 齐	i
六、怀来	9. 开	ai、uai
七、灰堆	8. 微	ei、uei(ui)
八、遥条	13. 豪	ao、iao
九、油求	12. 侯	ou、iou(iu)
十、言前	14. 寒	an、ian、uan、üan
十一、人辰	15. 痕	en、in、uen(un)、ün
十二、江阳	16. 唐	ang、iang、uang
十三、中东	17. 庚	eng、ing、ueng(weng)
	18. 东	ong、iong

教师提问：

1. 有同学研读时注意到教材提到韵母的发音动作吗？由此生发出两个问题，一是 39 个韵母在发音动作上有几种情况，二是理解 70 页的声学四边图。

2. er 作为一个音段，在发音过程中是不是稳定不变的？

3. 怎样解释教材所说的“韵母的结构呈现出一定的多样性”？

4. 教材指出，声韵母分析法和元辅音分析法相结合应该是最佳选择。又说，四呼分析对于汉语音系具有相当深刻的解释力，这矛盾吗？

5. 就韵母内存单元来说，从 39 个回到 18 韵是倒退还是回归？

6. 四呼的分类在汉语中具有怎样的音系学作用？

7. 在对外汉语语音教学中，声韵母分析法和元辅音分析法应该如何协调？

师生分析讨论，教师辅导学生查阅资料，进一步深入思考，写出探究结果。

教师点评

一、从讲课的学生的表现分析

1. 学生能够做到：① 课前查阅资料，正确理解教材内容，带着问题与教师交流研讨；② 课上讲授有条理：或按教材阐述顺序列出纲目，或按教师提供研读要点为题目，或以知识点概念为线索，而且阐释清晰列举恰当，更为可贵的是，既能指出教材错误，又能补充知识点，深化某些论点，还能提出研究性问题。

2. 每个学生所出现的个别表达错误和知识点遗漏，是由于认识不全面或表达不严谨造成的，实属思维、学识或表达水平的真实呈现。

3. 讲授过程反映该生已有的知识背景与水平、思维能力、阅读能力、表达能力、管理与沟通能力，以及学习态度和课前的准备程度。

二、从听课的学生的表现分析

由于是同学讲授，听的学生自然有质疑意识，容易形成主动发问式的对话，发言频次高，能体现班级学习现状，重要的是给学生提供自主表达的平台。但由于是首次采用“独立讲授—课堂交流法”，回答多而提问少，对话多而讨论少。

三、从教师的教学行为分析

1. 教师的教学行为贯穿于整个教学活动的前后期和学生学习过程的全部，体现在课前辅导的具体，课上引导讲授的恰当，课后追踪指导的及时（鼓励论文写作）。课前辅导是基础，是最花时间的，要求全班学生预习，并辅导讲授的学生理解内容，理清思路，抓住重点，设计问题，探索路径。

2. 教师所有教学行为的最大意义在于，不再只是作用于教学内容而是更多地直接作用于学生个体而带动群体：一是及时了解参与教学活动的学生的学习困惑、学习能力和学习效果；二是及时给予学生学习行为、学习过程、学习表现有针对性的指导；三是及时与学生平等对话，将其在认知方式、资料使用、推理论证、举例说明、拓展思考等方面的进步与不足当面点评反馈，以提升学生的自我效能感。

3. 教师的教学行为由原先一次性的单一的课堂讲授，转为课前—课上—课后三次，分别对应小组—班级—个人，并形成“基础辅导—问题讨论—提示讲授—点评反馈—论文指导”的五个环节。在课堂上，教师的教学行为体现在“问题讨论—提示讲授—点评反馈”上。

4. 课堂中“问题讨论”环节是教学活动中的难点，关键在于教师的引导和学生的参与,“问题”尽量由学生中提出并解决,参与讨论的学生多和讨论中的思考有深度是理想的教学状态。所讨论的问题主要有两类,一是小组中已讨论的问题,课堂讨论会使其优化或深化或泛化,有结果而非一定是结论;二是教师或学生新提的问题,则要区别问题的轻重、大小、深浅,逐一对待。枝节问题快速化解,重要问题充分讨论;范围大的问题教学生化整为零,鼓励学生课后各个击破;深奥的问题启发学生寻找解题思路在课后研究,教师避免以学者身份直接给出权威论断。

5. 课堂中的“提示讲授”是教师擅长而需节制的环节。教师的“提示讲授”针对的虽是当前学习内容,但既要尊重学生学习过程中的个体体验,又须顾及相关知识的关联和学生思维认知上的差异。无论是提示启发或讲解传授都要少而精,切忌独揽话语权。“提示讲授”一般出现在:一是学生讲授出现表达错误和知识点遗漏时,二是学生请求教师答疑时,三是讨论陷于混沌或过于扩大时。

6. 课堂中的“点评反馈”针对的是学生展示的学习行为和学习效果,这是不可或缺但不易操作的环节。不可用“不错”“基本正确”等定性的词语一言概之,需要简洁而具体实在地评述学生讲授的亮点或要点,目的在于对全班学生自主学习行为的激励、思维方式的启迪和学习方法的引导。

学生评点

陈彤

优点:

1. 我现在遇到课题知道如何思考如何做了,同学们学习的主动性加强,独立学习能力、收集信息与处理信息的能力、分析问题与解决问题的能力得到了普遍的提升(针对很多课程难点,大家都展开了积极研究,也普遍地能在前人研究成果的基础上加以补充或提出自己的看法,思维不再局限于课本教材,而变得更加开阔)。

2. 作为师范生,备课、授课能力得到了大幅度提升,针对授课方法,私下也有较多的交流,我想这为我们以后从事教师职业奠定了良好的基础。

3. 课堂氛围逐渐活跃,基本达到了研究性学习的目的:真正让学生参与课堂、做课堂的主人(课堂活跃度逐渐提升,人人都可以针对不同问题提出自己看法,有道理的地方大家给予认可,有瑕疵的地方大家一起纠正)。

不足:

1. 学习小组内部交流讨论不足,教学内容衔接不自然(可能大家太过关注自己讲授的部分了,因而每个学习小组组员间的讨论非常欠缺,没有真正达到设置学习小组、提升同学团队合作能力的目的)。

2. 讲授材料(如 PPT)的科学性和严谨性有待提高,经常会出现些小错误(可以小组内部组员相互审核或提前交给老师,请老师帮忙审核)。

3. 听课的同学往往没有充分预习,导致课堂成为部分同学的课堂,听课同学往往忽视记录,加上课后复习不到位,对已学内容掌握得不扎实。

顾艳

在自己准备课件、讲稿的这一过程中,收获真的是很大。在查阅资料的过程中会发现许多细细小小的问题,这些问题在从前被动接受老师讲课的过程中可能不会去思考,但是换一个身份,在讲授的过程中却无可避免,所以要一点点地把知识都挖透,谙熟于心。在这一过程中学习与思考的过程我觉得对我帮助很大。同时,这样一种教学方式,让我们与老师交流与探讨的时间大大增加,平时上课也敢于提问、回答问题了。

在课上最后的探讨环节,有些问题没有完全解决,下课后可能就被弃置在一边了。我想,是不是主讲人在课后也该与老师再进行联系,总结一下讲课心得,并且重新组织问题的解决方案,也和同学们多加探讨。

于赫

有些授课的同学的准备不是很充分,只局限于一本课本,单纯地将课本一段的理论知识搬上 PPT,鲜有自己的理解,也没有做好必要的知识延伸,这样不利于同学们对知识的理解和体会,也很难记住重点。

丁金萍

我从中收获了很多。慢慢地学会了如何去发现问题,去探讨问题,去解决问题。我发现,在讲课前,要将思路理清,充分理解要讲的内容,并且要尽量多与同学互动,调动课堂气氛,这样才能很好地使同学们积极的参与进来,以能够使他们更好地掌握课本的知识。

建议应该给予同学足够的时间来讲,至少也要有 30 分钟,这样才能不至于讲得过快。

同学们只关注自己要讲的那节课的内容,对其他的则没有理解多少,也不一定会主动去看教材,这就造成了对知识理解的不全面。

朱敏

课堂上大家不再沉默寡言,低头干自己的事,而是会积极举手,踊跃参加讨论。从这方面来讲,我们的研究性教学是成功的。

我觉得学生只对自己所讲的知识很了解,但对其他知识点可能会放松学习。学生个人的能力强,讲授效果就好,能力差,效果就下去了。如果是这样,那就很难保证我们下面听课同学的听课质量。这样是不是对下面同学的权益有所损害?

督导点评

徐刚翔

这课上得很好,学生准备得很充分,教师点拨讲授很到位,课堂气氛好,学生多方面的能力都有很大提高。需要探讨的问题是:基础知识一般是求同思维,不是求异思维,是否要采取这种教学方式?再说,学生不会有教师讲得好。

改革与提高的设想

自主学习的基础内涵是在学生自由选择自主设计后由自愿引发其主动的建构式的学习行为,其目的是使学生从中学会怎么学习,学会在学习上的自立。课堂学习所采用的"独立讲授-课堂交流法",是教师研究性教学与学生自主学习显性互动的模式,是学生自主学习中承上启下的阶段(即检查展示(全班学生)前期自主学习课本知识的效果,引发启动(部分学生)后期思考问题并尝试论文写作)。由于这是学生第一次也是第一组采用"独立讲授-课堂交流法",部分学生的疑虑观望或不适应是自然的,但认真对待他们的反应并采取可行的措施消除疑虑是必须的。

1. 让更多的人参与课堂讨论。教师将思考题提前放在QQ群上,讲授小组也将本组研读发现的疑问点放在QQ群上,每个学生都可以将自己预习时产生的问题提到QQ群上;所有课前、课上提交问题或解答问题的都视其质量记为平时成绩。

2. 促使学生认真学习自己讲授以外的其他知识点。每人在自己所讲授的知识范围内出问答题5个,汇总后由教师审定,公布在QQ群,期末时由学生自选5个不同同学的问题当场回答,教师公开打分。

3. 提升困难学生讲授水平。教师在辅导学生准备讲稿时需针对学生个体差异因材施教,发现理解建构知识能力差的学生,除了要提炼重点讲解要点外,还要帮助梳理各知识的关系,启迪他发现或解答问题的思路,直至将教师的讲稿传授给他,以保证课堂讲授的基本质量。

附:阅读参考文献

一、必读书目

毛世桢.对外汉语语音教学.上海:华东师范大学出版社,2008

齐沪扬.现代汉语.北京:商务印书馆,2007

张亚军.语言学概论.上海:华东师范大学出版社,2013

黄伯荣,廖序东.现代汉语.北京:高等教育出版社,2011

二、选读书目

徐世荣.普通话语音知识.北京：文字改革出版社,1980
王理嘉.音系学基础.北京：语文出版社,1991
曹剑芬.现代语音研究与探索.北京：商务印书馆,2007
周同春.汉语语音学.北京：北京师范大学出版社,1990
傅国通.现代汉语语音.杭州：浙江人民出版社,2008
林焘,王理嘉.语音学教程.北京：北京大学出版社,1992
罗常培,王均.普通语音学纲要.北京：商务印书馆,2004
吴宗济,林茂灿.实验语言学概要.北京：高等教育出版社,1989
林焘.普通话和北京话.北京：语文出版社,2000

“对外汉语教学概论”研究性教学案例

授课教师 陈　莉

课程名称 对外汉语教学概论

授课单元 对外汉语教学的语言文化因素

实施专业 汉语国际教育 2013 级

课程设计思路

本单元采用案例分析法。教学分为三部分内容：(1) 自学要求(课前布置任务)，学习教材相关章节内容。(2) 课堂呈现案例，教师引导，学生自主讨论分析案例。(3) 课堂总结。

教学目标

1. 通过学习，掌握与对外汉语教学相关的文化教学内容，特别是语言文化因素。

2. 培养学生正确分析语构文化、语义文化和语用文化。掌握文化教学原则。

3. 培养学生自主解决问题，将理论与语言事实结合分析的能力。

教学内容

刘珣《对外汉语教育学引论》第四章第三节。

教学课时 2课时

教学方法 自学、课堂案例讨论、课后总结反思相结合。

预先布置《对外汉语教育引论》第四章第三节学习内容，学生预习教材内容，阅读相关参考书的内容。

教师准备课堂讨论的案例，在学生预习过程中帮助学生答疑。

教学设计的关键点

1. 提前布置自学任务。做好课前自主学习的内容布置以及学习方法的提示，并提供相关参考资料的获得渠道。

2. 精心备课，既备内容又备方法。首先要选取针对性强的案例，组织好课堂讨论；其次要调动学生讨论的积极性，掌控课堂讨论节奏，同时预设突发问题的解决方案；最后要针对学生的课堂表现进行科学引导并做出正确评估。

3. 督促学生完成课后的总结反思任务。使学生系统全面掌握所学理论，提高实际分析能力。

教学过程

一、第一课时

1. 课堂导入。教师简要询问学生课前学习是否遇到障碍。

2. 总结理论要点。(检查自学情况；提问；PPT 演示总结。)

3. 语构案例分析

过程：呈现案例—提出案例分析要求—自由讨论—得出结论

案例一：1983 年，中国女排和美国女排在世界杯小组赛上相遇，赛后中国报纸上出现了《中国队大胜美国队》的标题。过了几天，决赛里中国队和美国队又碰到了一起，争夺冠军，中国报纸的标题换成了《中国队大败美国队》。一位名叫 Rose 的美国留学生看了报纸后很高兴，以为美国队赢了，并在中国同学面前显摆了一番，结果闹了笑话。Rose 愤愤不平地说：“汉语太奇怪了，胜败都是中国人赢，那还比赛什么呢?”

案例分析要求：

(1) 案例描述事件发生的原因?

(2) 案例反映了汉语什么样的特点?

(3) 从文化学角度看，案例反映的是汉语的什么文化?

案例讨论：自由发言

案例分析核心观点：(1) Rose误解的原因是其对案例中的两个新闻标题理解困难。前一个标题的意思就是："中国队大胜了美国队"，后一个标题的意思是："中国队把美国队打得大败"是同一语义的不同表达方式。(2) 反映出了汉语句式使用过程中常把完整句当中的一部分内容省略不说。这是中国口语的语言习惯问题。像后一句话，要变个意思就要说："大败于美国队。"这个"于"，就不能省略了。这体现出汉语句式表达的灵活性。(3) 这个案例属于语构文化范畴。

案例二：中英文对译

原文：Never put off till tomorrow what can be done today.

译文：今日事，今日毕。

原文：The business of a business is business.

译文：在商言商。

五讲四美三热爱

five talks, four beauties, three loves.

案例分析要求：

(1) 观察中英文对译，分析其中存在的问题。

(2) 思考这一案例反映了汉语怎样的特征？

(3) 这一特征属于语言中的什么文化现象？

案例讨论：自由发言、现场提问。

案例分析核心观点：通过中英文对译观察我们发现对译1、2两组，汉语表述明显比英语表述简练。对译3汉语高度概括的内容，英语用相同的字数或词数无法对应直译。这反映出了汉语高度意合性特征，它属于语构文化的范畴。

案例三：中英文对译

原文：一旦机器出现故障，就把电门关上。

译文：Turn off the switch when anything goes wrong with the machine.

原文：像她那么漂亮的姑娘竟爱上了这么一个丑八怪，真有意思！

译文：It is funny that a beautiful girl like her should fall in love with such an ugly man.

案例分析核心观点：通过分析这两组中英文对译，我们发现汉语的叙事和英语的叙事顺序不同。汉语一般按照时间或事理的先后顺序排列，说明事物由原因到结果，由已知信息到未知信息。这反映了中国人重视直觉体验、善于整体把握的思维方式。

4. 知识小结

由以上三个案例，我们可以发现，汉语结构最大的特点就是重意合而不重形式，重意合必然带来结构的灵活性和简约性。在词、词组、句子和话语篇章的构造中都体现出了民族的心理模式和思维方式。这都属于语言文化因中的语构文化。

二、第二课时

1. 承接前课，提问：刚才我们分析了汉语语言文化中的语构文化因素。那么现在请大家根据自学情况说一些中国有其他国家很难有对应词语的词。

过程：(1) 学生自由发言—教师板书—师生讨论词语特点—总结。

梅雨、熊猫、梯田 ——特定自然地理环境制约的词汇。

旗袍、四合院、炕 ——特定物质生活条件制约的词汇。

科举、支书、下放——特点社会政治、经济制度制约的词汇。

红娘、阿Q、虚岁——特定精神文化制约的词汇。

(2) 教师总结(PPT演示)。

重要知识小结：语义文化是语言的语义系统中，特别是词汇系统中包含的社会文化涵义。是语言教学中文化因素教学的重点。这是语言中的文化因素最基本、最大量的表现形式，也是语言教学中文化因素教学的重点之一。语义文化常常和词汇教学结合在一起。

2. 语用案例分析

过程：呈现案例—提出案例分析要求—自由讨论—得出结论

(1) (北静王)向贾政笑道：“令郎真乃龙驹凤雏，非小王在老世翁前唐突，将来‘雏凤清于老凤声’，为可量也。”贾政赔笑道：“犬子岂敢谬承金奖，赖藩郡余祯，果如所言，亦荫生辈之幸矣。”

(2) 外国客人：你的工作做得很好。

中国服务员：不，我的工作还有许多缺点。

(3) 外国老师：Your English is excellent.

中国服务员：No, no, My English is still far from being perfect.

案例分析要点：

在语言的具体使用中，需要看交际双方的身份及国别。这三则对话都是关于赞扬与回应的案例。例(1)交际双方同为共同文化背景下的人，这一交际对话在我们看来十分得体。

例(2)、例(3)交际双方存在跨文化现象，属于跨文化交际范畴。例(2)在中国服务员看来是表示谦虚，对外国人来说则是失礼。例(3)在中国学生看来是表示谦虚，对外国老师来说则是失礼。这就说明了跨文化交际中的礼貌准则之间发生了冲突。英语文化中受到称赞要表示感谢，发话者希望听到肯定回答，如

"Thank you!","Thank you for saying so."等,以示对他的观点表示赞同,达到认同效果就表达了礼貌。

以上案例属于语用文化,它由不同民族的文化、特别是习俗文化所决定。语用文化是培养语言交际能力的主要内容。

3. 重要知识小结

语用文化不是由交际者的发音和语法正确与否,以及词汇量的大小等因素引起,而在跨文化言语交际中,人们总是习惯于用自己的思维来解释对方的话,这就可能对对方的话语做出错误的理解,或用母语的回答方式回答对方的话语,这样在双方的交际中就产生了语用失误。对外汉语教学中常用的基本语用文化主要包括称呼、问候和道别、道谢和道歉、敬语和谦辞、褒奖和辞让、宴请和送礼、隐私和禁忌等。这类语用规则突出地体现了中国文化崇尚集体与和谐、关心他人、尊重他人、热心待人、谦虚律己的传统。

4. 引申问题。对外汉语教学中的文化教学原则是什么?

独立思考—自由发言—教师引导—形成观点

5. 课堂小结(PPT 演示)

教学效果与方法反思

本课教学结束后,在两个层面上对教学进行了反思,一是教学效果。通过教师课堂观察发现,学生参与度较以往课堂有所增加,课堂气氛活跃;课后学生询问,大家都认为已经掌握了本课的知识点,有学习兴趣。二是教学方法。研究性课堂教学需要注意细节,比如教师如何抛出问题、如何引导学生、如何将理论转化为实践、如何鼓励激发学生参与讨论、如何选定参考资料等等。

附:阅读参考文献

一、论著

布罗斯纳安.中国和英语国家非语言交际对比.毕继万,译.北京:北京语言学院出版社,1991

胡文仲.跨文化交际与外语教学.长沙:湖南教育出版社,1997

刘润清.语言与文化.北京:外语教学与研究出版社,1996

邢福义.文化语言学.武汉:湖北教育出版社,1990

申小龙.文化语言学.南昌:江西教育出版社,1993

王福祥.文化与语言.北京:外语教育与研究出版社,1994

二、论文

毕继万."礼貌"的文化特性研究.世界汉语教学,1996,1

毕继万,张德鑫.对外汉语教学中的文化问题.语言文字应用,1994,2

陈光磊.语言教学中的文化导入.语言教学与研究,1992,3

陈光磊.关于对外汉语课中的文化教学问题.语言文字应用,1997,1

程棠.关于当前对外汉语教学中的几个问题.语言教学与研究,1992,2

高一虹.跨文化交际能力的培养:“跨域”与“超越”.外语与外语教学,2002,10

郭金鼓.语言能力相差悬殊的双方实现交际的可能性.语言教学与研究,1993,1

何道宽.比较文化之我见.读书,1983,8

胡文仲.不同文化之间的交际与外语教学.外语教学与研究,1985,4

胡文仲.文化教学与文化研究.外语教学与研究,1992,1

胡明扬.对外汉语教学中的文化因素.语言教学与研究,1993,4

周健.论汉语教学中的文化教学及教师的双文化意识.语言与翻译,2004,1

“对外汉语教材教法研究”研究性教学案例

授课教师 李现乐

课程名称 对外汉语教材教法研究

实施专业 汉语国际教育专业

教学内容 教材内容的文化取向与文化偏误分析。

设计思路

本节“研究性教学”的设计遵照教师主导与学生主体相结合、理论与实践相结合等教学基本原则，采用讨论法和自主学习法相结合的教学方法。在教师必要的自学提示下，学生利用已有知识自主学习新课，并在师生讨论中运用所学理论解决教材分析中的实践问题。在此过程中，达到掌握基本理论知识、培养实践能力的目的。

教学目标

1. 理解并掌握对外汉语教材内容的文化取向的总原则、基本原则和具体原则，熟悉文化取向分析的两种基本类型，能够对文化取向分析的学习者视角有正确的认识；

2. 能够运用教材文化取向分析的基本理论，从文化内容选取和文化内容解说两方面较为客观地分析对外汉语教材中的文化偏误现象；

3. 通过自主学习和小组合作，培养学生独立思考、批判性思维的品质和团队合作精神。

教学方法 自学指导法、讨论法与讲授法相结合

教学课时 2课时

教学关键点

1. 做好课前自主学习的学习内容和方法方面的提示与引导，指导自主学习；

2. 组织好课堂讨论，让学生的学习和研究结果得到充分展示和交流，并使学生在讨论中对所学内容形成新的更深入的理解；

3. 做好课堂的理论总结归纳，使学生系统全面掌握所学理论。

教学过程

一、课前自学提示

自主学习第五章第三、四节，完成以下学习任务：

1. 理论学习

(1) 交际文化与知识文化的区别；

(2) 教材内容文化取向的原则(含总原则、基本原则和具体原则)；

(3) 教材文化偏误分析方法。

2. 教材分析

参照教材第156—167页的教材分析方法，选取一部对外汉语教材，分析其中文化选择与解释方面的得与失；

相关要求：

通过小组合作，完成上述两大任务；每组6—8人；教材有展示，分析有过程，讨论有结论；课堂讨论与展示过程中，每组都要发表观点，可以使用PPT展示教材分析的结果。

二、课外自主学习

(略)

三、课堂讨论分析

1. 教师提出课堂讨论分析的具体要求

(1) 每组一至两人，就本组讨论问题进行2-3分钟的发言；

(2) 围绕“教材内容的文化取向”或“教材的文化偏误分析”(或自学提示中的问题)进行讨论;

(3) 不必面面俱到,可有选择地重点谈论某一方面的理论问题;

(4) 其他组同学可以对此补充或批判。

2. 学生分组发言

(1) 学生分组发言。每组发言时长2—3分钟。

(2) 教师及时发现并记录学生发言过程中的理论问题和观点偏向,提醒其他同学参与思考、讨论。有可能出现理解上或易混淆的问题:

① 文化内容取向的基本原则和具体原则难以区分;

② 没有注意到语言教材和文化教材在文化取向和文化分析上的区别。

3. 小结

(1) 教师简要点评各组对本节基本理论的理解和表达情况,重点分析点评学生对文化取向基本原则和具体原则的理解状况。

(2) 关于理论学习的体会,学生自由发言。限时1分钟。

四、理论归纳梳理

1. 教师归纳梳理主要理论知识点

教师在归纳梳理主要理论时,注意以下问题:总结评价学生发言中的相关理论和观点;根据学生课堂发言情况(理解程度),确定教师总结归纳的重点和详略程度。基本理论知识点如下:

(1) 为什么要分析教材中的文化问题

从语言与文化的关系、语言教学与文化教学的关系、对外汉语教学的目的等几方面进行简要梳理。

(2) 交际文化与知识文化及其区别

两种文化在语言教学中的重要性;阐述两种文化的文献资料分析;举例说明两种文化的内涵与区别。

(3) 教材内容文化取向的原则

总原则——符合外语教学目标和规律,选取与语言理解和交际密切相关的文化内容;基本原则——与语言教学的水平阶段相适应;与学习者的真正需要相适应;服务于语言教学;具体原则——先认同,后找差异;双向文化态度;避免说教、弘扬、宣传;不要迎合外国人的猎奇心理;以主流文化、当代文化为主。

(4) 教材中的文化偏误分析方法

① 文化偏误分析的两种类型:学习者的文化偏误分析和教材内容的文化偏误分析。本节所说的文化偏误分析是后者。

② 教材内容的文化偏误分析：语言教材中的文化内容和文化教材中的文化内容；文化内容的选择（文化取向）；文化内容的解说（文化解说）。

③ 教材的文化偏误分析的评判标准：是否服务于语言教学；是否与学生的需求相适应；是否与学生的水平相适应。

2. 学生自由发言，教师解答疑惑（限时 3 分钟）

3. 典型案例分析

选取课本第 157—167 页中的两个案例，师生共同讨论其中的文化偏误问题，引导学生初步总结文化偏误分析方法。

(1) 文化取向的偏误分析（以课本 158 页案例二为例：大学校园里的社交）

① 学生发言

偏误的具体表现形式。例如，文化点选择的价值不大，介绍的社交内容也不太切合实际。

② 教师点评

这个案例中，文化点的选择和解说都存在问题，应选择更具有实用价值和有代表性的校园文化来介绍。

③ 师生总结

对文化点的选择要考虑到必要性、实用性、代表性和真实性。因此，对于教材文化内容的选择，可以从上述几方面着手分析。

(2) 文化解说的偏误分析（以课本 166 页的案例五为例：中国人的道歉）

① 学生发言

偏误的具体表现形式。例如，选题意义不大，一些社会现象解说得言过其实，随意使用周遍性的指称，如“中国人”，社会心理分析也过于随意。

② 教师点评

这一文化点的解说从选题到解说都存在问题，主要问题是以偏概全，随意使用全称，观点经不起推敲，解说不准确。

③ 师生总结

在文化点的解说方面，要客观，不可随意夸大，要具有针对性，同时最好通过比较、联系实例加以解说。这些方面，同样也是分析评价教材文化解说的重要标准。

对一部教材中的文化偏误分析，既要看文化点的选择，也要看文化点的解说，这两个方面往往是相关联的。文化点选择是首要的，在此基础上才能分析文化点解说的适当与否。无论是文化点的选择还是解说，都要遵循其基本原则，要与语言教学的水平阶段相适应，与学习者的需求相适应，要服务于语言教学。这是进行教材文化偏误分析的基本标准。

五、实践运用(教材分析)

1. 教师提出教材分析的要求

(1) 每组选择一部(本)对外汉语教材,分析其中的文化偏误问题;

(2) 重点选择其中一个文化点,针对其文化内容的选取或解说来分析;

(3) 分析要有理有据,理是教材文化偏误分析的理论,据是教材中文化解说的实例;

(4) 每组一人主讲,小组其他成员可补充,其他小组同学可参与讨论。

2. 学生分组报告教材分析结果

在学生报告和课堂讨论期间,教师及时引导学生讨论其中理论观点和分析方法问题。主要注意以下几方面问题:

(1) 对所选教材基本信息的介绍。这是教材分析的前提条件。一般情况下,每本对外汉语教材都有"前言""说明"或"编者的话"之类的说明。这一部分会介绍教材的适用对象、教材概况甚至使用教材的原则方法等。分析教材中的文化偏误,离不开对教材基本概况的把握。关于这一点,在本节文化内容取向的基本原则中就有明确的阐述,"文化内容的取向和具体内容的选择应与语言教学的水平阶段相适应"。因此,学生在进行教材的文化偏误分析时需要简要介绍教材的基本信息,如适用对象的语言水平、课型等。

(2) 区分语言教材与文化教材。随着对外汉语教学的深入,教材编写的类型也越加精细化,语言教材、文化教材就是有着显著区别的两类教材,前者更注重基本语言知识和语言技能的学习和训练,后者注重文化知识的学习和了解。在本节教材文化偏误分析中,需要区别这两类教材,因为两者在文化点的选取与解说、甚至对学习者语言文化基础的要求等各方面存在较大差异。因此,需要引导学生区别对待、具体分析两类不同的教材中所体现的文化偏误现象,不能将基本理论用得过死,防止一刀切。

(3) 防止离开基本理论做过于主观化的分析。根据以往教学经历,有学生在进行文化偏误分析时脱离已有的基本理论和原则,完全凭借个人对母语、母文化的印象和感觉,过于主观地评价对外汉语教材中的文化选择与解说。这种脱离理论的主观评析存在很大的问题。一方面,教材的使用者(汉语作为第二语言的学习者)与教材的评析者在语言、文化上存在较大差异,不能以评析者的母语、母文化的直觉感受来分析用于汉语作为第二语言学习者的教材。另一方面,即便是同一文化背景下的教材文化偏误分析,如果脱离基本理论,全凭主观感受,也会出现截然不同的分析结果。因此,务必引导学生联系本节所学基本理论和基本分析方法加以客观分析。

(4) 避免为分析而分析的倾向。根据以往教学经历，个别同学可能敷衍了事，在对所选教材未做深入分析的情况下，随意找一些文化点，为分析而分析，草率地指出其中的文化偏误现象。教材的文化偏误分析，需要依据相关理论，紧密结合具体教材的类型，深入把握教材具体文化点选取和解说的特点，加以科学客观地分析。因此，需要引导学生静下心来，选择适当教材，充分考虑教材中的文化选择和文化解说的语言背景和文化语境，依据文化偏误分析理论，实事求是地加以评析，逐渐养成科学、严谨地分析问题的习惯。

3. 教师总结

(1) 总结提炼学生分组报告和讨论中涉及的理论问题，主要是文化内容取向的基本原则和具体原则以及学习者视角的问题。

(2) 分析总结学生文化偏误分析和课堂讨论过程中所涉及的方法问题，例如上述几类需要注意的问题。

六、课堂总结反思

1. 学习内容的总结

(1) 理论知识点：教材文化内容取向的总原则、基本原则和具体原则。

(2) 教材文化偏误分析方法：依据基本理论，紧密结合具体教材的类型特点，细致严谨客观评价其中的文化偏误现象。

(3) 拓展发散：针对教材中的文化偏误现象，结合文化偏误分析的基本理论和方法，作为一名对外汉语教师，在教学中应如何更好地处理教材中的文化偏误现象，如何批判性地使用教材，提高教学效率？

2. 学习方法和学习过程的反思

(1) 学习方法的总结：理论学习与实践运用的关系，将基本理论运用于教材分析实践中，加强基本理论学习，增强教材分析能力。

(2) 学习过程的反思：从基本理论的学习掌握，到典型案例的尝试性分析，再到独立分析一本教材中的文化偏误现象；自主学习在整个学习过程中的重要性。

3. 学生自由发言，谈谈本次学习体会。

七、下节自学提示

有关第五节“专门用途汉语教学与教材编写”的自学提示。(略)

改革与提高的设想

根据以往教学经历，总体上看，通过这一教学模式，学生能够积极参与理论学习和教材分析，自主学习意识有所增强，教材分析能力有所锻炼，初步达到预期的教学目的。另一方面，在对具体教材文化偏误的讨论环节中，虽然学生参与讨论的积极性较高，课堂讨论氛围较好，但是依据所学理论分析教材能力尚有欠缺，在教材分析的理论深度和系统性方面有待加强。改革和提高的设想如下：

1. 加强课前自学指导，重点是在运用所学理论分析教材方面的学习指导；

2. 在课堂讨论和教材分析环节，加强理论运用于实践的指导，引导学生将所学的教材文化偏误分析理论运用于教材分析中，而不仅仅是凭自己的语感或印象来分析教材；

3. 加强课后指导，鼓励学生将课堂汇报展示的教材分析内容整理成小论文，作为课程作业，或者继续深加工，在期刊上发表。

附：阅读参考文献

一、专著

李泉.对外汉语教学理论思考.北京：教育科学出版社，2005

李泉.对外汉语教材研究.北京：商务印书馆，2006

李泉.对外汉语教材通论.北京：商务印书馆，2012

刘珣.对外汉语教育学引论.北京：北京语言大学出版社，2000

倪明亮.汉语综合课教材论：文册.北京：北京语言大学出版社，2012

沈庶英.对外汉语教材理论与实践探索.北京：北京语言大学出版社，2012

盛炎.语言教学原理.重庆：重庆出版社，1990

束定芳，庄智象.现代外语教学：理论、实践与方法.修订版.上海：上海外语教育出版社，2008

赵金铭.对外汉语教学概论.北京：商务印书馆，2004

二、论文

卢伟.对外汉语教学中的文化因素研究述评.世界汉语教学，1996，2

张占一.试议交际文化和知识文化.语言教学与研究，1990，3

张占一等.如何理解和揭示对外汉语教学中的文化因素.语言教学与研究，1991，4

赵金铭.论汉语作为外语教学中的文化取向.见：陈恩泉主编.双语双方言（第5辑）.香港：汉学出版社，1997

周小兵，罗宇，张丽.基于中外对比的汉语文化教材系统考察.语言教学与研究，2010，5

三、其他文献

最新的相关期刊论文和学术专著。

“秘书学理论”研究性教学案例

授课教师 李晓丽

课程名称 秘书学理论

授课单元 人际关系与秘书

实施专业 文秘专业 2012 级

课程设计思路

本单元“研究性教学”采用的方法是“案例研究法”，即在课程学习过程中采用情景式案例讨论的形式，启发学生积极展开讨论，发现问题，多角度思考问题，从而获得解决实际问题的方法和能力。

教学目标

通过本章节研究学习讨论，使学生能够准确把握秘书与领导之间关系的实质以及秘书处理人际关系的方法和技巧；通过“案例讨论研究”的学习方法，引导学生了解秘书学理论课程的特点，透过现象揭示事物本质，注重理论与实践的紧密结合，培养学生理论研究能力和实践运用能力；使学生能够树立正确的职业角色意识，加强对秘书职业的认同感，从而培养良好的秘书职业道德素养。

教学内容

秘书如何构建与领导的和谐关系。

教学课时 2课时

教学方法

本章节着重通过“头脑风暴法”和“案例讨论研究”的学习方式,使学生进一步明确秘书与领导之间关系的实质,以及构建和谐人际关系相处的方法和艺术。

教学设计的关键点

1. 结合学科特点,以点带面,注重理论联系实际

一门学科与其他学科的本质区别,应当是它的研究对象。秘书学理论来源于秘书工作实践,是研究“秘书工作现象及其本质和规律”作为其本质属性,理论学习的目的在于透过现象揭示事物的本质。秘书学理论具有综合性、应用性和开放性的特点,因此秘书学理论的课程设计不能单纯以讲授理论知识为主,需要透过大量与秘书工作实践有关的材料、案例的分析研讨,从而把握秘书工作的发展规律。

2. 选择恰当案例,循循善诱,启发学生思考

秘书学理论与秘书工作实践是相互依存的,案例研究法是秘书学常用的研究方法。适当选择一些新颖、生动、典型且来源于秘书工作实践的案例,引导学生进行透彻地观察、深入地反思和积极广泛地探讨。教师在备课时要选择与教学内容密切相关的具有针对性的案例,并且要控制好教学节奏,巧妙穿插教学案例,鼓励学生采用头脑风暴法分组讨论、相互启发、注重其批判性、发散性思维的训练。教师需要在学生讨论过程中适当引导,保证教学内容的集中性,纠正或改进学生错误、偏激的观点,以此充分调动学生的积极性,有助于培养学生分析解决问题的能力。

教学进程

一、课堂导入

在前面的授课中,我们已经了解了秘书处理人际关系的一般原则,而秘书出于工作需要将会形成各种类型的人际关系。今天我们首先来探讨秘书如何与领导和谐相处？由于秘书工作是为领导工作服务的,因此形成了秘书与领导的特殊关系,也是秘书人际关系中最重要、最本质的关系,是决定秘书工作成败的关键因素。领导需要怎样的秘书和秘书工作需要怎样的领导,这两者的实践需要,奠定了正确处理两者关系和联系的认识前提。正确处理两者之间的关系,是秘

书学研究的重要课题。秘书与领导的关系不是一种平面关系，而是一种多层次的多面关系。因此我们首先要了解一个前提，秘书与领导之间关系的实质是什么？请看一道选择题：以下哪个选项的比喻能够正确体现秘书与领导之间关系实质？

A. 狐狸与老虎　B. 乐手与指挥　C. 老鼠与猫　D. 木偶师与木偶

讨论述要：

统计结果：95%同学选择了B。

提问1：为什么乐手与指挥最适合描述秘书与领导之间的关系实质呢？

回答一：秘书与领导的工作目标是一致的，在实现目标的过程中，应尽可能保持步调一致。而乐手与指挥的演奏目标也是一致的，通过相互的协调配合为观众完成一场盛大的演出。

回答二：秘书需要时刻了解领导的决策意图和工作打算，甚至还要适应领导的思维方式和工作习惯，相互配合共同促进。而乐手同样必须深刻准确领会指挥的手势意图，配合默契。

提问2：没有选择其他三个选项的原因是什么？

回答一：狐狸与老虎的选项很容易让人想起狐假虎威的成语故事，狡猾的狐狸骗取了老虎的信任，假借老虎的威风捞取好处。在实际工作中也会存在这样的秘书，在领导面前一味迎合顺从，从不提出异议，但在背后俨然以二把手自居，发生了严重的角色错位。

回答二：老鼠与猫的关系是一对天敌的关系，而秘书与领导之间不应该是敌对关系，或者是强与弱的关系。

回答三：木偶师与木偶正好形象地描绘了有些领导过于放手，给予秘书过多的权力和职能范围。而领导却成了“官僚道具”或“行政木偶”，凡事都严重依赖秘书。

教师的观点：在这四个选项中，乐手与指挥最适合描述秘书与领导之间关系实质，而其他三个选项中所涉及的秘书与领导之间关系错位的问题也促使我们进一步思考秘书应该如何正确定位与领导之间的关系实质。首先秘书与领导作为社会的人来说，是没有贵贱之分的，应该互相尊重，人格平等；其次，秘书与领导在工作中是上下级关系，这是一种组织上的关系，正是这种关系，决定着秘书在充分行使着自己的政治权力的同时，也要接受上级的领导，必须尊重组织上所赋予领导者的权力，不能越俎代庖，超越权限以致代替领导；再次秘书作为领导的参谋和助手，其辅助范围是有限定性的，并不是包罗一切，而是角色职责内的辅助和服务。我们可以有如下的概括：

秘书与领导之间关系的实质
1. 人格上的平等关系
2. 目标一致的同志关系
3. 组织上的上下级关系
4. 工作上的主辅关系

教师小结：在上述关系中，最能体现秘书角色关系本质特征的应该是秘书与领导的工作关系，即辅助与决策的关系，辅助性是秘书工作的本质属性，这是规范秘书角色行为的出发点，也是秘书工作的出发点。我们分析秘书与领导关系的多维性，是为了更好地定位秘书的角色。

二、教学环节设计

教学具体环节着重围绕"秘书如何构建与领导之间和谐人际关系"的授课内容进行情景式教学案例的合理设计，主要以"头脑风暴法"和"案例讨论研究"的学习方法，分别从以下四个方面作较为系统全面地研究讨论，启发学生多角度思考解决问题的方式途径。在教师的主导启发下，循序渐进地引导学生明确秘书与领导之间关系的实质，学习如何恰当运用人际关系处理技巧，从而构建与领导之间的和谐关系？

教师的工作重点，一是在学生讨论汇报的过程中要答疑解惑、指点迷津；二是要对相互辩论的环节做好充分的预计并提前做好应对和点评的准备。

具体教学内容设计如下：

秘书与领导的关系是秘书工作的核心问题，双方的关系最为密切，也最为特殊。秘书必须认真研究、努力弄清并掌握二者的独特关系，才能始终保持认识上的清醒和工作上的主动。秘书与领导的关系和谐度越高，秘书工作的质量和效率就会越高，工作效果就越好；反之，其工作质量和效率就会越低，效果亦不好，工作目标也难以实现。深入研究并准确把握二者之间的复杂关系，还能够防止和纠正将秘书与领导关系庸俗化的错误倾向。秘书要处理好与领导之间的关系，关键要围绕"领导工作的需求线"，把握好"秘书工作的追求线"，构建两者之间和谐的人际关系。

（一）尊重和服从领导，认真执行已形成的决策

【案例讨论】当领导已经做出了某项决策，而作为秘书，如果你觉得领导做出了错误的决策，你该怎么办？

这个题目看似容易，同学们略加思索，马上就有了各种不同的答案，讨论的场面非常热烈。

回答一："如果领导错了，那就得向领导提建议，让领导认识到错误，以便做出正确选择。"

教师提问:“如果领导认识不到错误呢?”

学生答:“如果领导认识不到错误,作为一个负责任的下属,就应该按照正确的方法去做,顾全大局,让事情得到合理的解决,之后再让领导自己意识到他的问题。”

教师提问:“很好。可是,如果是你错了呢?”

学生答:“如果是我错了,我觉得那也没什么,最起码我问心无愧。”

回答二:“如果领导错了,就想办法让他了解自己的错误,比如,可以采取拖延的策略,给领导充分的时间,以便作正确的决策。如果还是不行,从整体考虑,就得冒险找领导的上级。”

教师提问:“精神可嘉,很有敬业精神。但是,如果你拖着,误了事怎么办?或者去找领导的上级,这属于越级汇报,这个后果怎么承担?”

学生答:“当然是在不耽误事情的前提下,如果会耽误事情,自然就不能拖了。至于越级办事的问题确实存在——可是,我们怎么也不能看着领导犯错啊。就算是越级了,为了整体利益,那也值得。”

回答三:“如果领导错了,我们仍然要按照领导说的办,但是,要在尽可能的情况下修正错误。”

教师提问:“就是说,整体上按照领导的思路,但是细节上按照正确的方式去做,对不对?”

学生答:“就是这样吧,目标是实现效率的最大化。”

教师继续提问:“可是,能不能这样理解,这是对领导的安排打折扣?”

学生答:“我觉得换一种说法更合适,就是说,要更高明地促使事情办成。”

同学们的思路一打开,观点自然有很多。有的还说用更高明的方法劝谏,或者想办法让领导自己认识错误……总之,是让领导“突然间自己认识到错误”。

教师点评:“秘书是领导权力向外延伸、发生效力的第一环节。领导做出的决策部署、决定安排,秘书必须迅速响应、坚决执行、按照领导意图落实到位,这一点相信每一位秘书心里都十分清楚。所以,做好秘书工作重要的一步,就是要学会如何尊重和服从领导,认真执行领导的决策。当领导找你商讨问题时,要毫无保留地提出自己的看法,如果领导有不同的观点,秘书应当尊重领导的意见,如果已经形成了决议,尽管自己还有不同的看法,此时,也只能保留自己的意见,坚定不移地执行决议。

理由陈述如下:当我们自己有了见解的时候,离真相到底有多远?第一,领导所作的决定在你看来是错的,实际上未必是错的。这种判断不一致的根本原因在于信息不对称。领导的职务越高,所拥有的信息量越大,而你可能并没有掌握这些信息。领导做出的决定可能考虑得更全面,是最符合当前形势的,或者说是对的。而下属的质疑虽然有可能是对的,但是错误的可能性更大。在信息不对称的情况下,谁掌握的信息越多,谁的决定正确的可能性越大。所以你的质疑很可能是错的。

第二,从实际来看,这里还存在着一个更大的问题,那就是——因为不服从领导指挥而受到的损失可能远比领导决策错误带来的损失大得多。当领导已经做出了一个决定,而你在质疑这个决定对不对的时候,就意味着你不能很好地领会和执行领导的意图,甚至会与领导的安排对着干、反着做。

事实上,执行力往往是决定决策成败的关键。不能说领导有一部分错误,有一些风险你就不执行,你执行的风险只有 10%,而你不执行的风险将是百分之百,两害取其轻,两益取其重。真正专业化的秘书应该在领导咨询征求你意见的时候敢于提出不同意见,但如果领导否决了你的意见再让你执行的时候,必须认真执行。

(二) 正确看待领导缺失,委婉提醒,适时规劝

问题 A:当领导在工作中出现明显失误时,秘书该如何进言?

回答一:应该选择适当的时机与领导沟通,不要在领导情绪烦闷、焦躁或工作忙碌的时候来处理此类事情。

回答二:应该选择适当的交谈场合,避免在公开场合或陌生人在场的情况下进行。

回答三:了解领导者不同的性格与处事特点,维护领导的权威感,采取合适的沟通方法。

回答四:进言时要注意态度诚恳、表情自然、口气婉转、语调平和、忌态度傲慢、理直气壮。

问题 B:请举例说明秘书进言的语言技巧?

回答一:将反对意见换成建议。

发现领导工做出现原则性错误,如果不及时纠正,可能会造成严重的影响。但是,这个问题非常敏感,领导可能会很在意别人反对他的提案。你找到领导,应该礼貌地说:"我对某个问题有些想法想向您汇报,不知能否耽误您一点时间……"如此,领导会感到问题的严重性,而你友好的态度,对于解决这个问题也有好处。

回答二:先肯定,后建议。

在提出你的想法和建议之前,要先肯定领导意见的可取之处,然后,用"但是"引出你的想法。"但是,如果……这样是否会更完美、更好一些呢?"一般情况下,人们都愿意接受这样的建议方式。

回答三:应对事不对人。

如果事情涉及其他人，切忌说“某某如何如何”之类的话，更不要说直接攻击对方的话语，讲话只对事不对人。不要用“他的那个意见，纯属无稽之谈”之类的语言，不要涉及问题以外的事。比如“这是平时不注意调查研究的结果”，或者“这个人就是不虚心”之类，都属于与领导谈话禁止使用的语言。

教师点评：常言道“人无完人”，领导总难免会有这样或那样的不足。作为秘书不能参与对领导的议论，不能散布有损领导威信的言论。如果领导在工作中出现了差错或失误，秘书要及时补救，只能补台，不可拆台，即使秘书本人因此受些误解或委屈，也要泰然处之，要有牺牲自己保全领导的心理准备和实际行动。如果碰到学历、能力、资历都不如你的领导，更要小心，言行要更谨慎，要注意照顾领导的心理感受，尽量避免不必要的误会，切不可在上司面前炫耀自己的优势。

秘书提出不同意见的目的只是要领导理解，接受就行，绝不是为了证明或炫耀自己的正确，更不能达到贬低领导，抬高自己的客观效果。因此，秘书应该采用委婉、含蓄的提示、提醒的方式，让领导自己发现错误，或是等待一定的时间再做请示，让领导冷静下来，重新做决定。思想沟通是密切秘书与领导关系的重要方法。

（三）主动了解领导，加强情感沟通，积极配合适应

【案例讨论】《下班锁门事件引起的风波》

2006 年 4 月 7 日晚，EMC 大中华区总裁陆纯初回办公室取东西，到门口才发现自己没带钥匙。此时他的私人秘书瑞贝卡已经下班。陆试图联系后者未果。数小时后，陆纯初还是难抑怒火，于是在凌晨 1 时 13 分通过内部电子邮件系统给瑞贝卡发了一封措辞严厉且语气生硬的“谴责信”。

陆纯初在这封用英文写就的邮件中说：“我曾告诉过你，想东西、做事情不要想当然！结果今天晚上你就把我锁在门外，我要取的东西都还在办公室里。问题在于你自以为是地认为我随身带了钥匙。从现在起，无论是午餐时段还是晚上下班后，你要与为你服务的每一名经理都确认无事后才能离开办公室，明白了吗？”（事实上，英文原信的口气比上述译文要激烈得多）。陆在发送这封邮件的时候，同时传给了公司几位高管。

两天后，瑞贝卡在邮件中回复说：“首先，我做这件事是完全正确的，我锁门是从安全角度上考虑的，如果一旦丢了东西，我无法承担这个责任。其次，你有钥匙，你自己忘了带，还要说别人不对。造成这件事的主要原因都是你自己，不要把自己的错误转移到别人的身上。第三，你无权干涉和控制我的私人时间，我一天就 8 小时工作时间，请你记住中午和晚上下班的时间都是我的私人时间。第四，从到 EMC 的第一天到现在为止，我工作尽职尽责，也加过很多次的班，我也没有任何怨言，但是如果你们要求我加班是为了工作以外的事情，我无法做到。第五，虽然咱们是上下级的关系，也请你注重一下你说话的语气，这是做人最基本的礼貌问题。第六，我要在这强调一下，我并没有猜想或者假定什么，因为我没有这个时间也没有这个必要。”

本来，这封咄咄逼人的回信已经够令人吃惊了，但是瑞贝卡选择了更加过火的做法。她回信的对象选择了“EMC（北京）、EMC（成都）、EMC（广州）、EMC（上海）”。这样一来，EMC 中国公司的所有人都收到了这封邮件。

问题：在“邮件门”事件中秘书瑞贝卡的行为是否存在有失妥当的地方？并分析原因与恰当的处理对策。

回答一：秘书瑞贝卡缺乏积极主动沟通意识，对人际关系中出现的挫折或障碍无法以理性的态度正确对待。

回答二：瑞贝卡对秘书角色的定位不准确，秘书职责范围不明确。

回答三：瑞贝卡的个性太强，秘书服务意识薄弱。

回答四：瑞贝卡与上司之间缺乏默契，无法准确领会上司的意图。

恰当的做法应该是：同样用英文写一封回信，解释当天的原委并接受总裁的要求，语气注意要温婉有礼。同时给相关部门高管另外去信说明，坦承工作中存在的不足并表示歉意。

教师点评：其实，案例中事情的起因很简单，陆纯初和秘书瑞贝卡对工作时间和职责范围看法不同，以及从中体现出背后的文化冲突。工作时间的限定、职责范围的明确、管理方式的差异，种种微妙之处，既没有明确的公司规定，也不属于法律范畴。而当事人身处其中，应该尊重自己的企业文化。任何行为，如果没有突破公司业务的管理范畴，要按照公司内部的方式处理。对一个高级秘书来讲，对内对外建立沟通系统、对其服务的主管或经理提供资讯咨询服务、起草备忘录和报告、完成上级交办的其他任务均是其职责之内的事。考虑到办公室安全问题，秘书下班走时要锁门是对的，但不意味着，只要下班时间一到，秘书锁门走人是完全正确的。作为一个职业人，特别是秘书，除了有对办公室安全问题考虑的职责外，还有其他的职责，包括在离开办公场所时对重要文件的整理、对离开办公室又未确定离开公司的其他人的提醒或对重要事情的提示、请示等。秘书是领导的左右手，领导很多事情都要借助于秘书，而对于一个出色的秘书来说，应该与领导有诸多默契。对领导的各种语言均能心领神会，能够理解和体谅上司，唯有如此，秘书才能配合领导应对和处理各项事务。试想，如果瑞贝卡和上司能够将冲突以私密的方式沟通和解决，如果双方都能以更职业的心态对待工作，处理上下级关系，“史上最牛女秘书”事件可能就不会发生。

【延伸讨论】根据美国 PDP 领导特质分析系统中的专业术语。根据 PDP 组织29年的研究和实践，以及全球1 600万人次的使用案例，PDP系统将领导者分为五大类型，并用5种动物来形容：老虎型、孔雀型、考拉型、猫头鹰型、变色龙型。不同类型的领导者也因此呈现出不同的领导风格。因此，秘书首先要充分了解领导的性格特征，寻求恰当的方式灵活应对不同类型的领导；其次，秘书应有意识地加强与领导的思想感情沟通，如理解并体谅领导、自觉融入领导的社会关系中去、准确把握角色的微妙转变等。

（四）忠于职守，不失职不越权

工作中，常常看到有些秘书在工作中不按照职责规定办事，越权越位，假借领导的名义发号施令，指手画脚，甚至狐假虎威，假公济私，打着领导的旗号谋取个人的利益等等。而这样的问题古已有之，在古代秘书史上也存在类似现象。

【案例讨论】三国时期，主簿杨修是曹操身边一位好学能文、才思敏捷的参谋和助手。可是，曹操一直对他怀有疑心和戒心，从不信任，年仅44岁，即被曹操以“漏泄教言、交关诸侯”的罪名而杀之。请分析其中原因。

回答一：杨修常常擅权行事，先斩后奏，甚至斩而不奏，致使曹操不悦和反感。

回答二：杨修私自揣摩曹操意图，如他在曹操屯兵斜谷时猜测口令“鸡肋”的含义，并擅作主张，动摇军心，被视为是一起泄露军事机密的严重事件。

回答三：杨修恃才放旷，锋芒毕露，一味弄猜字小技炫耀自己的聪明才智，殊不知，这正是为人幕僚之大忌。

问题：由“杨修之死”案例现代秘书工作可以获取怎样的启示？

回答一：秘书应忠诚于自己的领导，始终一条心服务领导，辅佐领导，才能真正得到领导的认可、信赖。

回答二：秘书应准确定位自身的角色，才能与领导默契配合，更好地履行职责。

回答三：秘书必须在领导授权范围内开展工作，善于从领导角度思考和处理问题，不能代替领导做决定。

教师点评：从“杨修之死”案例中，我们可以总结出杨修之所以被杀，一方面由于他恃才放旷，不懂得收敛，引起曹操的忌恨，另一方面由于杨修角色定位不明确，时常出现越权行为，不但没能维护曹操的权威，反而常自行其是，反辅为主。而三国时期，曹操身边另一位辅臣荀彧则恰恰相反，跟随曹操身边二十余年，深得曹操的宠信，并有赞誉，被其称为“人之师表”“真贤人也”。其原因正在于荀彧比杨修更懂得摆正位置，“谋而不断”；善于察人，巧言进谏；严守秘密，维护领导权威等。古代秘书工作中有许多经验值得我们借鉴学习，希望同学们在研究阅读古代秘书史的过程中能够不断思考，取其精华。

三、教学内容总结

本章节围绕“秘书如何构建与领导之间的和谐关系”教学内容，分层次进行研究探讨学习，从而明确要管理好秘书与领导之间的关系，需做到：深入了解对方和你自己，特别是个人的优点，弱点，工作风格和需求，根据这一信息建立并管理一种健康的工作关系，这种关系要同时适应两个人的工作风格和特性，照顾到双方相互的期望，还要能满足对方最关键的需求。秘书要处理好与领导的关系，真正做到“同心、同向、同步、同频”并不是那么简单，需要始终保持严谨、细致、低调、谦虚以及高度的责任心，同时还要注意时刻保持冷静的头脑，努力防止出现一些“不同”倾向，也就是错误的倾向。

教学效果与讨论

本单元着重探讨了秘书如何构建与领导之间的和谐关系？人际关系的话题始终是学生比较关注和感兴趣的，所以这一章节的学习较容易调动学生的积极参与热情和动脑思考能力。在教学环节设计方面，主要采用了案例研究法，选择了与人际关系密切相关的情景式案例，引导学生参与讨论。在学生讨论的过程中，运用“头脑风暴法”和“讨论研究法”，让学生真正参与到学习研究的过程中来，认真倾听他们的思考，不武断地加以干预，而是以平等的态度进行探讨对话，提供多种假设的可能性，寻求解决问题的多重途径。学生能够切身感受到理论知识的学习不是枯燥无味的，而是与实践运用密切相关的。通过研讨学习，学生的思维表达能力、回答问题准确性、成员之间的配合、问题的解决程度等等，均在很大程度上得到了锻炼与提高。

改革与提高的设想

课堂的案例研究法主要局限于对有限文字材料的分析讨论，在教学资源上可以进一步丰富，例如，可以在课前让学生阅读或观看与秘书工作有关的小说或影片，节选其中体现秘书人际关系相处的章节或片段，让学生分组设计问题并展开讨论。其次，可以将学生进行分组，让他们主动走进机关或企事业单位，近距离接触秘书工作，通过采访或问卷调查的形式，搜集第一手的真实资料或统计数据，以作为课堂研究讨论的重要依据。

附：阅读参考文献

一、论著

李明，林宁主编.人际关系与沟通艺术.北京：清华大学出版社，2012

彭贤主编.人际关系心理学.北京：清华大学出版社,2008

二、论文

范作惠.论秘书与领导相处的原则艺术.办公室业务,2010,1

何宝梅.试论秘书与领导的主客体关系.绍兴文理学院学报(哲学社会科学版),2001,1

陆瑜芳.秘书与领导关系的心理学解读.秘书,2014,9

“秘书实务”研究性实践教学方案设计

授课教师 陈　龙

课程名称 秘书实务

授课单元 办公室事务

实施专业 文秘 2012 级

课程设计思路

本单元“实践教学”采用的方法是“案例视频学习法”和“实践操作教学法”，在教师的引导下，针对情境中实务问题进行研讨和处理，达到掌握知识、学会方法、提高实际操作能力的目的。

教学目标

1. 制定值班制度。
2. 编制值班安排表和值班记录册。
3. 突发事件的处理。

教学内容

值班工作。

教学课时 4 课时

教学方法

预先布置学生预习教材内容及相关参考书的内容，了解一般值班工作制度。

“案例视频”教学法，先观看相关视频资料，掌握具体实务操作技巧；“实践操作”教学法，根据所提供的具体情境，让学生模拟情境，完成情境中提供的任务。

教学设计的关键点

1. 考虑周全，提前布置，注意可操作性。

2. 准备充分，积极引导，着眼能力培养。

课堂实录

1. 情境介绍

扬力（中国）贸易公司王秘书负责安排公司的值班工作。星期一早上刚上班，经理就把她叫到办公室，冲她大发雷霆。主要原因是经理星期天有一项紧迫的工作，往公司值班室打了一上午的电话，就是没人接。今天早上查看昨天的值班记录，竟然是空白。值班工作对于公司来说，是件常抓不懈的管理工作，经理责令王秘书一定要加强公司的值班管理工作，建立健全各种规章制度。于是，王秘书开始忙碌起来……

2. 训练项目

科目 1：制定值班制度

科目 2：编制值班安排表和值班记录册

科目 3：突发事件的处理

3. 训练目的

通过制定值班制度与值班规定以及编制值班安排表和值班记录册等项目训练，使学生掌握值班工作规范，认识到值班工作的意义。通过对值班中突发事件或紧急情况的从容处理，掌握相关方法与技巧，培养学生的职业性格，提高其沟通协调能力。

科目 1

1. 任务

制定值班制度。

2. 要求

(1) 结合扬力（中国）贸易公司的背景，制定值班管理制度。

(2) 训练任务应在 45 分钟之内完成。

3. 设备

计算机、网络打印机或非网络打印机、电话机、能够登录互联网的局域网。

4. 步骤

步骤 1：了解扬力(中国)贸易公司值班工作的职责。

小贴士：值班工作制度是值班人员必须共同遵循的工作规范，是保证值班工作顺利进行的必备条件。值班工作一般都有以下几种制度：岗位责任制度；填写值班日志，撰写值班报告；交接班制度；保密制度；请求报告制度。

步骤 2：根据制度文书的格式制定值班管理制度。

【参考范例】

扬力(中国)贸易公司值班管理制度

为切实加强我公司生产安全保卫工作，确保各厂房、库房及生产经营设备、设施安全，确保夜间无恶意破坏，无火灾，无盗窃，无治安肇事，根据扬力(中国)贸易公司《生产保卫工作考核实施细则》，特制定本制度，望各单位严格遵照执行。

一、参加总值班的范围

凡57周岁以下，能坚持正常工作的在岗副科级以上干部(含非领导职务)，均参加公司总值班。男性参加夜间值班，女性参加节假日或白天值班。

领导值班为义务值班。门卫值班为正常工作制，必要时可予轮休。

二、总值班时间

(一) 值夜班：自星期一至星期六每日下午下班时间起至次日上午上班时间止。

(二) 值日班：上午8时起至下午5时止(可随办公时间的变更而变更)。

三、总值班职责

(一) 本公司于节假日及工作时间外应办一切事务，除由主管人员在各自职守内负责外，应另派员工值班处理下列事项：

1. 临时发生事件及各项必要措施。

2. 指挥监督保安人员及值勤工人。

3. 预防灾害、盗窃及其他危机事项。

4. 随时注意清洁卫生、安全措施与公务保密。

5. 公司交办的各项事宜。

(二) 员工值班安排表由各部门编排，于上月底公布并通知值班人员按时值班。并应配置值日牌，写明值班员工的姓名悬挂于明显处。

(三) 值班员工应按照规定时间在指定场所连续执行任务，不得中途随意外出，并须在本公司或工厂内所指定的地方食宿。

（四）值班员工遇有事情发生可先行处理，事后报告。如遇其职权不能处理的，应通报并请求主管领导办理。

（五）值班员工收到电文应分别依下列方式处理：

1. 属于职权范围内的可即时处理。

2. 非职权所及，视其性质应立即联系有关部门负责人处理。密件或限时信件应原封保管，于上班时呈送有关领导。

（六）值班员工应将值班时所处理的事项填写报告表，于交班后送主管领导转呈检查。

（七）值班员工如遇紧急事件处理得当，使公司减少损失者，公司视其情节给予嘉奖。

（八）值班员工在值班时间内，擅离职守应给予记大过处分，情节严重造成损失者，从重论处。

四、值班规定

（一）遵守值班纪律，按时交接班，有事须先请假，以便安排临时代替人员。无关人员不得在值班室留宿。

（二）值班时要坚守岗位，不得聚众打牌、看电视、打瞌睡，不给坏人可乘之机。

（三）在规定的时间内加强巡视，做好防盗、防灾、防火工作，尤其要加强对重点部位的监管。

（四）接待来宾外松内紧、热情招呼、具有高度警惕性，善于鉴别来人意图，不能随便乱说。

（五）值班人员应密切关注领导活动行踪，遇到紧急情况立即联系。须将公安、消防、医院、供水、供气、供电、通信等部门及火车、船、飞机、出租车的地址、电话、路线等信息置于明显处，以备应急需要。

（六）遇到紧急事件，首先要冷静，敢于负责，一方面大胆采取应急措施，以免贻误；另一方面及时汇报主管领导或向公安部门报警。

五、本制度由行政部与安保部解释、补充、执行，经总经理批准颁行。

六、本制度自 2014 年 11 月 1 日起施行。

2014 年 10 月 10 日

步骤 3：将材料形成电子文本发至教师指定邮箱。

5. 参考评分标准

科目 1 总分 20 分：

(1) 值班管理制度内容完整,条理清晰。(10 分)

(2) 值班管理制度格式正确,语言精练。(5 分)

(3) 在规定的时间内,用附件形式发送。(5 分)

科目 2

1. 任务

编制值班安排表等表格。

2. 要求

(1) 模拟条件下,完成值班安排表、值班日志、值班报告、外来人员登记表、接待记录表、电话记录表、公务接洽记录表等表格的编制。

(2) 各种表格格式正确,实用性强。

(3) 所有任务在 60 分钟内完成

3. 设备

计算机、网络打印机或非网络打印机、电话机、能够登录互联网的局域网。

4. 步骤

小贴士:做好值班记录包括做好值班电话记录、接待记录、值班日志等,使接班人员保持工作的连续性。

步骤 1:制作值班安排表。样表见下表:

值班安排表

<table>
<tr><th rowspan="2">时间</th><th colspan="3">值班人</th><th colspan="2">带班人</th></tr>
<tr><th>姓名</th><th>所在部门</th><th>电话</th><th>姓名</th><th>电话</th></tr>
<tr><td rowspan="2">月 日～
月 日</td><td></td><td></td><td></td><td rowspan="2"></td><td rowspan="2"></td></tr>
<tr><td></td><td></td><td></td></tr>
<tr><td rowspan="2">月 日～
月 日</td><td></td><td></td><td></td><td rowspan="2"></td><td rowspan="2"></td></tr>
<tr><td></td><td></td><td></td></tr>
<tr><td rowspan="2">月 日～
月 日</td><td></td><td></td><td></td><td rowspan="2"></td><td rowspan="2"></td></tr>
<tr><td></td><td></td><td></td></tr>
<tr><td rowspan="2">月 日～
月 日</td><td></td><td></td><td></td><td rowspan="2"></td><td rowspan="2"></td></tr>
<tr><td></td><td></td><td></td></tr>
</table>

步骤 2：制作值班日志，样表见下表：

值班日志

时 间	日 时 分～ 日 时 分	值班人	
记事		待办事项内容	
承办事项		接班人签字	
处理结果			

步骤 3：制作值班报告，样表见下表：

值班报告

<table>
<tr><td colspan="2">报告事项</td><td colspan="2"></td><td>值班人</td><td></td></tr>
<tr><td colspan="2">来人、来电、来函单位</td><td colspan="2"></td><td>时间</td><td></td></tr>
<tr><td>姓名</td><td></td><td>职务</td><td></td><td>电话</td><td></td></tr>
<tr><td colspan="4">内容摘要：</td><td colspan="2"></td></tr>
<tr><td colspan="4">拟办意见：</td><td colspan="2">经理批示</td></tr>
<tr><td colspan="6">处理结果</td></tr>
</table>

步骤 4：制作外来人员登记表，样表见下表：

外来人员登记表

序号	姓名	性别	单位	乘坐车辆	携带物品	办理事项	进入时间	出门时间	备注

步骤 5：制作接待记录表，样表见下表：

接待记录表

<table>
<tr><td>来访人姓名</td><td></td><td>来访人单位</td><td></td></tr>
<tr><td>接待时间</td><td colspan="3">年 月 日 时 分至 年 月 日 时 分</td></tr>
<tr><td colspan="4">内 容</td></tr>
<tr><td colspan="4">拟办意见：</td></tr>
<tr><td colspan="4">经理意见：</td></tr>
<tr><td colspan="4">处理结果：
值班人签字：</td></tr>
</table>

步骤6：制作电话记录表，样表见下表：

电话记录表

来电单位		来电人姓名	
来电单位电话号码		值班接话人姓名	
通话内容摘要：			
经理意见：			
处理结果： 值班人签字：			

步骤7：制作公务接洽记录表。样表见下表：

公务接洽记录表

来电来人单位		姓名		职务	
接洽时间	年　月　日			接洽人	
洽谈事项					
经理意见					
处理结果					
备注					

5. 参考评分标准

科目2总分40分。

(1) 每个表格制作项目齐全5分，共计35分。

(2) 附件格式正确。(5分)

科目3

1. 任务

突发事件的处理。

2. 要求

(1) 模拟扬力(中国)贸易公司80多名员工发生食物中毒事件。

(2) 紧急部署，启动应急预案。

(3) 抢救工作在20分钟内完成。形成文字汇报材料在30分钟以内完成。

3. 设备

计算机、网络打印机或非网络打印机、电话机、能够登录互联网的局域网。

4. 步骤

步骤1：上午9时10分，秘书接到一个紧急电话，很多员工出现头晕、恶心、呕吐、腹泻等症状，怀疑公司有群体性食物中毒事件。

步骤2：秘书立即赶到现场，通过电话向领导报告中毒地点、人数、情况。

步骤3：通知卫生防疫部门和医院作好救治准备。

步骤4：协助医疗卫生部门联系急救药品和运送中毒人员的交通工具。

步骤5：通知公安部门，维持秩序并进行现场调查。

步骤6：报告上级领导机关和主管部门。

步骤7：形成文字材料。

5. 参考评分标准

科目3总分40分。

(1) 使用电话礼仪规范，语言表述清晰、准确。(10分)

(2) 处理应急(突发)事件方法正确。(10分)

(3) 遇事不慌，头脑冷静，有较强的组织能力。(10分)

(4) 汇报及时，文字材料表述实事求是。(10分)

科目完成情况评价：

学生训练成果评价表

训练项目	训练项目值班工作	
科目序号	科目得分	科目完成情况评价
1		
2		
3		
总　分		

学生签字：　　　　　　　　　　指导教师签字：　　　　　　　　　　年　　月　　日

改革提高的设想

1. 学生对实际工作中的值班工作安排与操作还不够熟悉，可以提供更多的实例，供学生参考和模仿。

2. 情境模拟的真实效果还不够好，特别是实践的场地与具体工作环境存在差距。因而，在实验室的建设方面有待进一步提高，以便使实践情境模拟课堂更接近真实性。

3. 学生的角色进入较慢，在具体事务操作方面受到影响。因而，需要加强对学生职业理念的提升。

附：阅读参考文献

杨树森主编.秘书实务.北京：高等教育出版社,2011

谢世洋主编.秘书工作案例与实践.北京：高等教育出版社,2011

吴良勤,雷鸣主编.秘书实训指导与案例分析.北京：北京大学出版社,2010

“公文写作”研究性实践教学案例

授课教师 施秋香

课程名称 公文写作

授课单元 实践性文种写作

实施专业 文秘 12 级

课程设计思路

实践性文种写作教学采用的方法是“小组见习式研究性实践学习法”，即将学生分成若干见习小组，在教师的引导下，通过对设定情境进行分析、研讨，完成相关文种的写作和学习，达到掌握文种知识、提高写作能力的目的。

教学目标

1. 充分开展学生动手写作的实践训练，培养学生在公文写作的格式制作和主要文种方面的习作技能，切实提高学生的公文写作水平。

2. 积极营造良好的公文写作教学和实践环境，促进学生的团队合作精神，增强师生之间的互动交流。

教学内容 15 种法定公文中的常用文种写作及其格式制作。

教学课时 每种文种 2 课时

教学方法

预先布置学生预习某一文种的相关教材内容，让学生分组准备文种练习的写作情境和文种知识整理，分组写作和批改，通过课上见习汇报和提问交流的学习方式，达到了解文种的特点和写作要点。

教师的工作重点，一是在学生准备过程中要答疑解惑、指点迷津；二是要对具体文种准确把握，并设想课程的全部环节，提前做好应对的准备。

教学设计的关键点

一、充分发挥教师的研究性教学主导性

不管是见习小组的前期准备还是写作练习的具体设计，教师都要宏观把握实践教学整体，全程参与，密切跟踪，避免因缺乏责任心而造成的“放羊式”教学模式。从小组的初期选题，到中期设计，再到后期汇报，教师的理论指导要始终因“组”制宜。教师既要从深度上加强理论学习，以较强的学术理论指导教学思路，又要从广度上多方面了解与公文写作相关的发展方向和时事动态，比如对于电子政务、电子公务等方面的研究等等，使得研究性实践教学能够落到实处，与现实接轨。

二、充分调动学生的研究性实践主动性

通过对写作情境的用心创设，设计出各种直面社会、切合实际的社会情境，构建真实可感的学习环境，激发公文写作的紧迫感和立体感，能够充分调动学生的学习主动性，推动研究性实践教学的发展。而在小组见习的过程中，除了最后的汇报和答辩是在课堂上完成之外，其他的工作都是课外进行，这样既不占用过多的课堂教学时间，使知识层面的课堂学习不受干扰，又充分调动学生学习的积极性，使他们以较高的兴趣开展课堂之外的自学、练习和交流。

教学实录

一、任务分配

全班以10人左右自由组合成见习小组，共五组左右，实行组长负责制，以某一见习小组为例具体说明该见习模式如下：

第一步，该见习小组成员以一周时间讨论确定某一新闻热点或社会现象作为写作背景，收集相关信息；

第二步，该见习小组结合新闻热点或社会现象设定某一公文文种的具体写

作情境，布置给班级其他学生进行写作；

第三步，班级其他学生以一周时间结合写作情境进行写作练习；该见习小组成员认真研究情境，全面学习该文种的理论知识，讨论此次写作的注意事项，并制做出参考范文；

第四步，该见习小组成员以1周时间批改其他学生的作业，根据批改情况制作详细的汇报课件；

第五步，该见习小组向全班学生汇报此次写作的情况，总结错误，给出范文；

第六步，全班同学结合自己的作业和见习小组的汇报开展交流讨论，教师参与解决疑点，强调重点。

二、课堂实录概要

以函这一文种为例。某见习小组成员发现了这样一则社会新闻：

现沉于长江金口赤矶山江底的中山舰，是中国现代革命史上的重要历史文物，尽快将其打捞、修复和陈列展览，是海内外同胞的共同心声。该舰1938年参加保卫大武汉会战时被日军炸沉。尽快打捞中山舰，使其重展英姿，是一件深得海内外同胞和两岸有识之士拥戴的义举。这对于充实完善中国现代革命史文物，并重现其历史价值，加强爱国主义教育和革命传统教育，增强整个中华民族的凝聚力和向心力，改善两岸关系，促进台湾回归祖国大业的早日实现，都具有重要的意义和作用。由于中山舰在广州的时间长达二十多年，且围绕中山舰的几次主要历史事件都发生在广州。因此，中山舰是把广州建设成为中国现代革命史教育基地，向广州、全国乃至海内外同胞进行爱国主义教育和革命传统教育不可缺少的文物。近几年来，广东省、广州市人大、政协、民革，黄埔军校同学会中的不少代表、委员、成员，各界有关专家学者、人民群众，以及港澳台同胞、海外华侨、华人，纷纷向广州市政府来电来函。

该见习小组将文种写作的情境设定为：以广州市政府的名义写一封函给湖北省政府。共同商量打捞中山舰的事宜。

班级其他学生结合写作情境进行写作练习；该见习小组成员认真研究情境，全面学习函文种的理论知识，讨论此次写作的注意事项，制做出参考范文，批改其他学生的作业，并且根据批改情况制作详细的汇报课件。在该见习小组汇报此次写作情况的过程中，全班同学结合自己的作业和见习小组的汇报开展交流讨论，教师参与解决疑点，强调重点。

问题一：关于公文格式，大家一致认为应该严格按照《党政机关公文格式》的要求执行，有些同学是手绘的，还有些同学是电脑制作的，大家讨论了一些具体细节，比如信函格式和一般公文格式的区别何在？信函格式中的红色双线如何设置？发文字号距离红色分割线的距离如何设定？等等。小组同学给出版头、正文、版记三部分的格式注意事项(见附录一)。

问题二：关于公文的标题，大多数同学选择三要素齐全的形式进行写作，即“发文机关＋事由＋文种”，但也有部分同学省略了发文机关，讨论决定：根据最新《党政机关公文处理条例》的规定，最好三要素齐全。其次，关于标题分行的问题，在手写的作业中，有些同学没有注意分行的要求：词义完整，上下居中对称，“的”字不出现在一行的首字。

问题三：作为一种平行文，函的写作思路和语言表达与其他文种的区别何在？此次作业的落脚点和主旨如何得到鲜明体现？对此，小组同学给出此次见习作业的范文(见附录二)。

最后，见习小组对大家的作业进行错误指正和范文讲解，教师对小组汇报进行点评，对小组范文进行修改，对函的写作进行总结和提要。

课堂总结

研究性意识不仅有助于教师开展富有创意的实践教学，而且能促使教师的角色脱离简单的知识传授者层次。如果教师还是停留在传统的知识传授层面，静态考察学科理论，坐而论道基本规律的话，必定是刻舟求剑、脱离现实的，教师必须从传统的知识传授者转变为启发学生主动学习的引导者。研究性教学表面上是教学方法问题，其实质是教育精神问题，即要着力培养学生的独立人格、质疑态度和创新精神，所以学生只要全心参与和投入研究性学习的过程，获得和发现此前并不了解或者了解不深的知识或观点，以研究性的意识发现问题、分析问题、解决问题，那么他们的研究性学习就是成功的。

开展公文写作研究性实践教学的要点在于：首先，要营造研究性教学氛围。师生之间可以通过问题研究的模式探讨理论学习，以问题分析的思路创设写作情境，以问题解决的途径考量实际写作能力，在研究性实践教学环境中，切实提高学生积极参与的热情和主动学习的能力。其次，要以课程实践为落脚点。公文写作研究性实践教学的根本目的在于提高学生的实际写作能力，因此在研究性教学的氛围之中，要将落脚点放在课程实践的实际操作方面。比如可以结合当下的热点问题，通过学生的思考和讨论，为解决这些实际问题学会有针对性地选择合适文种。第三，要凸显公文写作的课程特色。公文写作归根结底属于实践教学，必须做到理论和实践相结合，因此，研究性的教学氛围有助于加强师生对写作理论问题的深入理解，然后以深刻把握的理论知识指导写作实践，在写作实践中以研究性的思路去发现问题、分析问题和解决问题，最后落实为对问题对策的写作展示。

应该说，开展研究性实践教学对于实现公文写作课程的教学目标具有不可忽视的重要意义。在此过程中，教师要密切各环节与学生的交流和指导，掌握好“研究性”之舵；学生要切实融入研究性实践教学的整个流程，以研究性的意识参与实践学习，从而深入理解公文写作的方法，获得实际的公文写作策略，更重要的是养成主动的和研究性的学习习惯，提高发现问题、分析问题和解决问题的学习素养。

附：阅读参考文献

党政机关公文处理条例.2012－4－12

党政机关公文格式.2012－6－29

附录一：小组同学给出版头、正文、版记三部分的格式注意事项

函的版头、正文、版记的格式如下3图所示。

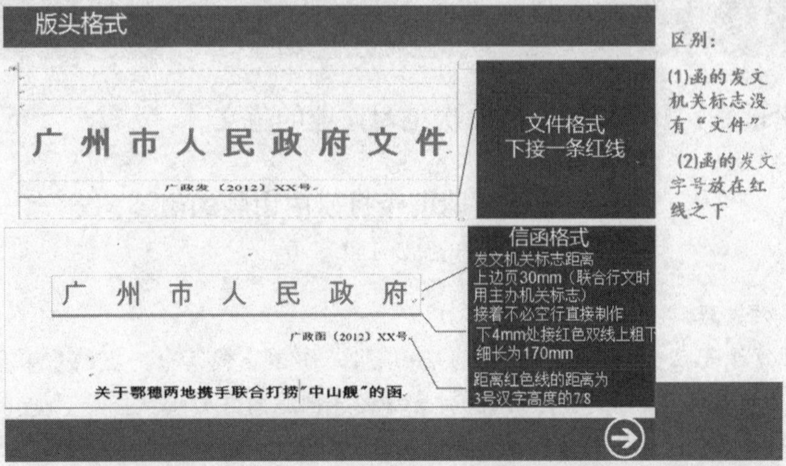

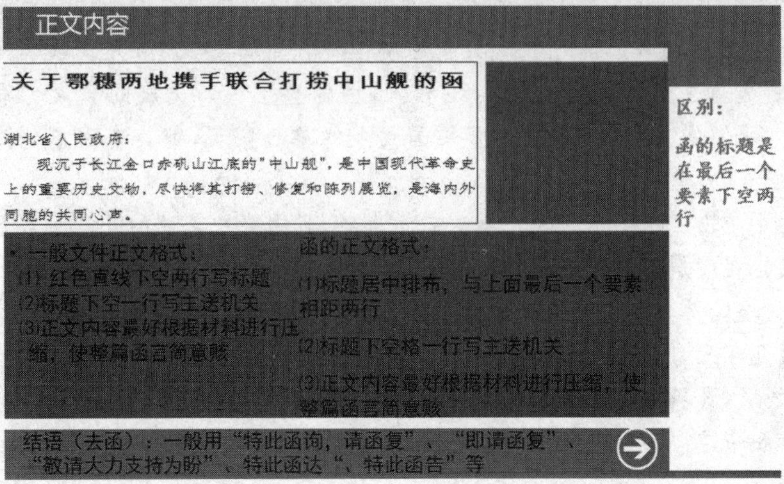

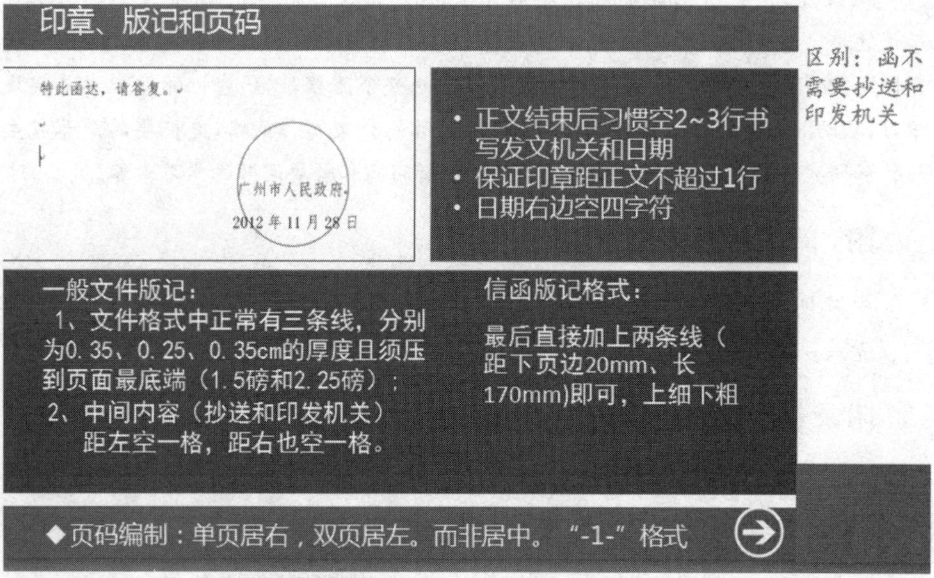

附录二：小组同学给出此次见习作业的范文

关于鄂穗两地携手打捞中山舰的函

广府函〔2014〕98号

湖北省人民政府：

现沉于长江金口赤矶山江底的中山舰，是中国现代革命史上的重要历史文物，尽快将其打捞、修复和陈列展览，是海内外同胞的共同心声。

中山舰是重要的革命历史文物。该舰1938年参加保卫大武汉会战时被日军炸沉。尽快打捞中山舰，使其重展英姿，是一件深得海内外同胞和两岸有识之士拥戴的义举。这对于充实完善中国现代革命史文物，并重现其历史价值，加强爱国主义教育和革命传统教育，增强整个中华民族的凝聚力和向心力，改善两岸关系，促进台湾回归祖国大业的早日实现，都具有重要的意义和作用。

由于中山舰在广州的时间长达二十多年，且围绕中山舰的几次主要历史事件都发生在广州。因此，中山舰是把广州建设成为中国现代革命史教育基地，向广州、全国乃至海内外同胞进行爱国主义教育和革命传统教育不可缺少的文物。近几年来，广东省、广州市人大、政协、民革，黄埔军校同学会中的不少代表、委员、成员，各界有关专家学者、人民群众，以及港澳台同胞、海外华侨、华人，纷纷向广州市政府来电来函，希望广州市政府主动与贵省联系，一起尽快组织打捞中山舰，并进行修复和陈列。为此，我们经过认真研究，提出由两地政府本着相互合作、相互支持的态度，协商联合打捞，修复，展出的办法和有关问题。

专此函达，请答复。

广州市人民政府（盖章）

2014 年 9 月 1 日

“基础写作”研究性教学方案设计

授课教师 邵晓舟

课程名称 基础写作

授课单元 特殊思维能力和想象联想能力

实施专业 汉语言文学2014级

课程设计思路

（本课程所涉及的写作概念，如无特别注明，均指文学写作。）

写作能力不仅包括行文能力，更包括积累素材、构思准备的能力。这些能力对于写作主体而言同样至关重要，但在教材中并未能得到充分体现。本授课单元便是针对运思阶段的特殊思维和想象联想能力进行的讲授和培养，将以专题体验项目和思考题的形式，让学生在教师的引导下，达到掌握知识、学会方法、提高能力的目的。

教学目标

1. 让学生深入认识什么是写作主体所必需的特殊思维能力和想象联想能力。

2. 教授给学生培养特殊思维能力和想象联想能力的具体方法。

教学内容

专题一谁写？写作主体论。

我怎样成为我？写作主体的基本能力。

1. 运思中的特殊思维能力。

2. 重构中的想象力。

教学课时 2课时

教学方法

使用图像、文本、理论等多种手段，设置各种专题体验项目，搭配思考题，打开学生的眼界和思路，让他们直观感受到特殊思维能力和联想想象能力是什么，对于写作而言有多么重要，他们运用这些能力又能做些什么，又该如何培养这些能力。

鉴于文学创作的个体性、独立性等特质，所以整个教学过程尤其注重独立思考，不盲目设置讨论环节，以避免在个性与创新方面互相干扰，最终让同学们用已经思考成熟的答案来互相启发。教师则需要在讲授理论知识的同时，及时精准地提供点评，来引导学生发现自己的优势与不足。

教学设计的关键点

1. 专题体验项目和思考题体现“是什么”

对于写作理论，不仅在基础写作课上，甚至文学理论课上学生都能学到，但是对于理论所对应的具体能力和技能，却需要在基础写作上才能直接培养。所以将写作过程的各个阶段环节突出强化出来，让学生亲身参与其中，并获得第一手的直观经验，就成为本节课课程设计的关键点。设计专门体验项目和思考题，有助于学生们知道自己所学的“是什么”。

2. 专题体验项目和思考题体现“怎么样”

学生有文学创作的意愿和热情，但未必有丰富的创作经验和足够的创作时间，那么在课堂上将有效的方法教给他们，让他们迅速上手能操作，一方面可以减少他们对写作的畏惧，培养他们对写作的兴趣，另一方面也能让他们在进行写作实践时少走弯路。于是在专题体验项目和思考题中，让他们了解自己应该“怎么做”便成为本次课程设计的又一个关键点。

教学进程

一、课程回顾和新课展开

1. 教师提问学生，回忆前一节课讲授的写作行为三阶段及其对应的能力。

主体的写作行为包括感知、运思、行文，这三者基本对应写作行为的发生、进展和归宿，同时又交融合一，密不可分。

感知部分的相关能力（学生回答：观察力、感受力）

运思部分的相关能力（学生回答：特殊思维力、想象联想力、谋篇布局构架能力）

行文部分的相关能力（学生回答：遣词造句语言表达能力）

2. 教师总结教完的感知阶段能力。

总结上节课并引入这节课的运思阶段能力：

什么是运思？运思是作者对材料进行思维加工的过程。在文艺创作中，运思又称为构思 。茅盾说："生活经验的素材要经过综合、改造、发展这样的一系列的加工，然后成为作品的题材。这一过程，我们称为'构思'。"

特殊思维能力、想象联想能力，以及实际构思操作中的谋篇布局能力，便是运思阶段相应的必备的能力。

3. 教师引入本节课核心

本节课 2 课时讲授前两种，特殊思维能力和联想想象能力，它们对应运思阶段的两种运思类型：

收敛型运思——特殊思维能力。

发散型运思——想象联想能力。

二、课程重点 1：特殊思维能力

1. 教师讲授收敛型运思——特殊思维能力

什么是特殊思维能力？思维是人的大脑对客观事物的一种间接的、概括的、能动的反映。特殊思维是集中、汇拢运思的对象性课题，经过抽象和形象的思维的筛选、摒弃，淘汰与运思目的无关的信息，对有关的尤其是主要的信息进行分析与综合，归纳与概括。其进程是：先从发散中收缩思维，寻找和确立一个中心，再围绕这个中心收敛思维。其方法包括分析与综合等。

它的基础：感觉、知觉、表象等。

结合学生的课前预习，已经可以了解所谓的特殊思维能力的定义、方法和进程等。让学生拿起手边的日常物件（如杯子，课本），体会人脑形成思维的一般过程：感觉、知觉、表象等如何一一在脑海中生成，最终得出其目的：揭示事物的本质和规律。

思维的工具：语言、形象等。以工具划分，特殊思维能力包括：抽象思维（逻辑思维）能力（思维工具偏重语言）、形象思维能力（思维工具偏重形象）。

2. 教师讲授抽象思维，并进行抽象思维训练界说：抽象思维是人们在认识活动中运用概念、判断、推理等思维形式，对客观现实进行间接的、概括的反映的过程。

训练：通过《世说新语》中随机选择的8条有关嵇康的记载，在资料极为有限的情况下，分析嵇康的性格，最终推测嵇康悲剧性结局的内在性格根源。（方法：先从发散中收缩思维，寻找和确立一个中心，再围绕这个中心摸索规律，具体方法包括分析与综合等。）

学生细读分析每一条记载，有直接描写，有别人的评价，有通过朋友侧面反衬等，每一条记载归纳出一个关键词。这8组关键词，会呈现奇妙的矛盾性。再对这8组关键词进行分析，寻找出矛盾的主要方面，得出矛盾背后隐藏的真相，综合归纳出嵇康性格中最为核心的关键词"真"。

教师提示讲解为什么这种"真"会为当时社会不容，与学生一起共同得出嵇康命运悲剧的内在根源。以此训练特殊思维能力，并为后续课程中人物形象的塑造打下基础。

3. 教师讲授形象思维，并进行形象思维训练

界说：文学艺术创作过程中主要的思维方式，借助于形象反映生活，运用典型化和想像的方法，塑造艺术形象，表达作者的思想感情。也叫艺术思维。

训练：通过卡尔维诺《看不见的城市》中"左拉"一章，让学生总结中心思想。

提问多位同学，每个人得出的答案各不相同，有的强调左拉的完备，有的强调一成不变导致灭亡，有的强调包蕴一切的存在永不会消失等等。教师讲解点明，这篇篇幅极短小的文章，却无法用我们从小就已经运用娴熟的方法来总结中心思想，就是因为它的主题根本无法用一句抽象的观念来概括，它在"用形象说话"，形象所蕴含的主题犹如音乐的"复调"。

简明扼要讲述形象思维定义，并布置课后思考题：模仿该作品，写一篇"用形象说话"的片段作文，字数不限。

三、课程重点2：想象联想能力

1. 教师讲授发散型运思——想象联想能力

写作主体有目的地围绕一点生发，受外界信息（形象的或理念的）刺激，引起思维向四面八方扩散，造成联想和想象，使得信息沟通和联结起来，进行形象的或理念的创造，产生新的形象性和观念性信息。

2. 教师讲授想象能力，并进行想象力训练

想象是什么？想象是人在脑子中凭借记忆所提供的材料进行加工，从而产生新的形象的心理过程。也就是人们将过去经验中已形成的一些暂时联系进行新的结合。它是人类特有的对客观世界的一种反映形式。它能突破时间和空间

的束缚，达到“思接千载”“视通万里”的境域。它包括再造想象和创造想象(创造想象的极端形式幻想)。

(1) 再造想象及其训练

界说：根据他人的言语描述或图形示意，在头脑中形成相应的新形象的过程称为再造想象。

训练：让学生看一段狄更斯《双城记》之中，对于银行门前的帮佣流浪汉杰瑞的肖像描写，然后让学生在脑海中塑造出杰瑞的形象。接着，给学生看一张同类剧照，让他们说明，照片上的人物和杰瑞有哪里像，有哪里不像。

学生们每个人都能言之凿凿，说出剧照和“杰瑞”相似和不同之处，教师由此指出：其实照片存在，杰瑞此刻根本不存在，之所以每个人都说得这么确定，是因为再造想象的力量。接下来简单说明剧照(《哈利波特》中魔法学校看门人)和杰瑞相似和不同的原因，分析再造想象的特征。由此训练学生的再造想象能力，并提醒学生注意在生活中，多多根据文字或图示，练习在脑海中生成形象。

(2) 创造想象及其训练

界说：不依据现成的描述而独立地创造新形象的过程称为创造想象。幻想也是一种创造想象，幻想中创造的形象总是和个人的愿望相联系，体现个人所向往或祈求的事物，并指向未来活动 。

它最常用方式：粘合、夸张、人格化、典型化等(简单举例说明)。

粘合——粘合是把两种或以上本无关系的客观事物的属性和特征结合在一起，构成新形象。(如《海的女儿》中的人鱼等)

夸张——夸张是故意增大或缩小客观事物的正常特征。(如《格列佛游记》中的大人国小人国等)

人格化——人格化是对客观事物赋予人的形象和特征，从而产生的新形象。(如《西游记》中的孙悟空猪八戒等)

典型化——典型化是根据一类事物的共同特征来创造新形象。(如《阿Q正传》里的阿Q等)

训练：通过一幅空海幻想图，让学生分析这幅画之中，是如何运用以上四种构造创造想象的常用方式的。学生回答：粘合(浪头与人物形象)，夸张(浪和云的高度)，人格化(将飞沫和云絮变成海怪和天国部队)，典型化(将空海两军对峙而海船遇险，典型化了凶暴和无情的自然伟力)。

最后教师总结，培养想象力的宗旨：以生活为基础、以理性为指导、以激情为动力。如何遵循宗旨，结合以上四种方式，有针对性地来培养想象力？追加练习：想象这幅画后续会发生什么，语言描述。

3. 教师讲授联想能力，并进行联想能力训练教师简单讲解理论部分，通过“7人理论”形象地揭示出所谓联想力其实是发现事物间隐秘联系的能力。并举例说明联想的常见类型：相似联想、接近联想、对比联想和因果联想。

界说：一种事物和另一种事物相类似时，往往会从这一事物引起对另一事物的联想。它包含相似联想、接近联想、对比联想、因果联想等（简单举例说明）。

相似联想——就是由某一事物或现象想到与它相似的其他事物或现象，进而产生某种新设想。（美人如花）

接近联想——是根据事物之间在空间或时间上的彼此接近进行联想，进而产生某种新设想的思维方式。（如苏轼治理西湖）

对比联想——是根据事物之间存在着的互不相同或彼此相反的情况进行联想，从而引发出某种新设想的思维方式。（如清凉饮料广告中，会反复出现干渴炎热的意象）

因果联想——对逻辑上有因果关系的事物产生的联想。（天上下雨地上潮）

训练：有两幅画，一幅是纯自然的宇宙图，一幅是纯人文的唐代书斋图，请同学跨越这两幅图片之间的相关度差距，由此及彼把二者联结起来思考，取二者间的相关、相似或相反，进行接近、类比或对比的联想。学生均能用自己的方式，或通过一个画面，或通过某种情节，或通过合理性的解释，将两幅画联系在一起。

教师对此做出点评，并就如何结合以上四种方式，有针对性地来培养联想力。

四、课程总结和引起新课

运思就生理机制而言，是人脑整体性作用下的数万亿个细胞积极参与的复杂的思维活动；就其进程而言，是生活心灵化和心灵生活化的方向相反且又内在统一的两种转化运动，是一种“物”“我”化一的心理过程。概括的说是一种定向的创造性思维活动，是升华认识，疏通思路，理清材料，设计文章蓝图的必由之路。特殊思维能力和想象联想能力这一收一放两种思维形式，对于写作行为的运思阶段来说非常关键，它们直接影响甚至决定着作品的生成，对于后续课程要讲授的谋篇布局的构架和遣词造句的表达来说，是必不可少的准前期准备。

教学效果与讨论

课上，学生积极参与练习和思考。每个人都能动起来，用自己的独特方式来进行探索和创造，对于特殊思维能力和想象联想能力都进行了直观的体验和操作。

本单元的学习结束后，将有相关写作训练作业上交：模仿《左拉》写作“用形象思维”的片段作文。这篇作文可以同时考察学生在脑海中构建画面的发散性想象联想能力，以及通过这一形象传达复杂性主题的收敛性特殊思维能力。这是对于本次课程所学习到的内容的一次实际操练，也是对本次课程讲授效果的一次检查。

但也应当注意到，特殊思维能力和联想想象能立的培养，绝非一朝一夕之功，需要学生在学习生活中加以持续性关注。本次课程给予他们以启发性的开头，至于后续也要考虑到天赋和修行的众多方面因素。

改革与提高的设想

1. 在体验项目和思考题的设计方面，本课程设计对于特殊思维能力和想象联想能力“是什么”关注颇多，但在“怎么做”方面仍有待加强，如何能精简有效地将后者强化出来，仍是接下来课程设计要关注和提高的焦点。

2. 在学生方面，必须承认学生的写作天赋有高有低，对写作的兴趣也有强有弱，写作才能更是千差万别，如何尽可能全面地考虑到每个学生的不同点，尽可能覆盖面广地设计教学方案，让每个学生都得到有针对性的技能训练，也是需要考虑到的问题。

附：阅读参考文献

一、论著

何永康.写作学.南京：凤凰出版社，2008

裴显生.写作学新稿.南京：江苏教育出版社，1987

王香平.大学生写作能力教程.广州：中山大学出版社，2007

朱行能.写作思维学.北京：人民出版社，2007

王先霈.文学文本细读讲演录.桂林：广西师范大学出版社，2006

二、论文

王国杰.文学想象力的流失与拯救——以2013年四部长篇小说为例.甘肃社会科学，2014，2

潘冬香.文艺创作的两点心理学阐释.江汉论坛，2006，10

黄海澄.回到想象——“形象思维论”驳议.南方文坛，2006，6

刘求长.不能以“想象”否弃“形象思维”——与黄海澄先生商榷.汕头大学学报(人文社会科学版)，2008，1

三、作品

卡尔维诺.看不见的城市.南京：译林出版社，2006

狄更斯.双城记.北京：人民文学出版社，2004

刘义庆.世说新语.北京：中华书局，2009

王尔德.王尔德童话集.南京：译林出版社，2003

巴尔扎克.不为人知的杰作//巴尔扎克中短篇小说集.武汉：长江文艺出版社，2012

“基础写作”研究性教学案例

授课教师 冯晓斌

课程名称 基础写作

授课单元 新闻文体——消息文体写作

实施专业 汉语言文学2011级

课程设计思路

本单元采用“导学探索、自主解决、巩固强化、提高能力”的研究性教学设计。在教学中重视学生主体地位，发挥教师主导作用。成立自主学习小组，课前布置调查课题，课堂交流讨论，从实际出发归纳理论知识；根据教师提供的材料，将理论知识运用到实际中，锻炼消息写作能力。课后布置拓展思考题以及练习材料，巩固强化知识点内容，并注重鼓励学生的创新精神和探究意识。

教学目标

1. 通过小组汇报交流的形式，掌握消息文体的构成元素、结构特点与基本写作要求；在实际新闻传播中能区分消息文体与其他新闻文体。

2. 通过讨论了解新闻传播实际中消息文体的多种变化，把握消息文体的本质功能——传播信息。

3. 通过讨论分析材料掌握消息写作的重要规范——客观报道。学习客观报道的方法并能运用到实际写作中。着重从消息内容角度探讨新闻事实残缺对客观报道的影响，认识到全面、清晰、平衡地报道新闻事实是消息客观报道更重要的标准。

教学内容

1. 消息文体写作的基本要求。

2. 传播实际中消息写作的变化。

3. 消息写作客观报道的要求与方法。

教学课时 2课时

教学模式 导学探索、自主解决、巩固强化、提高能力

教学方法

1. 探究法：教师课前对消息文体特点以及实际中的变化部分提出四个相关问题，请同学们分小组调查讨论，试分析出现这些现象的原因。课后作业：教师提出问题“试从传播学角度分析比较新闻文体中‘消息写作’与文秘写作中‘信息写作’”，下节课讨论。

2. 讨论法：在课堂学习中，前两个教学内容由学生集中汇报，教师根据汇报情况提出意见，引导学生认识文体的本质特点，掌握操作性较强的写作方法。

3. 讲授法：在“消息写作客观报道方法”部分，教师结合正反实例引导学生掌握相关知识点。

4. 练习法：布置相应的练习材料，强化所学理论知识。

教学设计的关键点

1. 组成学习小组，通过随机方式分配任务，明确各成员分工及要求。

理论知识的整理归纳交给各小组完成，要求联系实例进行阐述，着重可操作性。

2. 教学着重于消息写作能力的培养和训练。教师通过材料准备，逐步带领学生从浅入深掌握消息文体写作的基本要求，能够运用到写作实践中。

教学过程

提前15天布置选题，学生分组并分配题目。自主形成讨论小组。此外每个小组都需要通过教材了解消息文本的构成元素。

1. 小组一：结合实例分析消息文本的构成元素及结构规律；重点关注消息

标题的制作。

2. 结合新闻传播实例分析消息写作的变化，探寻为什么会发生这样的变化。

(1) 小组二：关注传统新闻媒体网站消息写作变化。

(2) 小组三：关注手机报消息写作变化。

(3) 小组四：关注商业网站新闻频道消息写作变化。

一、消息文体的基本写作要求(共30分钟)

第一小组发言人PPT展示(20分钟)

发言概要：

1. 消息文体的鲜明特点：时效性强；对新闻事实只做“轮廓式”报道；篇幅短小；基本表达方式是叙述。

2. 消息文体的构成元素。主要有六个：标题、消息头、导语、新闻躯干、新闻背景与新闻结尾部分。其中标题、消息头和导语非常重要；新闻背景根据需要穿插在文中；结尾部分可以缺失。(实例省略)

3. 消息标题的形式主要有两类：

只有主题的单一型标题，也叫单行题。举例。如“**中国人最早发现澳大利亚**”。

既有主题、又有副题的复合型标题，又称多行题。副题主要有引题和副题，引题位于主题之前，主要作用是通过交代或说明相关的背景、原因、目的、意义等引出主题。副题位于主题之后，主要是对主题作补充和解释。复合型标题可以由引题、主题组成，

如

学习名城市建设经验　打造扬州城市品牌

市代表团圆满结束对俄考察访问

或由主题、副题组成，如

首都各界依依送别冰心

李瑞环李岚清等前往八宝山革命公墓送别

也可以引题、主题、副题三者组成：

航天员杨利伟安全着陆

我国首次载人航天飞行圆满成功

中国成为第三个有能力将航天员送上太空的国家

4. 消息标题制作要求：(实例略)具体，准确，鲜明，简洁，生动。

5. 消息制作的三步走：(实例略)

(1) 熟悉稿件，了解新闻的内容，尤其是导语的内容；(2) 设计一个引、主、副齐全的标题；(3) 仔细斟酌，修改标题。

教师总结：这一小组对消息文体写作构成元素以及标题写作的要求都陈述得比较清晰。大家还有什么补充或者有什么问题？

学生补充：对刚才讲述中有关“消息头”内容补充一点：有没有消息头是区分消息文体和其他新闻文体的标志，这一点在写作中不能忘记。

教师：消息头有什么用？

学生：主要是为了表明出处，有确切的信息来源。同时它也表明“版权所有”，有标牌性质，体现媒体的责任和水平。

学生：导语一般就是对新闻五要素的交代，最简洁的写法就是叙述型导语。导语一是概括主要新闻事实，更重要的是吸引读者往下阅读。要简洁，有趣。

学生：关于消息的结构特点，我们小组认为关键是把握好“倒金字塔”式结构，这种写法目前普遍存在。它的特点是把重要的新闻信息前置，比如通过标题、导语就可以了解新闻的概括内容。相比较而言，标题的内容分量又比导语重。在消息里，主体内容只是对导语的展开或者补充，不像一般的文章那样起承转合，高潮往往在文章中后部分。

教师：大家觉得为什么消息文体呈现出这样的特点呢？

学生：人们阅读消息主要是为了信息量，满足自身的需要。读文学作品的时候有的是为了审美或者其他需求，不一定是为了某个信息。

教师：大家都陈述了课前预习的内容，非常好！这里我有一个问题请大家考虑：这个标题是消息标题吗？

“北京猿人”的头盖骨流落何处？

——北京国际会议访人类学专家

学生讨论，教师小结：这样副题前面有破折号的标题不是消息标题，而是其他新闻文体的标题，消息标题的副题里不能有破折号。那么消息标题引题里能有破折号吗？这个问题请大家课后去找找，下节课来反馈。

练习：请大家根据所给的材料制作复合型消息标题。(10分钟)材料略

学生5分钟自拟标题。

教师请同学互相交流自拟的标题，并总结注意点：

(1) 标题字体应该有大小区别。

(2) 根据导语内容制作标题，抓住最具有新闻价值的要素。

二、传播实际中消息写作的变化(共20分钟)

教师：刚才我们分析了消息写作的一些基本要求，在现实传播中，不同的传播媒介在消息写作中有各种变化，我们请各个小组练习实例展示，每个小组自主发言后回答其他同学的问题。

第二组关注媒体是：以人民网、新华网为代表的主流媒体网站消息写作

学生发言概要：我们发现：这一类传统新闻媒体在消息写作方面仍旧遵循传统的写作要求，构成元素完整。(1) 转载其他媒体文章时，会修改标题。如“中央批准成立新的反贪总局‘高配’副部级局长”来源是《京华时报》，原标题是“中央批准成立新的反贪总局”。(2) 单行题显然多于复合型标题。(3)“人民网”自行采写或者转载其他媒体的消息构成元素完整。改写仅仅是根据需要在标题上有改变。

第三小组关注媒体是：手机报的消息写作

学生发言概要：我们主要调查的是新华社提供的手机报，它以手机短信的方式发送。因为手机报一般是某个新闻传媒所办，所以一般没有消息头，如果是转载其他媒体消息，会在文末用括号标注信息来源。而标题是单行题，说明主要新闻事实。文字部分仅仅是一段，有的是新闻导语，有的是导语加部分主体。如2014年10月29日一则消息《习近平会见爱民模范》，内容是：

“中共中央总书记、国家主席、中央军委主席习近平28日上午在北京亲切会见全国公安机关爱民模范集体代表和爱民模范，并发表重要讲话。他强调，希望全国公安机关和广大公安民警以爱民模范为榜样，认真学习贯彻党的十八届四中全会精神，坚定理想信念，忠诚党的事业，一心服务群众，扎实做好各项工作，为维护社会大局稳定、促进社会公平正义、保障人民安居乐业，为全国推进依法治国、建设社会主义法治国家，不断做出新的更大的贡献。”

具体的新闻内容提供链接。有“一句快报”，就是消息的导语内容，类似于消息集纳，这是由于手机媒体特点决定。手机媒体主要是提供信息服务，是与外界沟通的载体。手机报属于自费订阅，也就是媒体的核心受众群接受信息的渠道。

第四小组关注媒体是：以“新浪”为代表的商业网站

学生发言概要：商业网站我们关注的个案是新浪，目前类似的网站还有搜

狐、网易、腾讯等。它们在新闻业务上没有采访权，新闻内容主要是转载国内各大媒体的新闻。转载有出处，消息主体内容与原作相比没有变化，主要是标题上有一些独特的地方。

网络新闻中的消息标题不仅放在文章开头，还要出现在新闻主页以及不同版面的集纳版块上。我们发现在标题制作上不仅需要遵守传统的要求，还需要注意使用恰当的关键词对新闻事实概括到位，以便于对此条新闻的检索。网络消息写作在标题的编排上也有特色，他们会使用颜色，吸引受众的注意。也会在标题中注明新闻的表现形式，如“温总理记者招待会八大精彩回答(图)”，其中的“图”就表示此新闻配有图片，其他的方式还有视频、Flash动画等。

我们也发现一些不好的现象，比如网站在转载消息时标题会根据需要修改，有时候为了博眼球甚至会出现“文题不一致”的情况。如2012年5月29日腾讯网在转载环球时报社评时，将原标题“反腐败是中国社会发展的攻坚战”改成“要允许中国适度腐败，民众应理解”，与原文意思不一致。

学生提问：我们喜欢看网易“轻松一刻”，上面的新闻消息与传统的写法差别很大。

学生回答：还有凤凰网的“FUN来了”也是这种样式。以网易“轻松一刻”为代表的新闻传播方式创办时间不长，吸引了不少手机用户的关注，目前每天有两档文图版和一档语音版。用户可以通过这类节目主要是满足娱乐需求，新闻信息只是一个引子，更多的是直接、幽默的评论语言和PS图片。因此写作时不遵循消息的格式，只交代主要新闻事件，更接近新闻评论。这类节目不能算是严格意义上的新闻节目，因为信息传播不是它的主要功能。而且“网易”新闻频道还有其他新闻栏目，形成网络多元化的新闻传播模式。

教师小结：同学们关注了传统媒体网站、商业网站和手机报等载体上的消息写作，通过比较我们可以发现：

1. 消息写作仍旧遵循基本写作规律，标题、消息头、导语、主体都是齐全的。

2. 标题制作是网络消息写作的重要工作，需要根据不同的媒体特点适当修改。网络新闻标题制作要求与传统消息标题要求差别不大，但是以吸引注意力和关注度为目的。

3. 消息背景资料处理比较灵活。

所以掌握消息的基本写作规律非常有必要。这部分内容请大家课后复习，如果有问题我们可以继续讨论。

三、消息写作中客观报道的方法(共40分钟)

教师：在前面的课程里我们学过新闻工作的原则和出发点——“按照事物

的本来面目报道,不带记者个人偏见”。这其实就是消息写作中客观报道的要求。一切以事实为核心,事实是认识的基础,是新闻的来源,了解事实的真相是受众最迫切的需求。我们知道消息的基本功能就是报道事实、传播信息,而实现这种功能的主要方式就是做到客观报道。现在我们重点学习消息写作中客观报道的方法。

请同学们阅读材料一。【学生阅读材料一(131 字)】

材料一:(131 字)

周五晚上,一架美国喷气式客机在洛杉矶国际机场与一架 SkyWest 短途飞机相撞,造成飞机起火。其场景令人惨不忍睹。

我在现场看见,橙色的火焰从飞机机身直冲上天,浓烟像巨大的柱子一样盘绕在机场上空。透过警车、消防车和救护车的火光,可以很容易地看见飞机残骸的轮廓。

整个景象可怕极了。

对照客观报道的要求来分析这则消息,请学生回答问题:

1. 这则消息交代了哪些新闻要素?

基本的新闻要素——时间、地点、主体、事件。

2. 这则消息表露出记者的个人态度吗?从哪里看出来?

A. 第一人称　B. 第三段直接表态　C.【画出“惨不忍睹”】

教师:“惨不忍睹”是一个形容词,相对来说,形容词感情色彩强烈,使用起来容易呈现出个人情感倾向。怎么办?真实的东西都是具体的,具体的东西往往是生动的。所以要尽量多用具体的语言去写。例如:“气温高达 38 摄氏度”比“天气很热”更符合新闻语言的特点;“掌声持续达 10 分钟之久”比“受到热烈的欢迎”更准确、鲜明。消息写作应该对事件原貌进行客观叙述,这样才符合客观报道的要求。

教师小结:这是一个突发性灾难事件,具有较高的新闻价值。我们从以上的分析可以看出,它交代了一些基本新闻要素,但是其中流露出明显的主观态度,不完全符合客观报道的要求。

我们来看最终刊发的稿件:【展示材料二(176 字)】

材料二:(176 字)

周五晚上,一架美国喷气式客机在洛杉矶国际机场与一架 SkyWest 短途飞机相撞,造成飞机起火。据官方消息,已有 12 人在这起事故中丧生,24 人受伤,21 人失踪。

在失事现场,橙色的火焰从飞机机身直冲上天,浓烟像巨大的柱子一样盘旋在机场上空。在警车、消防车和救护车的灯光的照射下,飞机残骸的轮廓依稀可见。

23 岁的旧金山人布雷特·莱尔斯(Brett Lyles)惊叹道:“这种场面简直让人难以想象。”

请学生回答:

1. 与材料一相比较,首先在事实交代方面有哪些变化?

新闻要素交代更加完整;要交代信源。

2. 最后一段作了怎样的修改?

最后一段使用引语。用现场目击者的话代替了记者直接表态,这是客观报道一种技术上的处理。

教师小结:

通过对以上两篇材料的比较分析,我们可以总结出,消息写作中客观报道的方法:

1. 新闻要素要真实、准确呈现;
2. 要交代信息来源;
3. 避免记者直接发表意见,多用引语;
4. 避免使用第一人称(即使是体验式报道,都要注明“记者”);
5. 避免使用带有褒贬色彩的修饰语(多具体、少抽象)。

实例练习

下面材料中的消息是我们的同学采写的,请大家根据消息写作中客观报道的方法对材料三提出修改意见:

材料三:

本报讯　3 月 10 日,“透红亭”文学社携手“凌轩社”在活动中心举办了“开卷有益”知识问答比赛。

活动分为三个环节,选手们各自介绍了他们最喜欢的书籍,与大家分享好作品;情景表演则用恶搞经典作品的方式让现场的观众捧腹大笑,最后的知识抢答现场气氛十分活跃,在场的每个人都受益匪浅。

此次活动集娱乐和学习为一体,不仅拓展了大家对文学的了解,也丰富了大学生的课外生活。

学生回答:这则消息新闻要素比较完整,也交代了信息来源。但是有两个地方要注意。一是要将“受益匪浅”“十分活跃”等修饰语删去,换成对现场的具体叙述;二是最好能将最后一段直接阐发活动意义的话删去或者使用引语替换。

问题讨论:新闻事实的残缺与客观报道的要求

教师:消息写作中客观报道的方法,保证了消息写作符合客观报道的要求,但是仅仅这样做,是否就一定能真正达到客观报道的要求呢?这里我们要讨论一个关于消息写作更严谨的问题。请看材料。

2013 年 4 月 21 日任志强发了一条微博:

有一位记者根据微博内容写作了这样一条消息:

材料四:(247 字)

4 月 21 日晚,微博名人任志强发了一条微博"南京机场,一碗排骨面加一个煎蛋,九十五元。"

记者看到,任志强微博上所展示的 95 元的面条很普通,在市区普通面店不会超过 15 元。网友纷纷跟帖,认为这条微博揭露了机场餐饮垄断经营、追逐暴利的问题。

为此,记者从南京禄口国际机场了解到,去年该机场曾经下调过机场餐饮价格,让旅客二三十元也能吃饱。至于 95 元的高价面,机场相关人士表示,机场餐饮的物流、房租成本在那,所以价格要比市区贵一点。去年调价的餐饮是一部分,确保有一些低档餐饮,让旅客有选择权,而 95 元的面条显然不在"低档餐饮"行列。

教师提问:这则消息用客观报道的方法来衡量,是否符合客观报道的要求?

学生回答:

形式上来看似乎基本符合要求。

(1) 新闻事实还原,交代信息来源第一段所叙述的情况,与微博内容符合。

(2) 没有出现"我"这样的第一人称,全部用"记者"。

(3) 引用网友的意见,没有修饰性词语。

这样是不是完全符合客观报道的要求了呢?如果学生有意见,请学生回答。

如果学生回答没有,需要教师提问:

仅仅形式上注意了客观报道的方法是远远不够的!这则消息中有一些事实看上去有了交代,但是实际上清楚吗?完整吗?请同学们回答。【用笔画出】

这则消息想要解决的问题是机场是否是"垄断经营、追逐暴利"?

首先,机场餐饮是否属于垄断经营?南京禄口机场现在究竟有没有低档餐饮,二三十元能吃饱？这个没有交代清楚;即使有二三十元,饭菜质量如何？搭配如何？这个更加没有交代。如果能够把事实的原貌呈现出来多好呀。

其次,一碗排骨面条、一个煎鸡蛋就卖 95 元,成本究竟比市区高多少？“高价面”的价格有没有经过物价部门审查批准？是否属于暴利。

教师:这则消息从形式上看符合客观报道的要求,仔细分析却发现有这样一些信息没有交代清楚。依据不清楚、有残缺的事实,怎么能辨清机场是否垄断经营、追逐暴利的问题呢？怎么能回应网友的质疑？怎么能满足公众对这件事的知情需求呢？事实有残缺就不完整,不完整一定不符合客观报道的要求。

教师总结

我们在学习消息写作中客观报道的方法时,“五点”不难理解,操作起来也比较容易掌握。难点在于我们是否能清晰、完整地呈现新闻事实。

在新闻传播实践中,遗漏新闻事实的情况经常出现,对于新闻记者来说,在消息的写作中不能遗漏关键事实,更不能刻意隐瞒。采访对象可能会有意回避,但是记者不能不问,问清事实说清事实是新闻记者的责任所在,也是消息写作中客观报道最重要的要求。这一点希望同学们能够记住。

布置一篇课后练习作业。请同学们课后根据消息写作要求修改材料五。

材料五:

2013 年 3 月 31 日,扬州大学文学院青少年志愿者协会的成员来到敬文图书馆,帮它进行了一次“换装”,志愿者虽然牺牲了自己周末的休息时光,但是各个乐在其中。

据青协负责人介绍说,虽然图书馆有义工,但仅局限于整理书本,并没有对图书馆进行全面的清洁工作。而来借书的同学时常会不小心碰触书架上的灰尘,弄得“灰头土脸”。为图书馆打扫的想法就应运而生,这个提议也得到了馆长的支持与赞许。

上午 8 点半,志愿者分成小组,并由小组负责人将组员带到相关区域进行工作。大家开始分工合作,有擦桌椅的,有整理书架的,有打扫地板的。就这样大家忙碌了一个上午,但是没有怨言,觉得学雷锋做好事是一件光荣高兴的事。青协志愿者郭迪告诉记者:“通过这次打扫真正的体会到图书馆真的很大,感觉总也打扫不完,为了保证质量,还是不敢疏忽大意,看到打扫结束后整洁干净的图书馆,心里真的很高兴。我们真切地体会到了‘快乐在于奉献’的真谛。”

通过这次活动,志愿者们又一次深深体会到奉献爱心的重要性,图书管理员对他们也是连连称赞。他们不仅仅用自己的实际行动来阐释身为志愿者应有的品质,而且也体现了当代大学生应有的精神风貌和青年志愿者的奉献精神。

修改要求：

1. 补足消息文体的构成元素；

2. 自拟复合型标题；

3. 符合消息写作客观报道的要求。

教学效果与讨论

学生认为通过这个单元的自主学习，打破课堂与新闻传播实际的界限，让大家自己动手，归纳文体的基本要求，了解消息写作的现状，拓展了新闻阅读视野。通过课堂练习锻炼实际写作能力。

教师认为这次课程可以发现学生在知识学习过程中存在的问题，在探索意识和创新意识上仍有待加强。

改革与提高的设想

1. 研究性教学突出了学生的自主参与程度，但是因为写作课的课程特点，在实际教学中不应忽视教师的主导地位，不能仅仅提出问题，任凭学生自由发挥。在研究性教学实施过程中，教师应该抓住根本与核心问题，激发学生主观能动性，积极思考。重点教学内容以教师提问为主，使学生能集中、明确地分析问题并解决问题。并且教师应该设计操作性较强的练习环节提高学生的实际写作能力。

2. 在研究性教学实施中，过程比结果更重要。课堂教学有限的时间中无法解决一些可能是灵感的火花问题，应该在课后加强与学生的讨论交流，将研究性教学延伸开来，从而真正实现教学改革的目的。

附：阅读参考文献

一、论著

[美]卡罗尔·里奇.新闻写作与报道训练教程.钟新，译.北京：中国人民大学出版社，2007

李希光，孙静惟，王晶.新闻采访写作教程.北京：清华大学出版社，2011

二、论文

王珊珊.我国客观报道与西方客观性报道比较.新闻世界，2012，1

高冬可.微博新闻文体特征解析.新闻爱好者，2011，3(下半月)

姚丹.新形势下新闻写作现状及发展趋势探究.新闻传播，2012，9

“外国文学史”研究性教学案例

授课教师 蔡同庆

课程名称 外国文学史

授课单元 《易卜生》

实施专业 汉语言文学2011级

课程设计思路

本单元“研究性教学”采用的方法是“小组合作讨论学习法”“表演法”和“课题研究法”，即将学生分成若干学习小组，在教师的引导下，通过对问题的研讨、对作品主人公形象的表演，达到“知、形、研”一体的教学目的。所谓“知、形、研”一体，即在课堂教学中实现“知识的传授、形体的表演、研究的进行”三者一体化的教学目的。

教学目标

1. 通过对易卜生剧本《玩偶之家》的解析，引导学生探讨作品的主题：男权与虚伪；妇女在家庭中的地位；女性解放的道路等等。

2. 通过课堂的现场表演，培养学生对主人公形象的内在把握，把握《玩偶之家》的情节冲突与主人公海尔茂、娜拉内心世界的冲突，深刻理解娜拉出走的意义。

3. 通过娜拉与美狄亚、安娜、繁漪等人物形象的比较研究，探讨妇女解放的途径。

教学内容

《玩偶之家》主题分析。

教学课时　2课时

教学方法

预先布置学生预习教材内容及相关参考书的内容，将《易卜生》的学习内容分析成4个问题，让学生分组准备，课上通过“研究汇报”“提问解答”和“现场表演”的学习方式，来了解作品的内蕴、把握人物形象的内涵，探讨妇女解放的曲折道路。

教学设计的关键点

1. 考虑周全，提前布置，注意可操作性

对学生研究性学习的指导，计划的周全性非常重要，因为它直接关系到学习效果的好坏与学生工作积极性的高低。对学生的工作不妨提出以下要求：首先，小组成员之间要分工明确、协同作战，并明确“汇报人”“发言人”；其次，认真阅读、查找相关资料，总结观点，准备5分钟的发言，以及配合发言的幻灯片资料；第三，认真研究“提问”的内容，准备高质量的问题，最好是系列问题；第四，接受同学“质疑”时，回答的同学应实事求是，态度诚恳，不强加辩说。

2. 准备充分，积极引导，着眼能力培养

将部分课时交给学生主讲，并不意味着教师可以置身事外，而是数倍的工作量，以及课上思想的高度集中。教师必须根据学生的发言，将发散的、零星的观点引向中心问题；纠正错误的观点；补充遗漏的部分；保护学生的积极性，调动学生的情绪；掌控课程的节奏。同时，从思维建树、语言表达、情绪态度等方面鼓励学生的点滴进步，时刻注意培养学生的批判性思维能力、口头表达能力、同伴间的协作能力、应变能力，等等。

教学进程

一、任务分配

将学生分成4个学习小组，提前一个月公布选题，让学生自由选择；每个学习小组需要完成的任务包括两个：一是自己小组的“研究任务”，二是对其他小组的研究要“提问质疑”。质疑的问题主要有：(1) 娜拉究竟为什么离家出走？

是一时的冲动,还是理性思考的结果?(2)娜拉出走之后的结果是什么?(3)娜拉出走的意义是什么?(4)中外文学作品中有不少叛逆的女性形象,如美狄亚的复仇式出走,安娜的出轨式反叛,繁漪的乱伦式反抗等,引导学生进行比较研究。(5)妇女解放的途径究竟是什么?当然全班同学都需要对学习内容仔细研读,并准备问题参加研讨。

所有同学复习悲剧《美狄亚》、小说《安娜·卡列尼娜》;阅读曹禺《雷雨》。比较分析女主人公悲剧的异同点。

两个同学准备表演《玩偶之家》(节选)。

所有同学背诵舒婷《致橡树》。领会中国新时期女性对理想爱情与婚姻的追求、执着与迷惘,加深理解男女平等的内涵。

所有同学:准备易卜生的生平与创作资料。

第一小组:研究“娜拉觉醒以前的家庭环境”。

第二小组:研究“娜啦出走的原因”。

第三小组:研究“娜拉出走之后的结局”。

第四小组:研究“妇女解放的途径”。

所有同学比较分析娜拉与美狄亚、安娜、繁漪等人物形象的异同点。

二、课堂讨论述要

(一)易卜生生平与创作

点名2—3名学生回答,教师补充、纠正。

亨利克·易卜生(1828—1906),是挪威人民引以为豪的戏剧大师、欧洲近代戏剧新纪元的开创者,他在戏剧史上享有同莎士比亚和莫里哀一样不朽的声誉。从20世纪20年代起,我国读者就熟知这个伟大的名字;当时在我国的反封建斗争和争取妇女解放的斗争中,他的一些名著曾经起过不少的促进作用。

易卜生出生于挪威海滨一个小城斯基恩。少年时期,因父亲破产,家道中落,没有进成大学,不满16岁就到一家药店当学徒。社会的势利,生活的艰辛,培养了他的愤世嫉俗的性格和个人奋斗的意志。在繁重而琐碎的学徒工作之余,他刻苦读书求知,并学习文艺写作。1848年欧洲的革命浪潮和挪威国内的民族解放运动,激发了青年易卜生的政治热情和民族意识,他开始写一些歌颂历史英雄的富有浪漫色彩的剧作。接着,他先后在卑尔根和奥斯陆被剧院聘为导演和经理,达十余年之久。这段经历加深了他对挪威社会政治的失望,于是愤而出国,在意大利和德国度过了27年(1864—1891)的侨居生活,同时在创作上取得了辉煌的成就,晚年才回奥斯陆。

易卜生一生共写了二十多部剧作,除早期那些浪漫抒情诗剧外,主要是现实主义的散文剧即话剧。这些散文剧大都以习见而又重大的社会问题为题材，通常被称为“社会问题剧”。《社会支柱》(1877)、《玩偶之家》(1879)、《群鬼》(1881)和《人民公敌》(1882)是其中最著名的代表作。

易卜生的整个创作生涯恰值19世纪后半叶。在他的笔下，欧洲资产阶级的形象比在莎士比亚、莫里哀笔下显得更糜烂、更丑恶，也更令人憎恨，这是很自然的。他的犀利的笔锋饱含着激愤的热情，戳穿了资产阶级在道德、法律、宗教、教育以及家庭关系多方面的假面具，揭露了整个资本主义社会的虚伪和荒谬。《玩偶之家》就是对于资本主义私有制下的婚姻关系、对于资产阶级的男权中心思想的一篇义正辞严的控诉书。

1. 创作道路

早期(1850—1868)浪漫主义历史剧。

过渡作品：哲理剧《布朗德》、《培尔金特》。

中期(1868—1891)现实主义“社会问题剧”。

后期(1891—1906)象征主义心理剧。《建筑师》、《小艾友夫》、《我们死人醒来的时候》等。

2. “社会问题剧”：

① 1868—1891年，易卜生用散文写了9部以社会和家庭问题为内容的现实主义戏剧；

② 这些剧本分两类：一类处理社会政治问题，如《青年同盟》、《社会支柱》等；一类处理婚姻家庭问题，如《玩偶之家》等；

③ 这些作品大胆揭露资产阶级道德的堕落、婚姻的不合理、家庭生活的虚伪、思想的庸俗偏狭及资产阶级民主政治的破产；

④ “社会问题剧”以其丰富的社会内容和高度的艺术技巧震动了西方舞台，引起一场戏剧革命。

（二）《玩偶之家》主题分析

教师导入创作背景：

《玩偶之家》创作于1879年。女主人公娜拉出身中等家庭，美丽活泼，天真热情。她热烈而真诚地爱着自己的丈夫海尔茂。为替丈夫治病，她曾冒名举债，又熬夜抄写文件，挣钱、省钱，偷偷还债。如果需要，她甚至表示可以为丈夫而死。但她的丈夫(过去的银行职员，现在的银行经理)，却是个虚伪自私的资产阶级市侩，他平时管她叫“小鸟儿”“小松鼠儿”，可一旦知道娜拉曾冒名举债，危及自己的社会名声和地位时，便一反常态，大骂她是“犯罪女人”，还扬言要剥夺他教育子女的权利，要对她进行法律、宗教制裁。后来，当债主受女友感化，退回了冒名借据时，他又转变态度，表示要永远爱她和保护她。经此转折，娜拉终于看清了自己的“泥娃娃”处境，发现自己不过是丈夫的“玩偶”，于是对保护着家庭关系的资产阶级法律、道德、宗教，提出了严重怀疑和激烈批判，并毅然离开了这个“玩偶之家”。娜拉是个具有资产阶级个性解放思想的叛逆女性。她对社会的背叛和弃家出走，被誉为妇女解放的“独立宣言”。然而，在素把妇女当作玩偶的社会里，娜拉真能求得独立解放吗？茫茫黑夜，她又能走向何处？鲁迅先生在《娜拉走后怎样?》一文中说：“从事理上推想起来，娜拉或者其实也只有两条路：不是堕落，就是回来。”这确实是问题的症结所在。

女主人娜拉表面上是一个未经世故开凿的青年妇女，一贯被人唤作“小鸟儿”“小松鼠儿”，实际上她性格善良而坚强，为了丈夫和家庭不惜忍辱负重，甚至准备牺牲自己的名誉。她因挽救丈夫的生命，曾经瞒着他向人借了一笔债；同时想给垂危的父亲省却烦恼，又冒名签了一个字。就是由于这件合情合理的行为，资产阶级的“不讲理的法律”却逼得她走投无路。更令她痛心的是，真相大白之后，最需要丈夫和她同舟共济、承担危局的时刻，她却发现自己为之做出牺牲的丈夫竟是一个虚伪而卑劣的市侩。她终于觉醒过来，认识到自己婚前不过是父亲的玩偶，婚后不过是丈夫的玩偶，从来就没有独立的人格。于是，她毅然决然抛弃丈夫和孩子，从囚笼似的家庭出走了。

教师导入易卜生《玩偶之家》创作札记，并激发学生思考：易卜生在文本中如何体现了“两种精神法律，两种良心”？

有两种精神法律，两种良心，一种是男人用的，另一种是女人用的，他们相互不了解。但是女人在实际生活中被按照男人的法规来评判，仿佛她们不是女人，而是男人。

——易卜生《玩偶之家》创作札记

问题之一：

娜拉觉醒以前的家庭环境是怎样的？

作者反衬手法之一

一间屋子，布置得很舒服很雅致，可是并不奢华。后面右边，一扇门通到门厅。左边一扇门通到海尔茂书房。两扇门中间有一架钢琴。左墙中央有一扇门，靠前一点，有一扇窗。靠墙有一张圆桌，几把扶手椅和一只小沙发。右墙里，靠后，又有一扇门，靠墙往前一点，一只瓷火炉，火炉前面有一对扶手椅和一张摇椅。侧门和火炉中间有一张小桌子。墙上挂着许多版画。一只什锦架上摆着瓷器和小古玩。一只小书橱里放满了精装书籍。地上铺着地毯。炉子里生着火。

第一小组同学主持讨论，教师引导，其他同学参与，并得到以下大致的结论：

第一，貌似温馨和谐的家庭氛围。

第二，事业、家庭兼顾的海尔茂似乎对娜拉宠爱有加。

第三，娜拉似乎很幸福很快乐很知足。

作者反衬手法之二

海尔茂：

人品：对工作兢兢业业，对家庭认真负责，没有不良嗜好。

昵称：“我的小鸟”“我的小鸽子”“小松鼠儿”“泥娃娃”“不懂事的小孩儿”等。

誓言：“娜拉，你知道不知道，我常常盼望有一桩危险的事情威胁你，好让我拼着命牺牲一切去救你。”

问题之二：

既然如此，那娜拉还为什么要出走？

教师与一女生示范表演以下对话：

矛盾的导火索和放大镜：**借据事件**

Helmer："Miserable woman... what is this you have done?"

(walking up and down)

All these eight years this woman who was my pride and joy...a hypocrite, a liar, worse than that, a criminal!

(Nora remains silent and looks fixedly at him.)

Now you have ruined myentire happiness, jeopardized my whole future...

Nora: When I've left this world behind, you will be free.

海尔茂：你这坏女人……你看看干的好事情！（走来走去）这八年来……我最得意、最喜欢的女人……没想到是个伪君子，是个骗子……更糟的是……是个罪犯。（**娜拉不作声、只用眼睛盯着他。**）你把我一生的幸福全都葬送了。我的前途也让你断送了。

娜拉：我死了你就没事了。

两个学生表演以下对话：

人物表

托伐·海尔茂，一名律师

娜拉，他的妻子

娜拉：托伐，咱们有好些话要谈一谈。

海尔茂：娜拉，你什么意思？我不明白。

娜拉：这话说得对，你不了解我，我也是到今天晚上才了解你。现在咱们面对面坐着，你不觉得有点吃惊吗？

海尔茂：有什么吃惊的？

娜拉：咱们结婚已经八年了。你不觉得这是头一次咱们夫妻俩正正经经地谈话吗?

海尔茂:那要看你的"正正经经"是什么意思了。正经事与你有什么相干?

娜拉:咱们的问题就在这里!你从来就没了解过我,你爱我只是因为你陶醉于这种爱的感觉。

海尔茂:娜拉,这是什么话!你真不讲理,真不知好歹!你在这儿过的日子难道不快活?

娜拉:不快活。过去我以为快活,其实那不是真的。你一向待我很好。可是咱们家只是一个玩儿的地方,从来不谈正经事。和你在一块儿,事情都归你安排。你爱什么我也得爱什么,或者假装爱什么。在这儿我是你的"玩偶妻子"。正像我在家里是我父亲的"玩偶女儿"一样。

海尔茂:娜拉!

娜拉:其实你的话没错我不配教育孩子。要想教育好孩子,我先得教育我自己,所以我现在要离开你。

海尔茂:(跳起来)你说什么?你怎么疯到这步田地!离开你的家、你的丈夫和你的儿女?你不怕人家说什么闲话吗?

娜拉:人家说什么我不放在心上。我只知道我应该这么做。我只知道首先我是一个人,和你一样的一个人……至少我要努力学做一个人。

海尔茂:娜拉,你病了,你在发烧说胡话……你不爱我了吗?

娜拉:我才意识到你不是我曾经想像中的那个男人……我满心以为你会挺身而出,把全部责任担在自己肩膀上,对大家说:"事情都是我干的。"

海尔茂:娜拉,我愿意为你日夜工作,愿意为你受穷受苦。可是男人不能为了他爱的女人牺牲自己的名誉。

娜拉:千千万万的女人都为男人牺牲过名誉。你不是在乎我,而是怕你自己有危险,危险一过去,你又装作没事人儿了。你又叫我和以前一样乖乖地做你的小鸟儿,做你的玩偶。我恨透了自己没出息!

海尔茂:娜拉,娜拉,现在别走。明天再走。

娜拉:(穿外套)我不能在陌生人家里过夜。

海尔茂:难道咱们不能像哥哥妹妹那么过日子吗?

娜拉:(戴帽子)你知道那种日子长不了。

海尔茂:够了!娜拉,你不会再想念我了吧?

娜拉:也许,我会时常想到你想到孩子们,想到这个家。

海尔茂:我可以给你写信吗?娜拉。

娜拉:不,千万别写信。

海尔茂:你需要帮助的时候,我也不能帮点忙吗?

娜拉：不必，我不接受陌生人的帮助。

海尔茂：娜拉，难道我对你而言永远都只是一个陌生人吗？

娜拉：（拿起手提包）托伐，那就要等奇迹中的奇迹发生了。

海尔茂：什么叫奇迹中的奇迹？

娜拉：那就是说，咱们俩都得改变到……

海尔茂：你说下去！咱们俩都得改变到什么样子……

娜拉：改变到咱们能真正像夫妻那样一起过日子。再见。

海尔茂：（倒在靠门的一张椅子上，双手蒙着脸）娜拉！娜拉！（他站起身来、四面望去。）屋子空了。她走了。（心里闪出一个新希望）奇迹中的奇迹……

第二小组主持讨论，教师引导，其他同学参与，得到以下大致结论：

借据事件反映出的残酷现实

之前　　　　　　　　　**之后**

海尔茂：好男人——虚伪、自私、男权

娜　拉：幸福的妻子——玩偶、觉醒、出走

《玩偶之家》表现的主题

第一，在资产阶级家庭中，妇女处于什么样的地位。妇女处于从属的玩偶地位，她只是男人的陪衬，男人的工具。娜拉与海尔茂对彼此的爱是不对等的，即：娜拉对海尔茂的爱是绝对的，无条件的，是充满奉献精神的；而海尔茂对娜拉的爱则是相对的，有条件的，是弥漫着利己主义的。只要不触犯或危及海尔茂的地位、名誉或财产，海尔茂还可以对娜拉施舍点爱意。否则，海尔茂就会翻脸不认患难夫妻之情，把娜拉推出去作自己的替罪羊。也正是看透了这一点，娜拉才感到心冷，感到绝望，才会离家出走。

第二，对资产阶级自私、虚伪、男权主义的揭露。海尔茂考虑问题的出发点，都是以自己为中心，他是自私的，也是虚伪的，更是男权主义者的化身。

第三，妇女的出路问题。

问题之三：

娜拉出走以后的命运会如何？

教师导入课外材料：鲁迅《娜拉走后怎样》

“从事理上推理起来，娜拉或者也实在只有两条路：不是堕落，就是回来。因为如果是一只小鸟，则鸟笼子里固然不自由，而一出笼门，外边便又有鹰，有猫，以及别的什么东西之类；倘使已经关得麻痹了翅子，忘却了飞翔，也诚然是无路可走。还有一条，就是饿死了，但饿死了已经离开了生活，更无所谓问题，所以也不是什么路。”

鲁迅认为的正确解决途径：

"所以为娜拉计,钱,——高雅的说罢,就是经济,是最要紧的了。自由固然不是钱所能买到的,但能够为钱而卖掉。人类有一个大缺点,就是常常要饥饿。为补救这缺点起见,为准备不做玩偶起见,在目下的社会里,经济权就见得最要紧了。第一,在家应该先获得男女平均的分配;第二,在社会应该获得男女相等的势力。可惜我不知道这权柄如何取得,单知道仍然要战斗;或许也许比要求参政权更要用剧烈的战斗。"

第三小组主持讨论,教师引导,其他同学参与,得到以下大致结论:

娜拉出走无外乎三种结局:死亡、堕落、回来。娜拉的出走固然是意义重大,可仅仅是出走还是不够的,要达到真正的妇女解放,还需要考虑方方面面的问题。

娜拉出走之后怎么办?这是本剧读者历来关心的一个问题。易卜生出生于一个以小资产阶级为主体的国家,周围弥漫着小资产阶级社会所固有的以妥协、投机为能事的市侩气息。对这一类庸俗、虚伪的政治和政治家,他是深恶痛绝的,甚至如他自己所说,不惜与之"处于公开的战争状态"。但是,这里也相应地产生了挪威小资产者易卜生的悲观主义。弗朗茨·梅林在一篇关于这位剧作家的评论中指出:"易卜生再怎样伟大,他毕竟是个资产阶级诗人;他既是悲观主义者,并且必然是悲观主义者,他对于本阶级的没落便看不见、也不能看见任何解救办法。"这位剧作家在自己的作品中,只能唯心地歌颂"人的精神的反叛 ",把具有这种反叛精神的主人公当作"高尚的人性"加以憧憬。他限于环境和阶级,看不见革命的政治和政治家,更不信仰他根本无从接触的社会主义革命,因此也就不能在坚实的历史基础和生活基础上为他的主人公开辟真正的出路。从历史唯物主义观点来看,娜拉要真正解放自己,当然不能一走了之。妇女解放的着急当然不在于仅仅摆脱或打倒海尔茂之流及其男权中心的婚姻关系。恩格斯在《家庭、私有制和国家的起源》中一语中的地指出:"妇女解放的第一个先决条件就是一切女性重新回到公共的劳动中去,"因为"男子在婚姻上的统治是他的经济统治的简单的后果,它将自然地随着后者的消失而消失。"娜拉在觉醒之前所以受制于海尔茂,正由于海尔茂首先在经济上统治了她。因此,娜拉要挣脱海尔茂的控制,决不能单凭一点反叛精神,而必须首先在经济上争取独立的人格。她所代表的资产阶级妇女的解放,必须以社会经济关系的彻底变革为前提。她所梦想的"奇迹中的奇迹",即她和海尔茂都"改变到咱们在一起儿过日子真正像夫妻",也只有在通过改造社会环境而改造人的社会主义社会才有可能。

在世界文学史上,易卜生曾经被称为"一个伟大的问号"。这个"问号"至今仍然发人深省,促使人们思考:在资本主义私有制经济基础被摧毁之后,还应当怎样进一步消除和肃清易卜生在《玩偶之家》等剧中所痛斥的资产阶级的传统道德、市侩意识及其流毒。在这个意义上，易卜生的戏剧对于以解放全人类为己任的无产阶级，正是一宗宝贵的精神财富。

问题之四：娜拉出走的意义及妇女解放的途径？

所有同学朗诵舒婷《致橡树》。

第四小组主持讨论，教师引导，其他同学参与，在探讨“娜拉出走的意义及妇女解放的途径”的大框架下进行知识拓展，联系舒婷《致橡树》、通过娜拉与美狄亚、安娜、繁漪等人物形象的比较研究，把问题进行深化。

小问题 1：舒婷在其诗歌《致橡树》中表达的理想爱情是什么样的？

学生：平等，彼此相爱，彼此独立，坚贞，互相奉献，互相尊重，尊重男女性别的差异，互相理解，心有灵犀……

教师：诗歌的题目叫《致橡树》，也就是木棉对橡树的倾诉、愿望与期待，那我们在诗歌中听到了橡树的回答了吗？

学生：没有。

教师：为什么呢？这说明了什么问题？

学生：这是女主人公的美好愿望，是喃喃自语，是发自心底的对于理想爱情的呼唤。实际上，这种美妙的、理想的爱情根本就没有实现。

教师：是的，如果橡树真给了木棉这样美妙的爱情，那木棉也就不会这样倾诉了。《致橡树》写于“文革”之后的新时期，舒婷作为朦胧派的代表诗人，敏锐地发掘男女平等的重大社会问题。表达了自己的美好愿望。男女的真正平等，还是路漫漫兮其修远，这有待于我们一代人又一代人的共同努力。

小问题 2：娜拉、美狄亚、安娜、繁漪等人物形象有什么异同点？

学生 1：我觉得共同点还是比较清晰的，那就是这些女性虽处在不同的时代、不同的社会、不同的文化背景下，她们都对自身的卑微地位和被男人摆布的命运进行了程度不同的抗争。

学生 2：我认为美狄亚的反抗有点过于残忍，不计后果，杀死了公主和国王，又亲手杀死了自己和伊阿宋的两个孩子，不论处于什么时代，美狄亚的行为都是犯罪，都是不可取的。

学生 3：安娜的形象也比较复杂。她与卡列宁之间没有娜拉与海尔茂之间的那种尖锐的冲突，主要还是年龄差距比较大，彼此沟通不够。我也不同意安娜这种出轨式的反抗，感觉婚姻不行，可以先离婚，再去找自己爱的人。

学生 4：而我甚至觉得卡列宁除了古板了一些，情趣不够，但作为丈夫，他还是比较称职的。即便卡列宁身上有这样那样的缺点，那安娜身上就没有吗？如果说卡列宁不够理解安娜，那么安娜又理解卡列宁的压力与苦恼吗？她又为他们的家庭做了些什么呢？也许安娜与渥伦斯基之间是有真爱的吧？但渥伦斯基也是自私的，他的担当不够。

学生5：繁漪当然是个悲剧，因为她嫁给了一个伪君子周朴园。知人论世，繁漪处在那样的一个时代，悲剧有一定的必然性。但我也不认可繁漪通过乱伦来达到对周朴园的反抗，于情于理，这都让人难以接受。

教师：大家说得都有一定的道理。但我们评价人物不能脱离时代，不能脱离具体的社会环境，否则就会出现“关公战秦琼”的笑话了。我认为有两个问题值得大家深入思考，一是社会因素的制约性，另一是个人因素的制约性。综合以上的讨论，大家认为娜拉出走的意义是什么？妇女解放的途径又应该是什么？

学生讨论，各抒己见，教师归纳总结，得出以下的大致结论：

1. 易卜生虽然提出了问题，但没有给问题以最终的答案，这表现了易卜生创作思想的矛盾性、复杂性及其局限性。

2. 无论如何，娜拉出走的意义不容低估，她艰难地迈出了个人的一小步，却同时也迈出了妇女解放运动的一大步。娜拉这个人物形象在世界范围内所引起的影响是广泛而深刻的，她是近代妇女解放运动的先锋。

3. 女性达到与男性真正平等的合理途径：一是民主社会制度的政治保障；二是女性要保持自己的精神独立；三是女性要保持自己的经济独立。

教师归纳《玩偶之家》艺术特点：

1. 作者善于选择一个恰当的切入口，使观众从容地进入戏剧的高潮处，也使整部作品情节紧凑，毫无拖沓之感。易卜生的这种结构手法，被称为“动作压缩法”或“情节压缩法”。

2. 全剧矛盾冲突不断，高潮迭起。

3. 巧用伏笔，构思精巧，情节完整，前后呼应是《玩偶之家》的又一特点。

4. 抛弃了当时欧洲舞台上流行的乔装、谋杀、决斗等惊险场面，将剧中人的生活写得如同观众或读者本人的经历一般。

5. “讨论”是其戏剧中的重要因素，他对社会问题的揭露是通过“讨论”来进行的，但是他的“讨论”不是空洞的说教，而是融化、渗透在剧情之中，随着“讨论”因素层层展开，从而步步引向高潮。

6. 其剧本不轻易用独白和旁白，但人物的心理活动却刻画得十分出色。

拓展练习

我们曾学过许多具有反抗精神的女性形象，如欧里庇得斯笔下的美狄亚、托尔斯泰笔下的安娜、曹禺笔下的繁漪等，试比较她们的异同，写一篇比较文学小论文。

教学效果与讨论

教学效果良好,课堂气氛热烈,学生参与的主动性、积极性都比较高,充分发挥了学生的主体地位。

改革与提高的设想

继续加大学生课前预习的深度,引导学生掌握更多的专业知识和理论知识,鼓励学生从理性层面去剖析问题、解决问题。

附:阅读参考文献

一、著作

耶利内克.娜拉离开丈夫以后:耶利内克戏剧集.焦庸鉴,等,译.深圳:深圳报业集团出版社,2005

波伏娃.第二性.陶铁柱,译.北京:中国书籍出版社,1998

二、论文

陈弘.易卜生"妇女解放"思想质疑.吉首大学学报,1983,1

李鸿泉.易卜生与女权主义.外国文学研究,1996,3

张文涣.《玩偶之家》的人物关系设计.外国文学评论,1997,2

沈默.《玩偶之家》的结构艺术.河北戏剧,1981,3

"西方文化史"研究性教学案例

授课教师 陈建敏

课程名称 西方文化史

授课单元 基督教的萌生和在罗马时期的演变

实施专业 汉语国际教育 2013 级

课程设计思路

本单元"研究性教学"采用的方法是"问题—研讨学习法",即课前由老师布置需要解决的问题,以学生为主导的探索学习;课堂上老师与学生互动,展开研究性学习,教师处于指导地位,协作完成教学任务。课后,学生根据自己在课堂上的疑问展开延伸学习。

课前,让学生沿着问题线索了解文化现象的宏观概况,学生通过对问题回答,收集和整理一定的资料,形成初步认识;课堂上,在教师的引导下,通过对问题之间的关系的追寻,对文化现象实质的梳理,对文化发展中的歧义研讨、总结,达到掌握知识、学会方法、提高能力的目的。课后的自我学习根据学生素质和兴趣的不同,针对性发掘问题,提升学生认识问题的深度和广度,实施个性化教学。

教学目标

1. 通过对基督教的萌生和在罗马时期的演变的研究,培养学生把一个文化现象分解成若干部分的能力:如文化现象的萌发、生成、转折、流变与影响;文化倾向与内容呈现、接受之间的差异与错位等等。

2. 培养学生理性分析文化的正确观念：文化所包括的范畴是巨大的，怎么样在文化的长河中找到关键点，把握文化的内在趋向是困难的。文化中各种力量的斗争是复杂的，各种思潮交织、混杂在一起，需要仔细辨析才能发现其独特价值。

教学内容

基督教的萌生和在罗马时期的演变。

教学课时　2课时

教学方法

预先布置学生预习教材内容及相关参考书的内容，将基督教的萌生和在罗马时期的演变的学习内容分拆成6个引导性的问题，让每一个学生都进行准备，不分组，不分任务。课上通过汇报和延伸两个环节进行学习，了解基督教的萌生和在罗马时期的演变的过程，基督教最终如何成为罗马的国教，进而形成对欧洲的影响。

教学重点：

1. 课前提出的问题要准确，并且环环相扣，形成一个覆盖学习内容的大网；

2. 教师要高度理解讲授内容，对6个问题之间的转折过程做出细致的描述。

3. 要有宏观的文化观念，为随之而来的学习埋下伏笔，要为本课程完成之后自然引申出新的学习内容打下基础。

教学难点：

1. 对教学内容高度把握，环节紧密，注意可操作性

在研究性学习中学生的主动性要加强，对普遍的通过阅读可以获得的知识要交给学生自己来完成，但是并不意味老师全部放手，在知识的深入理解与逻辑关系上老师的作用要得到加强。

2. 准备充分，积极引导，着眼能力培养

将部分内容交给学生主讲，并不意味着教师可以置身事外，而是数倍的工作量，以及课上思想的高度集中。教师必须根据学生的发言，将发散的、零星的观点引向中心问题；纠正错误的观点；补充遗漏的部分；保护学生的积极性，调动学生的情绪；掌控课程的节奏。同时，从思维建树、语言表达、情绪态度等方面鼓励学生，时刻注意培养学生的批判性思维能力、口头表达能力、协作能力、应变能力，等等。

教学进程

一、问题—研讨学习进程

提前公布6个学习问题，让学生利用图书馆和期刊网做充分的准备；学生的学习不分组，不分问题。人人都需要循序渐进完成所有问题，写出阅读报告，以便课堂上与大家分享成果。

本课时问题—研讨的问题如下：

1. 基督教产生的历史背景。
2. 基督教的产生过程。
3. 早期基督教的教义。
4. 早期基督教与罗马统治者的关系。
5. 罗马帝国对基督徒镇压。
6. 基督教国教地位的确立。

二、课堂讨论述要

本阶段的学习分成几个层面，首先，通过学生的研究汇报了解掌握程度；其次，通过学生的自我补充形成比较完整的学习内容；再次，通过教师提问引入深层思考；最后，教师总结形成对文化现象的多维度理解。前两项以学生的为主，后两项以教师为主。（注：过程可以重复）

1. 基督教产生的历史背景

(1) 学生研究汇报：

在罗马时期，大多数犹太人生活在现今的巴勒斯坦地区，也有部分犹太人散布在埃及和罗马等地。犹太人信奉犹太教，这在罗马初期是允许的，因为罗马人比较尊重其他民族的宗教，以换取被征服地区的和平。随着罗马强权的扩展，罗马皇帝越来越将自己看作是神圣的帝王，他们就要求境内的居民尊崇罗马的神祇和皇帝的神性。然而，即使在凯撒、屋大维和克劳狄统治时期，罗马统治者仍然不强迫犹太人改变他们的信仰，犹太人在耶路撒冷的圣殿中也为罗马皇帝祈祷。从公元前60年代起，巴勒斯坦成了罗马的行省，统治这一行省的是得到罗马人批准的犹太人王，这些犹太王得不到犹太人的信任，而且在公元前4年，犹太人王“希罗德大王”去世后，巴勒斯坦开始受罗马总督直接统治。在这样的背景下，犹太人一直渴望重新获得独立，重新有一位如大卫那样的国王来统治他们，希望弥赛亚降临来拯救他们。多少次，在巴勒斯坦的土地上出现一些自称弥赛亚的人，但他们被罗马人当作造反者而被处死；多少次，犹太人直接揭竿而起，反抗罗马人的统治，最后被淹没在血泊之中。在多次的失败后，一些犹太人认识到，犹太教必须得到改造，关注的中心要从严苛律法转向对人类的拯救。耶稣于是应运而生。

学生汇报补充：公元前15世纪，希伯来人进入这块“迦南美地”，并同迦南土著和腓尼基人打了一场旷日持久的战争。公元前13世纪，埃及人重新征服了这一地区，但其统治后来又被北方来的一个新民族非利士人所推翻，埃及帝国旋即灭亡。公元前8世纪起，亚述、巴比伦、波斯人相继入主迦南，使当地犹太民族一次一次地遭到打击和压迫。到公元前3世纪，这一地区又经希腊帝国的统治。最后于公元前1世纪时成为罗马帝国的一部分。

犹太人对千百年的异族统治，进行了连续不断的起义和反抗。例如公元66年，罗马总督野蛮地劫掠犹太人奉为神圣的耶路撒冷神殿及其宝库。遭到了犹太人的起义反抗，坚持达4年之久。公元70年罗马统治者对耶路撒冷的起义者和居民进行了血腥的报复和镇压，居民成为奴隶的达7万人之多。有些民族领袖由于斗争失败感到无能为力，就把希望寄托于宗教，盼望救主降临来拯救自己。这种盼望清楚地记载在犹太民族的宗教经典：律法书和先知书中。

(2) 教师提问：罗马皇帝将自己看作是神圣的帝王与犹太人信奉上帝在早期是怎么解决矛盾的？

(3) 学生回答：最初，罗马统治者不强迫犹太人改变他们的信仰，犹太人在耶路撒冷的圣殿中也为罗马皇帝祈祷。

(4) 教师总结：

① 起初，罗马政府对宗教采取宽容的态度，基督教的活动没有受到过多的干扰。罗马帝国的世界主义使许多国家的人民成了罗马公民，为向所有民族敞开大门的基督教世界主义铺平了道路。

② 随着基督徒人数的增长，罗马帝国的官员们开始担心，基督徒可能会成为政治颠覆者，基督徒的布道将会把人们对罗马的忠诚转向上帝。许多罗马人也认为，基督教是社会秩序的大敌。尤其是基督徒们拒绝接受罗马信奉的诸神明，不从事罗马的祭典，藐视角斗士的竞技，不去公共浴场，赞美非暴力主义，不愿将罗马死去的和活着的皇帝敬为神明，不愿为罗马国家服兵役，终于在公元64年尼禄任罗马皇帝时遭到迫害。

2. 基督教的产生过程

(1) 学生研究汇报：

耶稣诞生地为南部巴勒斯坦耶路撒冷附近的伯利恒。耶稣在公元26年至公元30年间开始传播他的宗教学说。当耶稣开始传教时，有些信徒认为他就是弥赛亚。但当耶稣宣称他的王国并不仅仅属于现实这个世界，他所感兴趣的是上帝和人的新的关系时,有些信徒离他而去,而另一些更为坚定的信徒却开始相信耶稣就是基督,就是上帝之子,他有关上帝之爱和人人皆兄弟的学说是对人类最重要的启示。

耶稣的早期学说很快在犹太下层群众中引起反响,但也引起了犹太上层和罗马人的恐惧和惊慌。当时在犹太人中占主导地位的犹太教派别是法利赛派,是传统犹太教义最坚定的维护者,他们被耶稣声称自己是上帝之子所震惊,于是就指控耶稣为亵渎者,并向当时的罗马总督告密。罗马总督抓获耶稣后,一时不知如何处置,但他知道他所管辖的犹大省是块是非之地,任何可以在民众中煽起强烈感情的人对罗马当局都是危险的,因此最后他决定将耶稣钉死在十字架上,这是当时罗马对最下层民众施行死刑的一种方式。时年为公元 30 年。

然而,耶稣之死并未使耶稣所宣扬的学说销声匿迹,耶稣的信徒相信耶稣死后复活了,他会时不时在他的信徒中现身。耶稣复活的传说给了信徒信心和勇气,由此他们还演化出另一些思想,他们宣扬上帝已经化为了人,通过自己受苦受难来为人类赎罪。所有相信耶稣的人会因为他的牺牲而得到拯救。在这样的信仰鼓舞下,耶稣的信徒们开始在巴勒斯坦和叙利亚等地继续传教。

耶稣所创立的新宗教从犹太教的异端开始发展到基督教过程中起关键作用的信徒就是保罗。

保罗原名扫罗,居住在小亚细亚南部的塔苏斯城,他受过希腊文化的教育,身为罗马公民,早期却是狂热的正统犹太教的维护者,站在反对基督教一边。后来由于一次事故促使他皈依了基督教,并改名为保罗。随后,他开始了大范围的传教活动。他的传教不局限于犹太人之中,而是面向所有民族。在公元 45 年至 65 年之间,他多次长途跋涉,将耶稣的学说从小亚细亚传播到希腊,最后传播到罗马。

保罗进一步发展了耶稣的早期学说。他强调耶稣不仅是犹太人的弥赛亚,而且是全人类神圣的拯救者。只要遵循耶稣的教导,所有的人都可从他们的罪孽中得到拯救,由此这些人可以避免在死后罚入地狱,而且可以在天堂中享受灵魂拯救后的极大快乐。正是由于保罗的传教活动,基督教才突破了犹太人的范围,真正成为世界性的宗教。

同时其他一些使徒也开始将传教活动扩展到巴勒斯坦以外的地区,比如耶稣十二门徒中的大弟子彼得传说到过罗马,并担任了罗马教会的领导人。当时在埃及、小亚细亚、希腊、高卢和西班牙也先后建立了一些教堂。耶稣的门徒将耶稣生前言行和有关他的故事搜集起来,在公元 1 世纪末逐渐形成《福音书》。随后这些福音书再加上使徒的书信和他们的事迹最终编辑成《圣经 · 新约》,与原来犹太教的经典《圣经 · 旧约》一起构成《新旧约全书》,成为基督教最重要的典籍。

学生汇报补充：耶稣是否确有其人，历史学界历来存在着争议，因为当时的罗马历史著作中从来没有提及过此人。不过在大部分西方著作，耶稣还是被看做真实存在过的历史人物，他的早期事迹主要依据《圣经·新约全书》的四大福音书。

(2) 教师提问：犹太教是怎么变成基督教的？他们之间的区别是什么？

(3) 学生回答：保罗的努力使耶稣所创立的新宗教发展到基督教。

(4) 教师总结：

首先，我们来看看耶稣在多大程度上改变了以前的犹太教？从福音书的记载中，我们看到，耶稣承认摩西十诫的重要性，但他加以改造，将十大诫律约减为两大原则，一是人人必须热爱上帝，二是人人必须像爱自己那样爱别人。主要的内容可概括为以下几点：① 上帝关心更多的是人而不是律法。上帝希望建立与人的新型关系，这种关系是建立在上帝慈爱的基础之上的，人类对这种慈爱的回报，就是对上帝的虔诚信仰。② 耶稣将自己看做是建立这种上帝与人新型关系的纽带和桥梁。他把这种关系称作为"上帝的王国"。这一上帝王国同时存在在现实世界和另一个永恒的世界之中。③ 上帝可以宽恕所有犯轻罪之人，只要他承认错误，请求上帝的原谅。人和人之间也可以实现这样的宽恕。

其次，我们来看使徒保罗的贡献。保罗是耶稣的同时代人，但比耶稣年轻。他是发展新生的基督教教徒的最重要的先驱。在所有的基督教作家和思想家中，他对基督教神学的影响可谓举足轻重。保罗一生中就基督教的问题进行思索和写作，并为这个新的宗教收罗信徒。他在传教活动期间，广泛漫游了小亚细亚、希腊、叙利亚和巴勒斯坦。保罗对犹太人的说教远不如早期一些基督教徒那么成功，事实上他的举止常常引起极大的仇视，连生命也有几次遭到威胁。但是保罗对非犹太人的说教却非常成功，所以人们常说他是"非犹太人的使徒"。没有任何其他人在传播基督教中起到了这么重大的作用。保罗对基督教发展的影响有三点：① 他作为传教士所获得的巨大成功；② 他的书信，构成《新约》一个重要组成部分；③ 他在发展基督教神学中所起的作用。

第三，基督教和犹太教什么关系？基督教脱胎于犹太教，原是犹太教中的异端；在犹太人流行起一种"救世主"的新信仰，基督教就这样慢慢形成了。在教规上，犹太教行割礼，而基督教行洗礼；在教义上，犹太教信摩西律法，即"摩西十诫"，主张流血复仇。而基督教主张博爱。因此基督教迅速超越了犹太教，成为一种普世信仰和世界宗教，而犹太教至今仍然只是一种民族宗教。

最后，《圣经》和犹太教经典又是什么关系？犹太教的经典是《旧约》，后来基督教徒认为犹太人不守他们与上帝所立的约，遂与耶稣重新立约，所形成的文本称为《新约》。犹太教不承认《新约》,但基督教承认《旧约》,将两者合起来作为圣经,即《新旧约全书》。

PPT 展示:

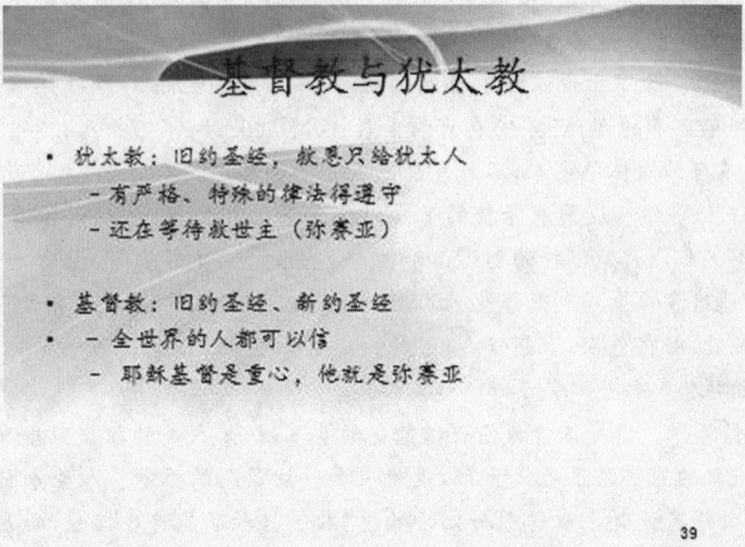

犹太教	基督宗教
一神教,耶和华为唯一真神	一神教,上帝为唯一真神
等待旧约圣经中的弥赛亚,拯救犹太民族	视耶稣为弥赛亚、上帝之子,拯救世人
旧约	旧约、新约
敬畏上帝,严守十诫和律法	相信神爱世人,只要信仰上帝,就能获得救赎
相信犹太人人是上帝的选民	容忍异民族,将其感化为基督徒
民族宗教或部落信仰	普世性宗教

40

（5）引申问题：为什么欧洲歧视犹太人？

3. 早期基督教的教义

（1）学生研究汇报：

早期基督教的教义主要来自《圣经》，以后随社会的发展，教派也不断涌现，各派的教义侧重点也各异，但基本的信条有以下内容：

① 十诫。除了上帝以外不可有别的神；不可为自己雕刻和敬拜偶像；不可妄称耶和华上帝的名；当守安息日为圣日；当孝敬父母；不可杀人；不可奸淫；不可偷盗；不可作假证陷害人；不可贪恋别人妻子和财物。

② 三位一体。这是基督教的基本信条之一。相信上帝唯一，但有三个"位格"，即圣父——天地万物的创造者和主宰；圣子——耶稣基督，上帝之子，受上帝之遣，通过童贞女玛利亚降生为人，道成肉身，并"受死""复活""升天"，为全人类作了救赎，必将再来，审判世人；圣灵——上帝圣灵。三者是一个本体，却有三个不同的位格。

③ 信原罪。这是基督教伦理道德观的基础，认为人类的祖先亚当和夏娃因偷食禁果犯的罪传给了后代子孙，成为人类一切罪恶的根源。人生来就有这种原罪，此外还有违背上帝意志而犯的种种"本罪"，人不能自我拯救，而要靠耶稣基督的救赎。

学生汇报补充 1：

① 信救赎。人类因有原罪和本罪而无法自救，要靠上帝派遣其独生子耶稣基督降世为人做牺牲，成为"赎价"，做了人类偿还上帝的债项，从而拯救了全人类。

② 因信称义。人类凭信仰就可得救赎，而且这是在上帝面前成为义人的必要条件。

学生汇报补充 2：

① 信天国和永生。人的生命是有限的，但人的灵魂会因信仰而重生，并可得上帝的拯救而获永生，在上帝的国——天国里得永福。

② 信地狱和永罚。人若不信或不思悔改，就会受到上帝的永罚，要在地狱里受煎熬。

③ 信末世。相信在世界末日之时，人类包括死去的人都将在上帝面前接受最后的审判，无罪的人将进入天堂，而有罪者将下地狱。

（2）教师提问：基督教的核心是什么？

（3）学生回答：基督教的核心是耶稣的救赎，爱，因信称义，罪。

（4）教师总结：早期基督教的教义：① 一神与选民；② 基督的救赎与因信得救；③ 改革礼仪。

(5) 引申问题：关于基督教的核心有多种认识，推荐阅读。

4. 早期基督教与罗马统治者的关系

(1) 学生研究汇报：最初，罗马统治者并不太重视基督教，他们也只是把它看做是犹太教的一个分枝。但从公元 2 世纪起，他们察觉到了基督教与犹太教的区别，发现基督教教导他们的信徒顺从政府，但这一宗教却不肯承认皇帝为神。他们认为拒绝对皇帝神性的承认就是对罗马宗教和法律的挑战，于是加大了对基督教迫害的力度。皈依基督教成了一种罪行，一些基督教徒被没收财产，有一些甚至为此遭到处决。

学生研究补充：随着罗马陷入危机，基督教得到了极好的发展机遇。在 3 世纪，罗马被不断的内战所困扰，原有的国家宗教和信仰遭到空前危机，许多人纷纷皈依基督教。早先由于基督教的倡导者主要来自社会中下层，他们所宣扬的学说，具有朴素的社会平等思想，而且表现出对财富的憎恶。然而，在罗马社会面临危机时，一些城市中的富人感到前途渺茫，为了寻找心灵的慰藉，也加入到基督徒的行列之中。这些人有文化和组织能力，很快成为基督教的中坚力量，基督教不再反对富人和统治者，而更强调爱人和顺从。到了 3 世纪末，信仰基督教的人数已多到统治当局难以镇压的地步，当局只好做出妥协。

(2) 教师提问：为什么罗马统治者要迫害基督徒？

(3) 学生回答：最初，罗马统治者不强迫犹太人改变他们的信仰，犹太人在耶路撒冷的圣殿中也为罗马皇帝祈祷。但是，基督教教导他们的信徒顺从政府，却不肯承认皇帝为神。

(4) 教师总结：受迫害的原因：

① 基督徒关注永生而不关心现世→反社会行为

② 基督徒反对偶像或英雄崇拜→欠缺对罗马的政治忠诚

5. 罗马帝国对基督徒镇压

(1) 学生研究汇报：罗马帝国皇帝对基督徒的迫害，以残酷、变态而著称。从尼禄纵火烧毁居住区并栽赃给基督徒；到在历史上以仁慈悲悯著称、备受中国前总理温家宝推崇的哲学家皇帝奥勒留以最高统治者名义迫害基督徒，他们发明了对基督徒各种惨无人道的迫害办法，比如将新鲜的兽皮裹在基督徒身上，将他们绑在阳光下暴晒使其窒息而死；将基督徒赶进小屋子后密封门窗使其慢慢憋死，等等。至于直接砍杀之类常规性杀害，历史上举不胜举。

学生研究补充1：为了煽动民众的反基督教情绪，古罗马的一些理论家编造了不少针对基督信徒的谣言，诸如诬蔑他们在拜神时要杀死婴儿并喝其血、吃其肉，还说他们狂饮、乱伦等等，所有古罗马社会的恶行都被强加在基督信徒身上。

当年，尼禄曾命令将不少基督信徒投进竞技场中，罗马权贵们在大笑中看着这些人被猛兽活生生地撕裂咬死。他甚至吩咐人把很多信仰基督的人与干草捆在一起，制成火把并排列在花园中，然后在入夜时点燃，照亮皇帝的园游会。

奥勒留皇帝对基督信徒的迫害也非常残暴。根据史学家的描述，"殉道者的尸首，满布街头；那些尸首被肢解后焚烧，余下的骨灰则散入河中，以免他们所谓的'神的仇敌'玷污大地"。

西元250年，德修斯发出敕令，命令基督信徒必须在选定的反悔日放弃自己的信仰，否则将受到地方总督的审判。信仰基督的官吏或被罚为奴隶，或被没收家产；最坚定者被处死。至于平民，处境更是悲惨至极。

西元303年，戴克里先皇帝又发出敕令，开始了罗马帝国发动的最大一场宗教迫害，许多摧毁教会、收缴《圣经》和屠杀教士的暴行发生了。

历史上，对女性信仰者的迫害是骇人听闻的。一些史书叙述了奉命来奸污她们的淫荡的青年事先都曾受到法官的"庄严告诫"，要他们对那些不愿向维纳斯爱神祭坛敬香的渎神的处女，必须尽最大努力来维护爱神的荣誉。

学生研究补充2：法律成为迫害基督徒的工具

罗马帝国的法律体系非常发达，辩护制度已经成熟。但完善的法律体制没有阻止暴虐的统治者的迫害，审判和刑罚成为一种堂而皇之的迫害方式。

在罗马帝国时期，一位叫皮里尼的官吏禀告皇帝说："任何被控为基督信徒的，我便审问他们是否真是基督信徒，若他们承认，我便以刑罚警吓他们，并再次审问，假若他们坚持承认自己是基督信徒，我便下令将他们处决。"皇帝在批示中说："你在处理被控诉为基督信徒的案件，做得非常正确……。"

在臭名昭著的“西普里安被斩首案”中，教父西普里安拒绝放弃信仰和“改过自新”，法庭便认定其“私自纠集犯罪集团”和“敌视罗马诸神”的罪名成立并判以斩首。

(2) 教师提问：罗马帝国对基督教徒的迫害对基督教的影响猜测？

(3) 学生回答：① 也许像中国革命一样在曲折中前进。② 基督教徒会投降。③ 大规模屠杀。

(4) 教师总结：罗马帝国对基督徒的迫害直接助长了基督教的迅速成长。

其一，坚定了真正的基督徒的信心。

殉道者的慷慨赴死释放了无穷的能量，吸引了大批人的加入。这在殉道者伊格纳修殉道前给基督徒们的信里表示得很清楚：“我请求你们，不要对我好的过度。让我成为野兽的食物吧！经过他们的口，我可以到达神那里。我是神所种的麦子，被野兽的利牙磨碎后，可以证明我是完美的食品。”“当世界很恶的时候，基督教表现的最伟大。”殉道者们不仅在君士坦丁大帝发布米兰敕令承认基督教的合法地位前前赴后继；在中世纪后期教会腐败登峰造极之时，以胡斯、马丁·路德、加尔文等为代表的宗教改革的领袖们同样呈现出殉道者的精神。

其二，在反迫害过程中形成了系统完整的理论体系。

任何强大起来的宗教都必须有完整的理论体系，不然就只能沦为小教派。早期基督教观点的平和内敛，如著名宗教哲学家查士丁所说：“我承认，我以基督徒为傲，又竭尽全力让人认出我是基督徒，这并不是因为柏拉图与基督的教导有所不同，而是因为他们不是每一方面都相同。所有人所说的任何事物，只要说的正确，都是我们基督徒的财产。”但罗马帝国对基督徒的迫害，迫使大批基督教知识分子为耶稣、保罗的崇高伟大辩护；对基督教的价值、基督与信徒及基督与神的关系等做大量理论体系构建工作，以阐明基督教的地位和价值。也在这个过程中，基督教神学家们阐述清楚了基督教义与希腊哲学；基督教与犹太教的关系，搭建起庞大的基督教神学体系，并进而建立起以修道院、教堂、神学院等为主的传播和研修机构和宗教活动场所，促成基督教理论体系和社会组织的进一步完善、深化，最终形成了巨大的基督教世界。

诚如著名的基督教哲学家德尔图良所说的：“殉道者的血是教会的种子。”

6. 基督教国教地位的确立

(1) 学生研究汇报：在起初的一二百年间，基督教是作为异教被罗马帝国禁止的，基督教信徒受到迫害，甚至被处死。直到 313 年，罗马帝国皇帝君士坦丁大帝颁布米兰诏书，从而使基督教成为政府所允许的宗教。325 年，尼西亚信经在第一次尼西亚公会议上通过，并成为基督教的最基础的原则，现在几乎所有的基督教教派都接受这一原则。392 年，罗马皇帝狄奥多西一世宣布基督教为国教。从此,基督教开始迅速发展起来。

学生研究补充1:早期基督教曾经受到来自罗马帝国皇帝的10次大迫害,并把公元64年帝国皇帝尼禄借罗马城大火捕杀基督教徒作为这种迫害的开始。在这长达200多年的时间里,罗马帝国对基督教的迫害又大致可分为两个不同的时期,即从公元64年到3世纪中叶为第一阶段,3世纪中叶到《宽容敕令》的颁布为第二阶段。

在前一个阶段里基督教受迫害的事件基本上是零星发生的,且大都是地区性的,全国性的迫害事件很少发生。往往在某一行省当局正残酷镇压基督教,而在它毗邻的另一些省份教会却安然无恙,更有一些时期在整个帝国境内教会几乎完全平安无事。在第二阶段,罗马帝国在经历了200多年的繁荣与相对稳定之后出现了严重的社会危机,帝国结构本身所产生的离心倾向也开始明显地表现出来。

为了阻止这种趋势的不断恶化,罗马统治者开始对基督教采取比以往更加严厉的镇压措施,并动用整个国家机器对基督徒实行普遍迫害。因为在他们看来基督教已成为帝国内唯一能与其抗衡的政治力量,并由此构成了对帝国统治的最大威胁。

经过一系列镇压后,特别是在4世纪初当罗马皇帝戴克里先对基督教的镇压之后,罗马帝国的统治者开始认识到任何以强力消灭基督教的方式都是不现实的;而且任何一个想要有效地控制帝国——哪怕只是其中一部分的君主,都必须首先维持和基督教会的和平,然后才能做到这点。

于是,继311年的《宽容敕令》规定停止迫害基督教之后,313年君士坦丁和李锡尼又颁布了著名的《米兰敕令》,宣布承认基督教在罗马帝国中的合法地位。从此,罗马统治者开始大力扶植基督教,并逐步使其变成了罗马帝国的官方宗教。325年君士坦丁大帝亲自召开约有300名主教参加的尼西亚公会议,并强行为基督教制定了统一的信条和教会法规,使它完全被置于帝国政权的控制之下。

341年和346年罗马帝国皇帝又先后发布敕令禁止一切异教崇拜和祭祀,并关闭所有异教神庙。375年帝国皇帝革扣先下令禁止向罗马神庙献祭,并宣布皇帝不再充当神庙的“至高祭司”。这样,基督教作为罗马帝国国教的法律地位开始确立。不久,狄奥多西一世又于380年和381年连续颁布法令禁止除正统基督教会以外的任何异端教派活动,并焚毁所有异教作者反对基督教的作品。

392年狄奥多西一世再次公布法律禁止在任何场所向异教神祇献祭,同时规定基督教为唯一合法的宗教。因此,这一年一般被看做是基督教成为罗马帝国国教的开始。

学生研究补充 2：基督教在罗马帝国最终取得成功的原因固然与帝国统治者的扶植分不开；但更重要的是从 2 世纪末起罗马帝国不断为内忧外患所困扰，社会动荡频频发生，人们对现实生活越来越感到捉摸不定，因而开始以更大的热情寻求从宗教中得到心灵上的安慰；同时帝国统治者也急需一种全帝国的“世界”宗教为其充当支撑帝国大厦的思想支柱，这在无形中就为基督教的发展准备了适宜的土壤。

此外，不断被削弱的社会结构及逐渐失去凝聚力的传统信仰也给基督教的国教化提供了条件，再加上基督教在其发展过程中又逐渐使其教义满足了当时希腊罗马世界渴望得到的哲学思想和宗教信仰的要求，并使不同社会阶层的人们在追求精神世界的永恒与完美时都能汲取到无穷的力量。

这样，基督教才能在几百年备受迫害的境遇中发展成流行于罗马帝国全境并为各民族所接受的帝国国教。

(2) 教师提问：罗马皇帝为何摒弃传统皈依基督呢?

(3) 学生回答：长久以来有一个故事在不断激励基督教徒。公元 337 年，君士坦丁辞别人世后不久，塞沙里亚主教优西比乌在《君士坦丁传》中收录了此事。据说君士坦丁在公元 312 年 10 月某一天带领部队直逼罗马城，想从劲敌马克桑蒂亚斯手中把罗马夺取过来。这时君士坦丁在夕阳照射的天空看见一个巨大的十字架，一侧写有一行字句：“凭这个标记可以取得胜利。”就是那一天夜晚，基督显现在君士坦丁梦中，嘱咐他举着绣上基督标记的军旗进攻，否则，将不能取胜。君士坦丁立即命令匠人用纯金打造旗标，上面用宝石连缀成一个代表基督名字的图案，表明他将对基督效忠；根据一些记述，兵士的盾牌上也漆上了一个十字架。于是，君士坦丁的部队，在台伯河密尔维安桥上取得了胜利；马克桑蒂亚斯淹死在台伯河里。君士坦丁得胜后，挺进罗马，自此成为一个坚定不移的基督徒。

(4) 教师总结：君士坦丁大帝在扶植基督教的同时，废除一切旧有的宗教，政府官员主要由基督徒担任，统一罗马帝国，使基督教准备成为帝国的国教，罗马帝国西部地区领袖君士坦丁与东部地区领袖李锡尼联合发布《宽容敕令》。君士坦丁大帝准许基督教徒信教自由，发还过去迫害时期没收的教会财产。罗马法律还第一次承认基督教会可拥有财产权。这道敕令是基督教史上的里程碑。政改过程说明了，他把基督教纳入自己的政治轨道，干预教会内部事务，由政府拨给教会大片土地，由国家资助教会在各地兴建教堂。公元 392 年，罗马皇帝狄奥多西一世颁布命令宣布基督教为国教。

(5) 学生延伸学习：基督教成为罗马帝国唯一合法的宗教后发生了什么变化?

课堂总结

本单元的学习特点有如下几点：

1. 师生关系的变化。学生学习的主动性得到加强，教师的指导作用得到展现。师生在课堂上的地位不断发生变化，形成主次交替性互换的局面。

2. 互动性。学生通过现代的科技进行了主动学习后，提高了自身认识，形成了与教师对话的平台。在平台上教师与学生展开了研讨性的学习，真正发挥了教师的引导作用。

3. 全面性。研究性教学加强了学生的任务，促使学生提高自身的阅读能力，逻辑思维能力，分析能力，表达能力，辩论能力……综合性的培养学生的素质。

课程的独特设想

1. 在学生的研究性学习中，提高学生的理性思考能力，逻辑思维能力，变被动学习为主动学习，为终生学习打下基础。

2. 在教学中，西方文化课程具有大量的英文参考文献和书目，针对学科的特点和优势，充分利用国外文献资源，争取与国外教学接轨。

附：阅读参考文献

约翰·加尔文著；孙毅，游冠辉修订；钱曜诚，等，译.基督教要义(套装共3册).北京：生活·读书·新知三联书店，2010

费尔巴哈著；荣震华，译.基督教的本质.北京：商务印书馆，1984

罗德尼·斯达克著；管欣，译.理性的胜利：基督教与西方文明.上海：复旦大学出版社，2011

王美秀，段琦，文庸，等.基督教史.南京：江苏人民出版社，2013

亚兰·尼尔森著；黄定尧，译.破碎与重整.北京：团结出版社，2012

约翰·亨利·纽曼著；王雪迎，译.论基督教教义的发展.北京：生活·读书·新知三联书店，2014

盐野七生著；徐越，译.罗马人的故事：基督的胜利.北京：中信出版社，2013

耶罗斯拉夫·帕利坎；石敏敏，译.基督教与古典文化：基督教与希腊主义相遇中自然神学的转化.北京：中国社会科学出版社，2012

G. F. 穆尔著；郭舜平，等，译.基督教简史.北京：商务印书馆，1981

詹姆斯·奥唐奈著；夏洞奇，康凯，宋可即，译.新罗马帝国衰亡史.北京：中信出版社，2013

阿尔文·J.施密特著；游冠辉，孙毅编；汪晓丹，赵巍，译.基督教文化译丛：基督教对文明的影响.上海：上海人民出版社，2013

安德森著；罗卫平，译.第二代智术师——罗马帝国的文化现象（古今丛编）/西方传统经典与解释.北京：华夏出版社，2011

研究性教学与教师的教学能力[①]

——从一首诗和15次掌声说开去

肖淑芬

从2009年至2011年，我很荣幸地在学生评教系统中连续三年被评为“年度最受学生欢迎的教师”，而在2011年，我又获得了学校“金讲台”教师的荣誉奖励，这更促使我经常思考关于教师与教学的问题。今天，我们置身于文学院的教学沙龙中，讨论的问题很明确——研究性教学与教师的教学能力，下面谈谈我自己的体会。我发言的题目是“研究性教学与教师的教学能力——从一首诗和15次掌声说开去”。

2004年本科学生毕业的时候，学院在大礼堂召开了毕业生晚会，学生们邀请我同去参加。那天，大礼堂里坐无虚席，同学们首先请我发言，于是我就即兴诵读了为他们写的一首诗。在我朗颂这首诗期间，经同学现场观察，礼堂里响起了15次掌声。此后同学们将胜景刻录成光盘送给我，我认真地复看了几遍，面对这15次掌声，我十分感动。是我的诗写得好吗？不是，是因为同学们参与了我的课堂教学，这首诗潜在地记录了他们与我共同的教与学的过程。学生们珍爱的是这段难忘的学习时光和我们之间真诚的师生情谊。

这首诗我还清晰地记得：

一份永远的牵挂

——为即将离校的我的学生们而作

你记得吗？我们相识在俄林波斯山的希腊神话，
你记得吗？我们在外国文学的土地上采集精华，
你记得吗？校园的星光映衬着我们讨论的身影，

---

① 此文是在2014年3月13日扬州大学文学院举办的教学沙龙中的主题发言。

你记得吗？早上的课堂见证了你们创造的佳话。

我的学生们要走了，就要离开家，
就像猎鹰，终究要搏击天下。
当你们打点行装的时候，
我知道，我又多了一份牵挂。

你们或走进都市的繁华，
你们或回归宁静的乡下，
你们或去夺一片天下的风光，
你们或只取人间的淡饭粗茶。

你们的路到底有多远，
我在牵挂；
你们的路到底有多深，
我在牵挂；
你们成功了，是否能稳住阵脚，
我仍在牵挂；
你们摔倒了，是否能站起来，
我还在牵挂。

牵挂是长江前浪对后浪的寄语，
牵挂是教育河床上的情感浪花。
牵挂是校园气息的续延，
牵挂是我们心灵的会话。

再相见或许很简单，
因为我们相约在秋，相约在夏；
再相见或许很艰难，
一个不少地都回来，也许是个永远的童话。

请记住：我们相识在俄林波斯山的希腊神话，
请记住：我们在外国文学的土地上采集精华。
请记住：我们的春夏秋之约，

请记住：一个不少地都回来，也许不是一个童话。

不久，就有学生将这首诗传到了网上。短短的一首诗中的15次掌声令我终生难忘，不过，更让我思考这令人难忘的情景生成的原因。结论就是，学生们十分主动地参与了我的课堂教学，他们的活力和创造力在课堂上得到了发挥和尊重。我践行自己的“知、形、研一体的”的教学理念，为学生发挥学习主动性与创造性提供了足够的空间，所以他们对课堂有着深厚的感情。这里面就关联着研究性教学和教师教学能力问题。

既然是讨论研究性教学中的教师教学能力问题，我们不妨先看一下研究性教学的提出与发展。

研究性教学是与时俱进的具有鲜明的时代性的教学理念。这一话语，是近年来在教育研究领域中凸显出来的。应该说，作为一种因子，它可能在教学的早期历史上就出现了，但作为教学的思想、观念、模式、追求等，毫无疑问，它刻着当代性的烙印。关于这一点，我们从中国期刊网全文数据库提供的数据便可看出。

以“研究性教学”为检索词，无论是通过“关键词”“主题”，还是以“篇名”“摘要”和“全文”为检索项进行检索，截止到1983年，数据显示皆为0。从1984年开始，有了零的突破，当年，在“全文”项下检索有了1篇论文(关于“研究性教学”的检索，“全文”项检索出的数据为最高，故这里的数据检索均以“全文”项为讨论依据)，而后，研究成果陆陆续续有所增加，但直到20世纪末，成果数字都不见大的提升。显然，这是这个问题被提出的初始阶段的研究。进入21世纪以来，情况发生了变化，此项研究的成果递增速度很快，成果丰硕，并成为当下倍受关注的话题。从1984年到21世纪的第一个10年结束，以“全文”项进行检索，共有研究论文7 088篇。分开观之，从这个术语在期刊上公开出现的1984年开始，至1999年末为止，检索出的15年的结果为61篇；而从2000年至2009年的10年间，检索结果为7 027篇。显然，进入新世纪后，人们对研究性教学给予了极大的关注。这就从时间上鲜明地界定了研究性教学的当代性，说明各个教学层次上的教师都在积极地进行探索与实践，为这个当代性的研究积累丰富的经验。

具有当代性特征的研究性教学对教师的教学能力要求更高，而且是多方面的，我认为下面两个方面的能力尤其值得重视。

一、教师应具有把握学科教学特点的能力

就高校课堂教学而言，每个学科都有自己的特点。把握学科的特点进行教学，是教师进行研究性教学的重要能力之一。虽然所有的教学都有其共性的特点，但相对而言，文科的课堂、理科的课堂、工科的课堂都有其各自不同的特征。

在学校举行中青年教师教学大赛的时候，我听过一位教师讲的逻辑课，她在课堂一次提问都没有，但讲得环环相扣，问题设置得紧密，讲解得也十分清楚。其实这体现了她的逻辑课的特征。当时我是评委之一，我给她打了一个高分，理由是她的教学清晰地把握了其学科的特点。

我曾在一本书中看到了这样的数据统计："现代自然科学知识网就有2 400多个专业学科。各门学科互相渗透，彼此交叉，综合的边缘学科不断出现，使人类知识的总量以指数增长的规律发展，出现了知识激增的局面。20世纪70年代以来，全世界每年出版的图书达50多万种，平均每一分钟就有一种新书出版，每天涌现的科技论文平均约有6 000—8 000篇，每隔20个月论文数量就要增加一倍。此外，每天还有重量数以万吨计的载有地球物理、气象、医药、海洋等各种宝贵数据的磁带和缩微胶片产生。据科学家推算，今后文献的增长比现在还要快，25年后人类知识的总和将是今天的4倍，50年后将是今天的32倍。"上述这番统计是否十分准确不得而知，但它传递出的浓郁的学科气息是令人关注的。在学科名目越来越多的情况下，忽视学科的特点来教学显然是不理性的行为。高校教师要在把握学科的独立性、交叉性的特点的基础上来施教，而不能采用同一的、不变的模式。

我讲授的是课程是外国文学，根据学科的特点，我提出了一个教学理念，即"知、形、研一体"。何为知、形、研一体？具体的涵义是指在高校文科课堂教学中，通过教师与学生的双声道，将知识的传授、形象的表演、科研的尝试这三者有机地融合在一起。

我的"知、形、研一体"首先是作为教学改革的实践活动出现的。早在1998年，我在《外国文学史》的课堂上进行了初步探索，在以后的3年时间内，积累了比较丰富的经验。这个命题的正式提出是2000年的4月。时值全国高校外国文学教学研究会召开，会议的主题是"素质教育与外国文学教学"，我提交并做会议发言的论文是"外国文学教学流程设计与素质教育"，正是在这篇文章中，我将"知、形、研一体"正式提出，此文被收入2001年百花洲文艺出版社出版的《沟通与超越》一书中。当时我对"知、形、研一体"有具体的表述："所谓'知、形、研一体'，是指课堂必须由知识的传授、形象的表演、科研的尝试三部分建构起来。知识的传授，要求各组学生对自己的研究内容吸收、消化后，准确地在课堂上讲授出来，以完成教学计划的规定内容；形象的表演，要求每小组的学生将最能代表自己的研究课题的一部作品的片断，经过改编，当众表演出来，形式可多种多样，戏剧、小品、诗歌、音乐、美术均可，但却必须切中教学内容的关键；科研的尝试，要求各小组必须掌握本课题的学术前沿状况，把最新的科研信息带入课堂，并力图发现有价值的新论题，尝试科研论文的写作。”①“知、形、研一体”的教学理念是要求学生与我一起“动”起来，一起进行教学研究。我的这些做法的直接目的，就是引导学生主动去阅读文学经典，解析文学经典。在当下，学生们与经典的距离感已经是一个十分值得关注的问题了。我的调查表明，一些学生的时间表上有上网，有英语，有计算机，有廉价文化快餐等，却很少有读经典的时间。“知、形、研一体”就是激励学生们“与经典同行”——鼓励他们建立课题组，选择经典名著为研究课题，在90分钟的课堂上给他们15分钟，将文学名著进行艺术的再现，并做学术的思考和提交科研论文。事实证明这是一个有效的教学路径。在课题组研究总结的时候，许多学生都说，如果不是受老师的课堂教学的鼓励与课题组活动的制约，他们绝不会那么认真地去读文学名著的。之后，“知、形、研一体”的教学理念与教学实践更加生成了研究性教学的品质，尤其是获得江苏省教育科学“十五”规划2003年度高校滚动课题的重点立项——《构建自主创新的“知、形、研一体”的外国文学课堂教学模式的实践》之后，此项研究与实践在前期注重课堂教学效果的基础上，又更加注重学生研究能力的培养。之后的2005年，该项研究进行了深入的拓展研究，获得了江苏省高等教育教学改革研究课题的立项：《与经典同行——在文学课堂上实施创新教育的多维实践》，结题后，其研究成果获得了我校优秀教学研究成果一等奖和江苏省高等教育优秀教学成果二等奖。

总之，在我看来，在高校教学中，任课教师在把握学科特点的基础上展开教学是十分重要的。我经常想，如果在某一天早上，我们推开世界上所有正在上课的教室的门，各个课堂的情景应是色彩斑斓的，绝不应该是千篇一律的。当然，这只是一种设想，因为我们没有可能同时打开所有教室的门，但我们追求彰显学科特点的教学并非是设想，而是可以切实实现的，这是高校教师应具备的一种能力。

二、教师应具有教学设计的能力

教学设计是对教学的具体规划。任何层次上的教学都应该重视课堂教学设计，开展研究性教学更是如此。因为不经设计的课堂教学是随意的，无序的，无形的；而经过精心设计的课堂教学则是有计划的，有层次的，有结构的，并且更是有特点的。

教学不能只满足于做一般性的教学计划，即每周讲哪些内容、多少周完成教

① 肖淑芬.外国文学教学流程设计与素质教育.载：傅修延等主编.沟通与超越.南昌：百花洲文艺出版社，2001:88-90

学任务等，它应该是更细致的，并注意到多个层面的。所以，教学设计应有一些基本的原则。

首先，要注意学生的层次特点。教育的层次是多方面的。首要是年龄层次，比如儿童教育和成人教育是不同的层次；以此为基础又有了学历层次，如基础教育和高等教育是不同的层次。我们执教于大学的课堂上，必须依据大学生的层次特点进行教学设计，包括知识层面的和心理层面的。大学生的心智已经达到了颇具创造力的层次，所以，教学设计要朝着有利于激发学生创造力的方向努力。我所做的“知、形、研一体”的教学设计重视了大学生的青春活力，将给予他们发挥个性与创造性的空间作为一个重要的出发点。

其次，要优化“主导”和“主体”的关系。教师是课堂教学设计的原创者，作为教学的“主导”，教师光有“主导”的学识是不够的，还必须有能力调动学生这个教学“主体”的积极性，能使他们“动”起来。教学设计就是要将教师的主导作用与学生的主体意识有机地融合起来，这是提升教学质量的重要环节。关于这一点，早在17世纪，英国著名的教育家洛克就已经注意到了，虽然他从事的是“绅士教育”，他要培养的是“既具备封建贵族的精神面貌，又具有资产阶级的知识技能的绅士”，但在“主导”和“主体”的关系上他是有新见的：“教学应多行实地观察，强调激发学生的学习主动，”“提醒教师要教会学生学习，反对死记硬背，提倡以良好的师生关系。”①显然，处理好“主导”和“主体”的关系，几百年前的教育家就注意到了，我们在当下的教学设计中更应该重视这个环节。我的“知、形、研一体”的课堂教学设计强调对学生的“四给”：给学生以机会、课题、压力、指导，设计这“四给”的出发点，是既要体现主导的作用，也要发挥主体的积极性。

进而，要有效利用先进技术设施。21世纪的教育，已经置身于科学技术高度发展的背景下，此时的教育，已经与以往发生了很大的不同。我们不妨回望上个世纪，“20世纪初，为世界大多数人服务的正规教育严重不足。世界3/4的人生活在农业国家里，在那里，过去千百年的教育变革并没有对他们发生巨大的影响。1900年时，世界上大约有70%的15岁以上的居民，不发达国家中95%的居民都是文盲。半个世纪以后，即1950年时，各自的数字是44%和64%，在1970年时，各自的数字是34%和50%。这个事实表明，即使仅仅达到识字也是仍需费力解决的问题。有些国家，像伊朗、印度和中国，文盲众多，虽然长久以来识字学习有过良好的发展，但在20世纪初叶，知书识字者仍然只限于极少数

① ［澳］W. F. 康内尔.二十世纪世界教育史.张法琨，等，译.北京：人民教育出版社，1990：2－3

人"①。可见,那时,教育任务的主要一项是普及文化。现今,科学技术突飞猛进地发展,世界已进入信息化时代,我们的教学要与时代接轨,包括教学内容和教学手段。研究性教学完全有理由把先进的技术手段设计进课堂教学中,既让学生有机会使用先进的科技手段,又丰富了课堂的教学的信息。譬如在"知、形、研一体"的教学过程中,虽是文学课堂,但学生们很早就具有了图像的编程等能力,课堂上经典名著的呈现全都是学生们自导、自演、自拍、和自己剪辑制作的,现代技术使用的氛围很浓。通过这样设计出来的课堂教学,充分体现了教学的现代化气息。

具体到教学设计的实际环节,我既重视"大设计",也重视"小设计"。

我所做的"大设计",即是对每个学期的教学进行整体设计:何时由教师主讲、何时安排学生建立课题组、何时布置写学术论文,这些在学期初我都设计出来。比如,每个学期的前几周,我并不急于让学生盲目地活动,这个时段我的主要任务是要把学生引进这个新的学科。我力求自己的课要讲得有吸引力,像磁石一样吸引住学生,建立起他们对这个学科知识体系的兴趣。过一段时间后,当学生们有了一些知识的积累时我便引导学生成立课题组。

我所做的"小设计",即是对具体的每一堂课的设计。比如,两节课的 90 分钟,我会根据具体的教学内容把学生课题组的活动放在比较合适的地方,使教学从单声道变成双声道。这样做就是通过教学设计集中了学生的注意力,保证了课堂教学的质量。

研究性教学还涉及教师的学识积累、课堂组织能力、教学语言等问题,这些都是我们从事教师职业的人必须重视和要积极培养建构的多种能力,关于这些,各位都有了丰富的经验,我不在这里赘言。

此外,我想谈教师的教学时间与精力的投入问题。

在生活中,许多事情都被量化,在量化的基础上计算酬金。但是,教师的教学时间与精力的投入其实是很难计算的,几乎所有的兢兢业业的教师都有无法被计算的工作量,都有诸多无私的奉献,而这一点,往往会被忽略。但是,我想说,我们依然要有足够的教学时间与精力的投入,因为我们是"教师"。关于我们工作的价值,我想大家都有共识。今天既然是我们的教学沙龙,我便用普希金的一个"纪念碑"的理念来与各位共勉。我非常喜欢普希金的一首诗,题目是《纪念碑》。他认为他用诗歌建立起来的无形的纪念碑远远地高于耸立在大地上的人工的纪念碑。其实,这和我们的工作是有一比的。我们以自己的辛苦和劳动培

① 袁锐锷.外国教育史新编.广州:广东高等教育出版社,2002:4

养出来的一批批优秀的学生,也是一座座非人工所能造的纪念碑。我们的价值就体现在这一座座非人工所能造的纪念碑的价值上。在有文字记载的历史上,恐怕没有我们每个人的名字,但在学生的成长中有我们的付出。教师永远是一届又一届学生这"非人工的纪念碑"的建造者,所以,我们的付出是十分有意义的。

最后,祝我们的教学沙龙活动圆满成功。

研究性教学与高校课堂民主建设

谢　明

目前，我校研究性教学改革已进入“深水期”，为了确保这一改革顺利进行并取得预期成效，笔者认为必须重视高校课堂民主建设。审视中国高等教育的现状，有学者指出，中国的高等教育质量观存在着见物不见人、重物不重人的巨大偏差：许多高校重外延建设和发展，轻内涵建设和过程建设，教师的时间、精力和兴奋点在科研、项目以及成果发表上，对教学和学生缺乏热情，而学生也缺乏学习的自主性、主动性和创造性，习惯于传统的接受式学习，这些已成为掣肘高校教育质量提升的顽疾①。如何应对？刘振天提出的策略是通过重新认识教育教学过程的本质、强化制度建设、重视开展教育过程研究以确立过程主导的高等教育质量观②。笔者以为，教育教学质量的问题其根本就是人的问题：人才观的问题、个体自由的问题、师生主体性的问题。科研成果多、获奖层次高的教师是人才，指导学生学习、实验，受到学生敬重、欢迎的教师就不是人才？学习成绩好、考入名牌大学深造或有科技发明的学生是人才，成绩平平、管理能力强、自主创业的就不是人才？尊重教师、学生每个个体的自主意愿与努力付出，肯定个体的禀赋差异与发展自由，是高等教育本质理念中的应有之义。各类高校均应秉持自由与解放的旨趣，将引导个体发展作为重要己任，确认教师作为变革主体的地位，赋予教师个体充分的教学自由，倡导建设开放平等的民主课堂，从而引领学生以学习主体的角色在对自我的认同和对他人的审视过程中选择自己的成长样式并勾勒自己的发展方向。

---

① 谭旭等.2012—2013年我国教育研究的分析与展望.教育学术，2014，2：23

② 刘振天.论“过程主导”的高等教育质量观.教育学文摘，2013，4：52

一、课堂民主建设的意蕴

学校赋予教师个体充分的教学自由，其直接作用是从外部对教师身份的自我认同，是对教师职责权限的确定，这可以引发教师基于自我经历、专业素养、学生观、教育观所形成的内在自我的认同，进而唤起教师教学活动的主体性。从创造性活动的产生来讲，主体性是创造性的基础，创造性是主体性的最高表现。教师要进一步确认职业上的"自我"主体，自觉从事自愿达到一定教学目标的行为，这本身就是一种创造性的行动。教师在每一个领域、每一个阶段的显性或隐性的决策与行为都源于自我认知的理念而呈现于课堂之中。

课堂作为传授知识、启迪智慧、引领精神的教学场所，是社会生活的一个区域，是学校最主要的教育情境，是师生合力构建沟通与对话的平台，是教师实现教学意义生成的园地，是学生精神自由、学习自主、学识增长的摇篮，更应该是奇才、怪才、天才成长的基地。所以，当我们置身于教学活动之中，以批判的眼光来审视大学的课堂后发现，要改变课堂成为教师自编自导卖力向学生展示知识的舞台这种常态，要提高学生学习的活力、教学的效率，就要通过教与学权利关系的重建促生民主课堂的建设。

民主原本是一个政治概念，指人民所享有的参与国事或对国事自由发表意见的权利。当民主作为一种性质或状态时，意在标志人人享有"大家的事大家谈，大家想，大家做"①的自由与平等。它既包含心灵自由的状态，又包含平等、公共、参与、公正的意识，还包含尊重、信任、宽容、合作的态度，也包含思考、观察、倾听、沟通的能力。课堂民主是指教师在课堂教学中坚持民主平等的原则，与学生建立起平等信任的关系，促进学生积极参与、合作学习的一种教学要素；也指唤起每个学生的主体意识，开发学生的自由思考，促进学生个性成长的精神力量，还指教师在教学中，对学生人格、个性、主体地位及其他方面全面尊重的状态与现象。

二、课堂民主建设的条件

由于教学是由教师主导下师生参与进行的自觉的目的性活动，课堂教学民主的建设主要依靠学校特别是教师亲手创造出下列基础条件：

1. 教师实现教学自由，激励学生独立思考

自由是课堂教学民主的核心，教师是教学过程的主导者，学生在教学中的自

---

① 中央教育科学研究所.陶行知教育文选.北京：教育科学出版社，1981:46

由很大程度上是由教师决定的。教师的教学自由是课堂民主的前提,如果教师没有充分的教学自由,他就没有一定的教学自主权,也就不可能建设民主课堂;如果教师没有充分的教学自由,学生也不会有独立思考和自由表达的权利,同样说不上教学民主。自由与多元总是相连的,多元是民主的表现,是丰富的前提,而只有独立思考的人才是丰富的主体。在教学上要打破思维的一元化、讲课的一言堂,教师要关注学生的内在潜能、个性、欲望与能力等各方面的发展,而不仅仅是知识与专业技能,要让每一个学生感到课堂有一种无为而治的自由状态——敢于冒险,再也不害怕自己会犯傻——让学生的思想自由敞开,允许并倡导多元思想的存在。这些思想也许是幼稚的、不成熟的,但它们是学生自己的,它们充满着不囿于定论与成见的年轻而鲜活的气息。正如斯宾诺莎所说:"人的心灵除了具有思想的力量和构成正确观念的力量以外,没有别的力量。"①只有这样,才会有利于学生学习主动性和创造性的发挥,培养他们自由的精神、独立的思考和创新的品格。正如爱玛·史密斯所说:"我确实尽力提供了一种有利于思考的辅导环境,在其中学生的思想—以及我自己的—能够得到发展,并且接受挑战或者得到鼓励。"②

2. 教师确立自身主体性,凸显学生主体的地位

教育是一种主体性的实践活动,"'主体性'是指人能够主动实现以他者和自我生命为对象的改造和完善"。③ "'自觉'是主体性的自然特征,'独立'是主体性的基本内核,'创造'是主体性的根本追求"。主体性的确立根源于身处教育情境中的个体对自我的理解与改造。教学的主体即课堂里的个体,是教师和每一个学生。教师缺乏主体性就没有内生于己的教育理想,没有清楚的自我意识,不是以自我思考主宰自己的行为,而是随波逐流,随遇而安。因此,教师自身主体性地位的确立,是建设课堂民主的重要途径。④

教师在拥有教学自由基础上,要改善对教育、教学、教师的理解,并将对教育、教学的理解融入自身存在的确定上。在《理想国》中苏格拉底认为,一个教师必须引导学生去探寻正确的生活和正确的思想,他的行为必须对这样师生的共同探寻有所确保,否则会遭遇学生的冷漠。如何"确保",这不仅仅是一个教育方

---

① 斯宾诺莎.伦理学.北京:商务印书馆,1958:225-226

② 大卫·帕尔菲曼主编.高等教育何以为"高"——牛津导师制教学反思.冯青来,译.北京:北京大学出版社,2011:159

③ 李政涛.论面向教育的实践.南京社会科学,2012,4:130

④ 陈菊,包兵兵.论自我改造与主体性教育之实践本体的重建.当代教育与文化,2013,4:3-7

法、教学手段的问题,更重要的首先是一个教师如何认识身份、理解自我的事情。正如塔布斯在《教师的哲学》中所述:“在一个充满变革的时代,教师更需要的是一种确定自我存在的方式的哲学,而非有关实践的技术或策略。”①

作为一个教师,首要的使命是做一个真实的、真正的教师,他的教学实践是一个认识自我,塑造自我的过程。在此过程中,教师需要处理的不只是知识的应用,而是表现真我——没有任何矫饰、虚伪和防御的真我,以及一种清醒的自我意识。这种自我意识里包含自己对社会文化、现行制度、风土人情的了解,对所教授知识本质的了解,特别是对学生的了解。在民主课堂中教师要以本真的情感关注学生每个个体的现实存在与个性特征,自然地尊重各自成长的规律,坦诚地尊重他们的情感和意见,宽容地接纳每个学生的价值观念和认知。教师应该视大学生为一个个有着自己的情感与思想、智慧与个性的成人,而不仅仅是一个孩子,他们有观察、陈述、沟通、辩护的能力,所以,他们在课堂上应该有采取相应行动的主体意识,一旦具有了主体意识,学生才变成真正意义上的教学情境中的主角、课堂活动中的主力。这样可以激活学生的思想,将他们导入卓越的进程中。

3. 教师明确教学理念,给予学生学习的自由

理念是行为的动力与准绳,也是行为的方向与目标。课堂活动的教学相长共生共荣的性质,要求教师将自身认可的教学理念,如:价值观、知识观、学习观、教育观等与学生分享、沟通,以取得共识,激发参与的能动性和创造性。此时的教师不是以道德教育和知识传授的权威者身份出现,而是一位专业顾问,一位探索问题的向导,一位讨论问题的参与者。教师把自己在学校教育、在课堂教学、在育人成才中的所思所想和所作所为,特别是自己设计的教学愿景与评价方式,一一告知于学生,由学生思考讨论并修改:“对不对”“行不行”“做不做”“怎样做”,让每个学生自愿参与课堂学习相关的教学决策,使学生切实意识到自己才是课堂学习活动中的一个个独立的主人,应当以一种积极进取、自觉成长的学习观,与教师一道互相探讨,共同思考,学会学习,激发潜能。教师为了培养学生负责、自治的独立品质,可将一些课程教学与课堂管理的权力交给学生,听取学生的意见,与学生一起制订学习目标、教学环节、考试方式、课堂规范,让学生在学习目标、学习内容、学习方法等方面有各自的选择与安排。

总之,在民主的课堂上,学生的学习自由不仅表现在上文所述的思想的自由,观点的自由,表达的自由,参与教学决策的自由,还有下文谈到的学什么的自

① 尼格尔·塔布斯.教师的哲学.王红艳,等,译.昆明:云南人民出版社,2014:2

由，怎么学的自由，以及点评、质疑他人（包括教师）的自由。因为“自由教育就是要引导我们去往自己的思想家园。当我们对自己的思想不再感到恐惧和焦虑，当我们思考问题不再顾及流俗、老师或考官的意愿时，这样一种自由才会到来。我们只有置身于那些远比我们更聪明、更富想象力、更有洞察力或更具敏捷才思的人的思想中，并且穿越他们的思想丛林为自己开辟一条道路，才算拥有了这样一种自由。”①

三、课堂民主建设的特征

课堂教学民主的建设在学校和教师营造出上述的基础条件，即满足准备阶段的前提因素之后，便进入课堂民主的实现阶段，其现实特征有3个方面：

1. 学生实行以自我管理为主的学习规划

从小学到大学，学生学什么、怎么学都是被安排、被支配的，鲜有独立思考、自由选择、自觉规划、自主评价、自我实现的经历。在民主的课堂上，为促进学生自我意识的形成和个性及潜能的发展，教师则为学生提供了自主学习的空间，这就是学习目标的层次化，学习内容的开放化，学习方法的多元化，学习评价的过程化以及学习规划的自我化。②

学习目标的层次化是说，课程学习目标不是同一的固定的，而是因人而异的；根据课程特点将学习目标分解为知识掌握、能力训练、分数获得3个子目标，每个子目标再分出下位的层次，例如，知识层次有：系统知识、基础知识、重点知识。教师设定多个维度、水平不同但具体可行且有阶段性的目标，供学生选择。学习内容的开放化是指，以主修教材为学习核心，以参考书目为辅助教材，与基础知识相关的资料为有效教材，由学生自由选择主修教材中的某章节展开自己的重点研读，并阅读相应的规定内容，鼓励学生查阅相关资料。学习方法的多元化有两个方面，一是在所有学习方法中选择适合自己的，二是在本课程几种主要学习方法中选择适合自己的，如个体阅读、小组讨论、师生对话、知识讲授、论文写作、专题研讨。学习评价的过程化意味着两点，一，不是以最终一个结果评价学习效果，而是以多种学习过程的状态来衡量学习效果，如到课率、参与率、参与的效度、自我管理的效度等；二是教师关注、跟踪学生的课堂活动，适时指导、评估，反馈并提示学生学会时时监控自己学习行为的有效性。学习规划的自我化是指，学生依据上述各项，自定学习目标，自选重点研读内容与自学方法和参与

① 大卫·帕尔菲曼主编.高等教育何以为“高”——牛津导师制教学反思.冯青来，译.北京：北京大学出版社，2011：91

② 冯君莲，魏珊.论教学民主及其实现.湖南师范大学社会科学学报，2014，1：128－136

互动方式,制定并执行自我管理的学习规划。

2. 教师鼓励学生参与并提升学生的自我效能感

自我效能感是著名心理学家班杜拉提出的一个概念。根据班杜拉的界定,自我效能感是指个体相信自己有能力完成某种或某类任务,是个体的能力自信心在某些活动中的具体体现。自我效能感是与具体任务联系在一起的,它并不是一种概括性的个性特征。自我效能感影响或决定人们对自身行为的选择,以及对该行为的坚持性和努力程度;影响人们的思维模式和情感反应模式,进而影响新行为的习得和习得行为的表现。身处于民主课堂中的学生,往往具有较高的自我效能感:他们对课堂学习的期望值高,会对教学活动提出一些意见建议;他们具有平等意识和参与冲动,在各种学习过程中乐于迎接挑战;当遇到困难时能理智处理,能够控制自暴自弃的想法;需要时能发挥出潜藏的智慧和技能,所以容易显示出成绩。

为不断提升每个学生的自我效能感,教师一方面积极鼓励学生特别是沉默或懈怠的学生以各种方式参与教学活动,另一方面及时肯定其参与行为的有效性。更为重要的是,要在民主的课堂教学中,在学生之间,营造认真评判、真心欣赏、相互激励的氛围,借此形成自主而多元的激励机制:个体自我点评、集体自然掌声、师生自发评议、网络自愿点赞。这其中最为有效的是教师"给学生提供肯定性反馈(通常这种反馈是真诚的)。并且,频繁的反馈将会促使学生在心智上安定下来,并意识到,如果能沉下心来付出必须的努力,他们是能够成功的"①。

3. 教学建立师生共享讲台的讲授交流模式

教学是一种主体性互动交往的实践活动,参与实践活动的每一个个体不但要有独立自主的自我意识,而且要有平等共生的理性精神。要"把主体性置于主体与主体的关系中,主体之间不是占有和被占有的关系,而是主体间平等共生关系"②。因为"真正的主体只有在主体间的交往关系中,即在主体与主体相互承认和尊重对方的主体身份时才可能存在"③。在民主的课堂上,教师应当引导身处教学情境中的每一个学生视自己为个体生命之主宰,视他者(教师、学生)为发展动力之源泉,视理解为自身改造之基础,并通过与他者之间的交往活动来创设一种宽松、平等、和谐的学习环境,以促使交往主体的共同发展。师生都是求知

---

① 大卫·帕尔菲曼主编.高等教育何以为"高"——牛津导师制教学反思.冯青来译.北京:北京大学出版社,2011:188

② 冯建军.教育转型·人的转型·公民教育.高等教育研究,2012,4:13

③ 郭湛.主体性哲学.昆明:云南人民出版社,2002:253

者，本应共同分享知识信息与学习之道，在彼此思想的相互碰撞中动态地展现我们成为活生生的主体的能量。

那么，以何种实践活动推动并确认学生主体地位的存在，如何实现学生的智慧成长和教师工作的发展？我们以为，不但要给学生充分的话语权，还可以把课堂中最神圣的位置——讲台与学生分享。教师“其身不凌驾学生之上而融于学生之中，其心不孤高自傲而走进学生心灵之中，与学生心心相通。所施不欲教师独霸课堂，而把学生推在主人的地位——这便是教学民主的地位”①。人本主义心理学代表人物罗杰斯认为，教师的任务不是教学生知识，也不是教学生如何学习知识，而是要为学生提供学习的手段。笔者以为，教师不但要教学生知识，而且也要教学生如何自主地学习知识，更为重要的是要为学生提供如何自主学习知识的手段。这种手段之一就是师生共享讲台。专业知识中的基础点、核心点、重点、难点可由教师主讲，其余约三分之一的内容由学生自由选择讲解。教师预先提供资料、讲稿、咨询、辅导。主讲的学生会深入研读，认真备课，主讲中可要求教师回答问题；听课的学生会积极思考，勇于质疑，参与讨论；教师会适时点拨、启发、参与、评议。师生很容易就同一问题发表各自不同的观点，在彼此的沟通中，大家都拓展了视野，加深了理解。教师也了解到学生的思维能力、认知水平、表达状态。“虽然导师有可能在自己的学科里撰写了权威性的论著，但在课堂上他们必须为自己的立场辩护——要关注质疑的声音，留心异议，倾听不同的见解，并且要不断对照自己的该学科的阐释来检验这些质疑以及新见解。”②“如果导师确实需要打断学生，其目的不是想要纠正某一点或交代什么信息，而是因为这个优秀的学生在阅读论文的过程中已经发现某些有趣的、有难度的却又模糊不清的内容。这个时候，师生双方可以中断原定的重大进程，而去集中力量解决某个单一的问题。”③

师生共享讲台是创设课堂民主的主要标志。共享讲台意味着一种平等的师生关系，这种关系中有真诚和谦卑、善良和尊重的品质；共享讲台意味着一种民主行为，这种行为里有倾听观察，有协商对话，有包容错误，还有合作探究；共享讲台意味着一种角色互换的过程，这种过程里有师生作为活动主体的相互理解与角色价值，有思想交流、精神濡化、人格碰撞、情感传递的蕴涵。共享讲台“也

① 李江存.语文教学应讲求民主性.文学教育(下)，2008，4：145

② 大卫·帕尔菲曼主编.高等教育何以为“高”——牛津导师制教学反思.冯青来，译.北京：北京大学出版社，2011:108

③ 大卫·帕尔菲曼主编.高等教育何以为“高”——牛津导师制教学反思.冯青来，译.北京：北京大学出版社，2011:168

会刺激那些不够活跃的学生——他们需要被引导着镇静地表达出自己的观点，并获取信心来踏上自我批判之旅。”①从而促使每一个学生都参与到独立思考与交流表达的过程中，实现人人学会自主学习的目标。

① 大卫·帕尔菲曼主编.高等教育何以为“高”——牛津导师制教学反思.冯青来，译.北京：北京大学出版社，2011:196

后 记

文学院推进研究性教学已经有一些年头了，以前常有教师问起：研究性教学究竟是什么，它有哪些方法或模式？为此，学院召开了若干次师生座谈会、研讨会以及以研究性教学为主题的教学沙龙，广泛讨论，加深认识，以求得共识。其实，这一问题要从概念上加以解释是不难的。

从2005年教育部出台《关于进一步加强高等学校本科教学工作的若干意见》，首次提出“要积极推动研究性教学，提高大学生的创新能力”，十年间，高教界不少专家学者数以千计的论文著述已经说得很清楚了。诸如，问题研究法、活动体验法、实验探究法、案例分析法，启发式、讨论式、探究式、参与式以及能够体现自主—合作—探究教学原则的其他方法等。它不再是过去单一的“演讲式”和“满堂灌”式的方法，课堂不再是教师“单声道”讲授，而是师生“多声部”交响，教学不再仅止于课内而且延伸到课外，评价不再仅看考试结果而更关注学习的过程，等等。

我更愿意把研究性教学理解为一种适应时代要求、体现教学活动规律的一种教学理念，它不专指某种方法或模式，而是众多方法和模式的集合；它要根据学科、专业、课程和学生的特点，在教学过程中充分调动起学生的学习热情、批判精神和创新意识；它要求学生在学习过程中，不仅要掌握系统的专业知识更要培养相应的实践能力；它要学生真正成为学习的主体，学会学习、学会发现、学会研究；总之，它要改变以往学生学习的被动状况，使学生在学习过程中真正地“忙起来”

“动起来”。

要使学生在教学过程中“忙起来”“动起来”，教师首先要“忙起来”“动起来”。这就意味着教师在教学中要比以前用更多的心思，动更多的脑筋，投入更多的时间和精力；学生在学习的过程中也不能像过去那样上课记笔记、复习背笔记、考试默笔记；同时，教学管理、学校资源、评价体系、激励机制等也应该做出相应的调整，以保证教师安心教学、重视教学并愿意投身到教学改革之中。

在研究性教学从最初的散兵游勇式的开几次公开课，到如今已探索多年的专业层面整体推进的教学改革过程中，我们深感改革之不易。尤其是在当下“重科研轻教学、重学科轻育人”“本科教学被弱化”(刘延东语)的大背景、大环境中，从事研究性教学改革是需要一定的勇气并要在实践层面上做出持续努力的。“盖非知之难，能之难也”！

尽管目前在教学与科研两者之间，高校评价体系的天平向后者严重倾斜，使不少教师心生彷徨，但教学在教师心目中的实际地位却从未动摇。“科研是自留地，教学是责任田。”大学毕竟是教书育人的场所而非单纯的研究机构，教学终究是教师的天职而非额外的工作。大学无论负有多少社会职能，人才培养始终应该是第一位的。重科研轻教学，把科研当主业教学当副业的现状必须得到改变。皮之不存，毛将焉附。

在这方面，国外一些著名大学的做法无疑是值得借鉴的。如美国的顶尖大学，“在资源分配上，当研究生的发展和利益与本科生发生冲突时，毫无疑问研究生要为本科生让位；当科研与本科生教学发生冲突时，毫无疑问科研要为本科生教学让位。”“在 MIT(麻省理工学院)，重视本科生教学本身就是大学最核心的文化。教授不但必须要上课，而且他(她)们也喜欢上课。”“在芝加哥大学看来，教授的天职就是教学。至于科研，那属于教授的个人旨趣。学校当然会支持教授的研究工作，但绝不能因为科研而损害教学的利益。许多教授的工资是由本科学院发放的……这一点也许对于正在开始重视本科教学的中国大学来说具有相当大的启迪。”①

① 秦春华.美国顶尖大学如何保证本科教育质量.光明日报，2014:13

惟其如此，大学教学与科研的关系不应该如此紧张，照常识看来，二者应该是相融相济、相辅相成的。期待“正在开始重视本科教学的中国大学”能够在制度、政策层面上进一步协调好二者的关系，使本科教学得到真正的重视。

值得一提的是，扬州大学文学院在其60余年的办学过程中，历来重视本科教育，为社会培养了众多合格人才、优秀人才和杰出人才，一批批教师辛勤耕耘，不计名利，不计得失，默默奉献，形成了重视教学的良好风气。近几年来，在本科教学上能够与时俱进，以适应经济社会发展对于人才培养所提出的新的要求，在专业层面上积极推进研究性教学的改革试点。目前，全院已经形成了良好的教改氛围，学生的学习能力、研究能力与实践创新能力均有了明显的提升，研究性教学逐渐成为我院本科教学的“新常态”，取得了预期的教改效果。这本案例选，与刚刚出版的《升华与超越》、《对外汉语教学新探》(江苏凤凰教育出版社2014年12月版)就是对近几年来教学改革的阶段性总结，我们的教学改革与探索仍然“在路上”。

最后，衷心感谢文学院站在本科教学第一线并积极投身于研究性教学改革的老师们，学生们受益就是对我们的最好褒奖！同时，感谢东南大学出版社对我院本科教学的支持！

大学之道，在止于至善；百年树人，任重道远！

陈学广

2015年6月